Enterprise Financial
Risk Management

企业财务风险管理

张继德 / 著

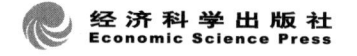

经济科学出版社
Economic Science Press

本书系北京工商大学国有资产管理协同创新中心项目（Collaborative Innovation Centre for State-owned Assets Administration of Beijing Technology and Business University）（GZ20130801）、国家社科基金重大项目"国家治理视角下国有经营预算制度研究"（14ZDA027）、国家社科基金重点项目"国有资本授权关系及实现模式研究"（14AJY005）、北京市教委创新团队项目"投资者保护的会计实现机制及其效果研究"（IDHT20140503）、科技成果转化和产业化"北京市国有企业预算管理体系完善对策及实施"（PXM2013_014213_000099）、北京工商大学学术专著出版资助项目（ZZCB2012-04）、北京市教委社科计划重点项目"会计治理的实现路径及其评价"（SZ201210011007）等资助。感谢财政部全国会计领军（后备）人才培养工程的支持。

序

  企业是市场经济的主体，是社会主义市场经济的重要组成部分，特别是在当今世界经济一体化、资本流动全球化的当下，在合理有效利用社会资本、扩大就业、促进生产力发展、创造社会财富等方面发挥着重要作用。

  企业财务管理是对企业资本运动实施的综合性管理行为，贯穿企业全部经济活动，体现企业的核心竞争力，现代财务管理以管资本为主，具有配置资源和价值创造功能，涵盖企业财务规划与发展战略、资本管理、产融结合与项目投资、资金营运、全面预算与绩效评价、财务信息化与风险管控、财务监督、财务高管与财务团队整体素质提高等。近年来，财务管理职能没有得到有效发挥，企业财务管理弱化，已经不适应经济社会发展的需要。特别是随着世界经济竞争加剧，金融创新速度加快，我国企业与跨国公司相比存在较大差距，亟待向现代财务管理转型。

  而作为企业财务管理重要内容的企业财务风险管理对企业发展战略目标的实现发挥着举足轻重的作用。特别在当今竞争日益激烈，风险无处不在的市场经济环境下，企业的财务管理和控制显得更加重要、更加必须、更加紧迫。

  本丛书的作者张继德博士曾获工学管理学双学士、工商管理硕士（MBA）、会计学博士，工商管理博士后，具有扎实的工学、管理学和会计学学术背景；具有十年特大型中央企业基层工作和管理经验，多年北京民营企业集团高管经历，具有扎实的实践基础；自2006年起给多家中央企业和国家机关的会计人员培训新企业会计准则、企业财务通则、内部控制和财务风险管理等有关内容；博士后期间进行过企业内部控制体系构建、实施和评价方面的内容研究，并给几家中央企业设计内部控制体系并组织实施。期间，针对企业财务管理和控制等有关内容，与企业高管、财务总监、财务经理及财务处（科）长进行了深入的交流、沟通和探讨。应该讲，本丛书是作者在扎实的实际工作实践基础上，博采众专家之长，并结合企业实际情况写成的，与其说是作者形成的，不如说是许多学者、专家和实务人员智慧的结晶。

  本丛书有以下四个特点。

  一是应用性。企业财务管理和控制是应用性和操作性很强的学科，会计、财务管理从业人员特别关注的是自身实际操作能力和应用能力的培养与提高。所以作者在分析有关概念、理论和方法问题时紧密结合企业实际，在介绍和阐述有关程序及方法时注重案例分析，通过案例诠释实际应用过程与结果。本丛书还专门有"整体案例"一章，专门介绍企业应用的背景、过程、结果和评价，旨在通过应用的内容与过程，强化使用者对有关方法及技能的熟悉、掌握和运用。

二是科学性。企业财务管理和控制是非常严谨的，为了保证内容的准确而不误导使用者，作者和财政部、高等院校及科研院所的专家进行多次交流、沟通；书中案例也是反复斟酌，具有较强的针对性、实用性和借鉴性，整篇充满科学性。

三是综合性。企业财务管理和控制是一个完整的体系，无论是理论基础、程序方法、存在问题、解决方案等都具有很强的综合性。例如"整体案例部分"，使用者会结合给定的案例背景、过程和结果思考特定问题，案例及其所反映出的特定问题具有综合性。

四是时代性。本丛书作者紧跟会计准则、制度以及政策变化，在实务上体现时代性；同时作者注重吸纳会计、财务管理、内部控制和风险管理研究的新思路、新观点与新成果；在内容上注重理论和实践的结合、形式和内容的协调统一，强调实务操作规律，在方法上具有时代性。

市场经济就是风险经济，在不确定性日益扩大的今天，切实、有效、高效地加强财务管理和控制成为企业追求的重要目标之一。我相信本丛书的出版，将对广大财务管理工作者进行财务管理和控制具有重要的帮助。

2014 年 12 月 8 日

前　言

众所周知，企业作为国民经济的基本单位，是市场经济活动的主要参加者，是推动社会生产力发展的主导力量和主要承担者。在世界经济一体化、货币流动全球化的背景下，我国企业迅速发展。其主要体现在大企业规模继续扩大，经济效益有所改善；技术创新能力增强，专利成果显著增长；兼并重组持续活跃，产业结构调整渐见成效；国有企业占主导地位，民营企业地位进一步增强；中西部地区大企业进一步崛起，区域分布发生积极变化；"世界500强"中国企业上榜数量保持强劲增长，2015年达到106家，比2014年度增加6家，上榜企业数量稳居世界第二，国际化水平不断提升。

目前，中国经济进入新常态和结构调整的关键时刻，今天的企业正面临着新常态下从高速增长转为中高速增长、经济结构不断优化升级、从要素和投资驱动转为创新驱动的新形势。具体表现为：生产型企业向服务型企业转型、粗放型生产向精益型生产转型、劳动力低成本向管理低成本转型、追求高素质人才向适应普通型人才转型、追求规模向追求个性化转型、企业单打独斗向融入国家发展战略转型、商业模式由供应链竞争向需求链竞争转型。转型意味着我国企业在生产经营过程中所面临的环境更加复杂，不论是制造业企业、房地产企业还是服务业企业，在实际运营过程中都面临着资金、创新等种种不确定性，这种不确定性会导致企业战略不能实现、财务风险发生的可能。

财务风险的存在无疑会直接影响到企业的生存和发展。我们应该清醒地看到在我国企业快速发展过程中存在的一些问题：有的企业以失败、破产告终，部分企业发生严重的内部控制事件，许多企业没有达到预期的经营效率和效果，企业内部各部门在资金使用及提高资金使用效率上可能缺乏足够的监督和约束。鉴于企业在经营过程中存在的各种风险，企业的管理人员必须有足够的能力识别可能存在的财务风险，充分评估风险的来源、性质和可能造成的损失，并建立起有效的财务风险管理体系，这样不但能使企业的财务决策更加科学有效，同时也能为保证企业持续发展、规避风险等创造一个更为可靠的环境。

本书对企业财务风险进行了深入研究。首先，界定企业财务风险管理的有关概念，对企业财务风险管理的理论进行归纳、梳理和总结；制定企业财务风险分析路线图，从企业财务风险概念出发，分析企业财务管理的内容和特征，研究企业财务风险的种类和特征，诠释企业财务风险的成因，为本书研究奠定扎实的基础。其次，从环境分析出发，分析企业的战略选择，制定战略目标。在战略目标统驭下，考虑企业使命和财务风险承受度，制定企业财务风险管理整体目标。以目标为导向，建立了企业财务风险管理框架。再其次，针对企业财务风险管理框架的目标层、管理层和基础层进行系统研究。对三层包含的管理要素进行了系统分析、阐述和研究。最后，通过分析WK集团框架的实施背景、实施过程和实施效果，验证本书提出的框架的有效性及适用性。

  为了保证本书的准确性，防止误导使用者，在写作之前，我和财政部、中国人民大学、北京工商大学等财务风险管理方面的专家学者进行了许多探讨，并利用给实务界讲授财务风险管理的机会同许多学员进行沟通、交流及讨论。所以与其说本书的形成是作者长期的思考与积累，倒不如说是我们同仁和所交流过的专家学者、总会计师、财务总监、首席财务官、董事长和总经理以及其他相关人员智慧的结晶。

  书中的案例都力求全面、准确、实用，具有代表性、引导性和示范性，考证工作非常繁杂。考证过程中，我也曾想到过放弃，但脑海中经常浮现出学员们不远几百里赶赴讲课地听课的情景，闪现着听课时学员们专注的眼神和财务风险管理过程中相关人员困惑无奈的表情，每想停笔又总是深深自责，继续努力工作到深夜。看到学员发给我的E-mail、接到学员打给我的讲述他们因学习而掌握企业财务风险管理方法的电话，心中顿有如释重负的感觉。学员对企业财务风险管理方法需要的迫切对我而言实在是一种动力、一种紧迫的责任感。

  愿本书的出版对企业管理财务风险真正有所帮助。

目 录

第1章 绪论 ... 1

1.1 研究对象 ... 1
1.2 研究背景 ... 1
1.3 研究意义 ... 5
1.3.1 财务风险管理的理论意义 ... 5
1.3.2 财务风险管理的实践意义 ... 6
1.4 文献综述 ... 11
1.4.1 企业 ... 11
1.4.2 财务风险管理 ... 15
1.4.3 信息化对财务风险管理的作用 ... 24
1.5 研究方法 ... 29
1.6 本书的逻辑框架和内容结构 ... 30
1.6.1 逻辑框架 ... 30
1.6.2 内容结构 ... 31
1.7 本书的创新点 ... 32
1.7.1 提出企业财务风险系统 ... 32
1.7.2 构建企业财务风险管理框架 ... 32

第2章 企业的发展历程 ... 33

2.1 企业的性质 ... 33
2.1.1 新古典经济理论 ... 33
2.1.2 现代企业理论 ... 33
2.1.3 现实中的企业与企业理论评价 ... 37
2.2 企业的发展史 ... 37
2.2.1 企业的发展史 ... 38

2.2.2 中国企业集团的发展历程及现状 ········· 40
　　2.2.3 现代企业的特征 ········· 42
　　2.2.4 关于企业集团的现状 ········· 44
2.3 集团企业 ········· 50
　　2.3.1 集团企业定义 ········· 50
　　2.3.2 集团企业组建动因分析 ········· 52
　　2.3.3 集团企业管理模式 ········· 63

第3章 企业财务风险管理概念界定和理论基础 ········· 73

3.1 概念界定 ········· 73
　　3.1.1 企业财务管理 ········· 73
　　3.1.2 风险 ········· 74
　　3.1.3 财务风险 ········· 75
　　3.1.4 财务风险管理 ········· 76
3.2 企业财务风险管理的理论基础 ········· 78
　　3.2.1 现代企业财务理论风险管理的基本思想 ········· 78
　　3.2.2 经济学理论 ········· 81
　　3.2.3 系统论原理 ········· 83
　　3.2.4 马克思实践方法论 ········· 84
　　3.2.5 控制论原理 ········· 85
　　3.2.6 不对称信息与博弈论 ········· 85
　　3.2.7 其他理论 ········· 89
3.3 模型预警方法 ········· 90
　　3.3.1 多指标综合监控模型预警方法 ········· 90
　　3.3.2 线性函数模型预警方法 ········· 91

第4章 企业财务风险分析 ········· 93

4.1 企业财务风险系统 ········· 93
4.2 企业财务风险种类 ········· 94
　　4.2.1 内部财务风险 ········· 95
　　4.2.2 外部财务风险 ········· 97
4.3 企业财务风险特征 ········· 98
　　4.3.1 财务风险具有客观性和投机性 ········· 98
　　4.3.2 综合与分散相结合 ········· 99

            4.3.3 财务风险是可以管理的 …………………………………… 99
            4.3.4 企业财务风险具有"牛鞭效应" ………………………… 99
            4.3.5 企业财务风险具有系统性和动态性 ……………………… 100
      4.4 企业财务风险成因分析 …………………………………………… 100
            4.4.1 企业组织内部的风险因素 ………………………………… 100
            4.4.2 企业组织外部的风险因素 ………………………………… 110

第5章 企业财务风险管理框架 …………………………………………… 112
      5.1 企业财务风险管理 ………………………………………………… 112
            5.1.1 什么是企业财务风险管理 ………………………………… 112
            5.1.2 企业财务风险管理的意义 ………………………………… 113
            5.1.3 企业财务风险管理流程 …………………………………… 115
      5.2 企业财务风险管理框架概念 ……………………………………… 116
            5.2.1 构建企业财务风险框架的必要性 ………………………… 116
            5.2.2 构建框架应遵循的原则 …………………………………… 118
      5.3 框架结构 ………………………………………………………… 120
            5.3.1 框架图 ……………………………………………………… 120
            5.3.2 框架要素分析 ……………………………………………… 121

第6章 框架的目标层 ……………………………………………………… 123
      6.1 目标层概述 ………………………………………………………… 123
            6.1.1 目标层的含义 ……………………………………………… 123
            6.1.2 建立目标层的重要意义 …………………………………… 123
      6.2 构建目标层的基本原则 …………………………………………… 124
            6.2.1 环境分析起点原则 ………………………………………… 124
            6.2.2 目标保持一致原则 ………………………………………… 125
            6.2.3 借鉴国际惯例原则 ………………………………………… 125
      6.3 目标的确立和具体内容 …………………………………………… 125
            6.3.1 目标的确立 ………………………………………………… 125
            6.3.2 目标的具体内容 …………………………………………… 131

第7章 框架的管理层 ……………………………………………………… 133
      7.1 管理层概述 ………………………………………………………… 133
            7.1.1 管理层的含义 ……………………………………………… 133

7.1.2 建立管理层的意义 …………………………………… 133
7.2 构建原则 …………………………………………………… 134
　　7.2.1 科学性原则 …………………………………………… 134
　　7.2.2 全员性原则 …………………………………………… 135
　　7.2.3 全程性原则 …………………………………………… 135
　　7.2.4 制衡性原则 …………………………………………… 135
7.3 要素分析 …………………………………………………… 136
　　7.3.1 责任主体 ……………………………………………… 136
　　7.3.2 程序方法 ……………………………………………… 140
　　7.3.3 保障体系 ……………………………………………… 150
　　附录1 企业风险度量的通用量度 ……………………………… 156
　　附录2 财务危机的多变量线性模型 …………………………… 162

第8章 框架的基础层 …………………………………………… 165

8.1 基础层概述 ………………………………………………… 165
　　8.1.1 什么是基础层 ………………………………………… 165
　　8.1.2 管理基础的必要性 …………………………………… 165
8.2 管理基础的内容分析 ……………………………………… 167

第9章 企业财务管理信息化 …………………………………… 173

9.1 集团企业财务管理信息化的概述 ………………………… 173
　　9.1.1 集团企业财务管理信息化的概念 …………………… 173
　　9.1.2 集团企业财务管理信息化的作用 …………………… 174
　　9.1.3 集团企业财务管理信息化的内容 …………………… 182
9.2 集团企业财务管理信息化总体规划 ……………………… 183
　　9.2.1 集团企业财务管理信息化的总体规划概述 ………… 183
　　9.2.2 不重视财务管理信息化规划的表现 ………………… 184
　　9.2.3 财务管理信息化规划应遵循的原则 ………………… 185
　　9.2.4 财务管理信息化规划的内容 ………………………… 185
　　9.2.5 集团企业财务管理信息化规划必须要注意的几个问题 …… 187
9.3 集团企业财务管理信息化的方法 ………………………… 188
　　9.3.1 树立集团企业绩效管理的核心思想 ………………… 188
　　9.3.2 集团企业要建立符合集团企业财务管理信息化的应用架构 …… 189
　　9.3.3 集团企业要建立严格、规范、统一的财务核算体系 …… 189

       9.3.4 要建立账务集中管理平台 190
       9.3.5 集团企业要建立标准的全面预算指标体系和控制体系，
             进行全面预算管理 191
       9.3.6 集团企业要建立资金管理解决方案，支持资金管理
             多种模式 193
       9.3.7 集团企业要建立集中的报表平台 194
       9.3.8 集团企业要制订、实施决策支持方案 194
  9.4 集团企业财务管理信息化的实施步骤 196
       9.4.1 项目组织和系统培训 196
       9.4.2 本地公司财务系统实施 196
       9.4.3 集团结算中心实施 197
       9.4.4 异地子公司实施 197
       9.4.5 系统升级和运行维护 198
       9.4.6 利用商业智能软件实现科学决策支持 198
  9.5 集团企业财务管理信息系统的风险管理 199
       9.5.1 集团企业财务管理信息系统风险管理的重要性 199
       9.5.2 集团企业财务管理信息系统风险管理原则 200
       9.5.3 集团企业财务管理信息系统风险分析 201
       9.5.4 集团企业财务管理信息系统的风险管理对策 202

第10章 企业财务风险管理框架案例研究 205

  10.1 WK集团框架实施背景 205
       10.1.1 WK集团概况 205
       10.1.2 WK集团组织架构 205
       10.1.3 WK企业财务管理存在的问题 205
  10.2 WK集团框架实施过程 207
       10.2.1 确定WK集团财务风险的控制目标 207
       10.2.2 框架管理层的实施 214
       10.2.3 优化框架管理基础 236
  10.3 WK集团框架实施效果评价 236
       10.3.1 WK集团框架实施效果 236
       10.3.2 财务管理信息系统控制应用效果 236
       10.3.3 财务管理信息系统控制应用价值 237

第 11 章 结论与展望 ··· 238
   11.1 研究贡献及结论 ··· 238
   11.2 有待进一步研究的问题 ··· 239

主要参考文献 ··· 241
后记 ··· 256

第1章

绪　　论

本部分界定了研究对象并阐述了研究背景、研究意义，对相关文献进行综述，对本书的研究思路、研究方法和结构安排进行了详细说明。

1.1　研究对象

本书的研究对象是企业财务风险。本书认为，企业财务风险是企业在财务管理过程中，由于各种难以预料或控制的因素存在，使其实际结果和预期结果发生背离，进而产生损失的可能性。根据COSO《企业风险管理——整体框架》，企业风险管理是一个过程。这个过程受董事会、管理层和其他人员的影响；该过程从企业战略制定一直贯穿到企业的各项活动中，用于识别那些影响企业的潜在事件并管理风险，使之在企业的风险偏好之内，从而合理保证企业取得既定的目标。我们可以通过管理层次、财务活动以及实际目标与预期偏离程度三个维度识别企业财务风险系统，然后建立"三层五要素"的企业财务风险管理框架。"三层"包括目标层、管理层和基础层；"五要素"包括管理目标、责任主体、程序方法、保障体系和管理基础。以此提高企业财务风险管理的效果和效率，防范与减少财务风险损失，保障企业财务活动安全、健康地运行，以实现企业价值最大化，从而保证企业健康、可持续发展。

1.2　研究背景

从企业产生和发展的历史与作用看，无论是以手工劳动为主的手工业时代，以蒸汽机为代表的工业革命时代，还是以知识经济为代表的新经济时代，企业一直是推动社会生产力发展的主导力量。企业的发展、技术创新、产品创新、服务创新，以及从事的资源开发、大规模生产、交易和投资活动所提供的产品及劳务产值，是一国国民生产总值和财政收入的主要来源；也是一国经济发展速度、经济实力、综合竞争力以及国家经济保障程度、安全程度的关键因素。

在现代世界经济一体化、市场经济和大趋势条件下，中国企业越来越迅速地融入国际大市场之中，为了迎接更多机会与挑战，企业不断拓展业务领域、扩大经营地域、调整财务风险管理结构，改善管理层次，整合自身优势资源，充分发挥自身优势，扬长避短，来应对市场不断地变化和挑战，进而做大做强，实现企业的战略目标。我们可喜地看到，中国企业通过对自身的精准定位，根据所属行业的特征及自身的发展优势采取不同的发展战略，采取了主抓核心业务、成本管理等不同的发展模式，将企业做大做强。

结合中国企业联合会、中国企业家协会课题组的数据，以中国企业500强为例，以2013年为分界点，中国企业500强首次跨上了50亿元台阶。2013年中国企业500强实现营业收入50.02万亿元，较上年增加了5.12万亿元；500家企业营业收入总和已经相当于2012年度GDP的96.32%，在国民经济中的地位更加凸显。500强资产总额达到150.97万亿元，突破了150万亿元大关。2013年中国制造业企业500强营业收入23.38万亿元，2013年中国服务业企业500强营业收入20.48万亿元，双双站在了20万亿元台阶之上。截至2014年，我国共有100家公司入围世界500强榜单。显而易见，超大型、有实力的企业群体的进一步扩大，标志着中国产业集中度的提升速度明显加快。

当然，我们必须清醒地看到，中国企业快速发展的背后也存在以下现象。

(1) 1998年香港百富勤投资集团破产。

(2) 2004年，德隆系资金链断裂，被接管。

(3) 2004年10月，中航油新加坡公司从事石油期权交易，亏损5.154亿美元。

(4) 2004年12月，长虹集团发布首次预亏财务报告，主要原因是美国AFEX六年累计欠款4.16亿美元，预计无法收回，导致巨额损失。

(5) 2004年12月，伊利集团高管郑俊怀等5人因挪用巨额公款谋取私利被捕，造成股价大跌。

(6) 2004年爱建股份非法集资，将这些资金转移到境外炒股，造成巨额损失。

(7) 2005年1月，东北高速存放于中国银行哈尔滨分行松河支行的3亿元存款不翼而飞。

(8) 2005年1月，大鹏证券挪用客户保证金，被破产清算。

(9) 2005年10月，中储铜事件爆出，中国的期货铜交易巨额亏损达数亿美元。

(10) 2007年4月，农业银行邯郸分行管理员13天偷盗5100万元巨款，银监会介入调查。

第1章 绪　论

（11）2008年，中信泰富因外汇衍生金融工具而亏损20亿美元。

（12）2008年2月，中国海运（集团）总公司韩国釜山分公司4 000万美元运费收入遭该公司财务负责人兼审计负责人截留转移，并携款潜逃。

（13）2008年，香港合俊集团因金融危机倒闭。

（14）云内动力（000903）涉嫌内幕交易，大股东云南内燃机厂所有股权无偿划转给中国长安汽车集团股份有限公司，国有产权转让被疑"画饼充饥"。

（15）*ST合臣（600490）2011年4月25日"调整"定向增发方案，导致股价连续五个涨停，目的在于减持，并涉嫌虚假陈述。

（16）现代投资（000900）2011年暴露的没有履行决策程序、信息披露不充分等内部控制问题，并涉嫌存在中小投资者的利益保护不足的问题。

（17）深鸿基（000040）2011年涉嫌虚假代持、虚假陈述，导致有4 724万元的分红款无法追回。

（18）中国中铁（601390）由于政企不分、政资不分，导致速度、质量、安全的关系很难顾及，致使公司尚未实施的非公开发行A股股票方案因股东大会决议失效而自动终止。

（19）钱江生化（600796）宣布对外委托贷款1.4亿元，年利率为12%，每年利息收入就高达1 680万元，而该公司一季度的净利润只有1 369万元。上市公司委托贷款可能会使上市公司出现轻视、荒废主业的状况，降低企业的核心竞争力等。

（20）海螺水泥（600585）2011年5月发行95亿元公司债，拟将50%的募集资金用于偿还商业银行贷款，调整债务结构；剩余50%用于补充公司流动资金，改善公司资金状况。6月15日，海螺水泥发布公告称，为提高资金使用效率，公司将40亿元经营资金投资于信托和银行理财产品。其中25亿元购买国元信托设立理财计划、7.5亿元购买四川信托设立理财计划、7.5亿元购买中国银行中银集富专享理财产品，预期年化收益率分别为5.85%、8.50%和4.80%。上市公司购买理财产品可能会出现轻视、荒废主业的状况，降低企业的核心竞争力等。

（21）重庆啤酒（600132）2011年12月8日披露乙肝疫苗"揭盲结果"（实验），从数据看来，用了乙肝疫苗的和安慰剂组的数据相差不大，表示该疫苗并没有明显的治疗优势。同一天，重庆啤酒复牌，从此开始连续十连"跌停"的行情。

当然，还有：银广夏造假、达尔曼资金黑洞、托普神话……

我们也不能忽视下列案例反映的问题：

【案例1—1】大德公司是国内最大的公共交通运输集团企业，资产规模百亿元，下属二级子公司140家，涉及公交运输、出租、汽车制造和修理、房地产、广告、旅游、餐饮等各种行业，集团总部主要经营城市内公共交通，对下属的运营分公司安排详尽的工作计划，统一拨款，并在每季度进行工作反馈和考评。集团下属

·3·

的出租公司为国家划拨的全资子公司；集团企业总部对出租公司仅按年度下达生产计划并于年终汇总统计，出租公司的主要经营权都在子公司自身。出租公司下面也有超过10家的子公司，投资业务范围也非常分散；随着经营收入的提高，出租公司的管理等费用增长迅速，每年实际的净资产回报率仅为0.0098%（当时出租行业的平均净资产回报率大约在10%）。

【案例1–2】 WG公司[①]是国内著名的药材经营企业，资产规模为14亿元；下属全资、控股和参股企业42家，主要涉及中药材、中药饮片和中药生产、经销和科研等业务。集团企业前身为实施行业管理的行政单位，集团企业成立后自身主要经营某市市场的药品批零业务和药材的吞吐业务，集团企业主要职能部门主要围绕本事业部开展工作。随着业务发展，许多原来的省级药材公司无偿归并成为集团的二级公司；集团设立了投资管理部对子公司进行管理。投资管理部的主要职责是参加子公司的股东会议，并负责收回每年的股利。下属子公司都运作相近的药材、药品批发零售业务，但业务几乎没有什么关联，子公司各自为战。在市场化前提下，巨大的竞争压力来自民间和中小企业，许多子公司经济效益低下，部分子公司甚至严重亏损。

很多企业以失败、破产、倒闭而告终，不少企业发生严重的内部控制失效事件，一些企业内部存在或多或少的管理问题。不难看出，我国企业在快速发展过程中存在许多亟须解决的问题。概括起来，问题主要集中在以下方面。

（1）公司治理结构不够完善。企业不明白完善的治理结构在企业风险管理中的作用，对公司治理没有给予很大的关注，所以没有真正明确企业的权力机构、决策机构、执行机构和监督机构的权责。从公司治理角度，企业对财务风险管理工作也没有投入更多精力去做。

（2）企业财务风险意识薄弱。部分企业没有认清财务风险的危害性，对财务风险的复杂性估计不足，没有建立、健全财务风险管理的组织体系、管理体系和管理机制。

（3）财务风险管理的工具和手段缺乏。同国外相比，我国企业发展时间较短，财务风险管理实践还不成熟，又缺乏财务风险管理理论指导。部分企业尽管有财务风险管理意识，但缺乏财务风险管理的手段和方法，没有达到预期的效果及效率。

（4）企业财务风险管理系统性不足。企业财务风险管理是一项耗资不菲、技术复杂的系统工程，我们首先要明确财务风险管理的责任主体，按照权责对财务风险进行识别、度量、控制和评价等管理活动，建立包括完善公司治理和财务权责配置、开展财务管理信息化、建立财务风险预警制度、完善内部控制制度、审计等在

---

① WG公司为国内一家真实的企业，因企业要求用WG公司代替其真实名称。

内的保障体系。不从系统的观点，没有对企业财务风险进行系统管理，很难实现企业财务风险管理的目标。

从以上分析可以发现，目前我国不少企业存在较为严重的财务风险，特别是现在中国经济处于转型和深化改革并存，房价下跌，钢铁企业、煤炭企业开始出现亏损，267万家小微企业开始资不抵债、东部沿海地区出现倒闭潮、任正非讲到华为进入生死劫……一方面中国企业进入了少有的转型之痛；另一方面，中央的全面深化改革又给中国企业带来了极大的商机。企业能否把握住改革带来的众多机遇，关键在于财务风险管理。

企业财务风险管理工作依然任重道远。

1.3 研究意义

本书力争实现以下理论研究价值和实践指导意义。

1.3.1 财务风险管理的理论意义

关于企业财务风险管理，国内外学者从不同角度、运用不同学科的专业知识和方法进行了研究，但是这些研究是零散的、不完整的。企业如何对财务风险进行管理？难以从既有的研究成果中找到答案。本书对有关研究成果进行梳理、归纳和总结，利用财务管理、经济学、危机理论、控制论、工程科学、集成等理论及方法学，对企业财务风险管理进行了系统研究，在前人研究成果基础上进一步创新和发展。

1. 丰富财务管理的研究方法

王化成、佟岩等（2006）对《会计研究》《经济研究》《金融研究》《管理研究》《中国软科学》《中国会计与财务研究》和《中国社会科学》七个相关学科核心刊物1996～2005年共627篇财务管理理论研究方面的文章进行了梳理。结果表明，在627篇文献中，308篇是规范研究、220篇为实证研究、43篇使用了案例分析、36篇使用了模型建立、18篇属于问卷调查、2篇实验研究。不难看出，规范研究和实证研究依然占据主导地位，而对更贴近具体经济及社会环境的调查问卷与实验研究方法没有足够重视；同时对案例研究关注不够，而且就现有的案例研究而言，整体上也存在明显的缺陷，如只侧重于财务风险管理的某个环节或某一方面，未从整体上有效说明文章的观点。本书提供的案例——WK集团财务风险管理框架实施案例，对其实施过程、实施效果和应用价值进行剖析，在验证企业财务风险管理框架的有用性及适用性的同时，寻找企业财务风险管理规律，为理论研究提供例证。

2. 完善财务风险管理理论

传统财务管理理论与计划经济体制相适应，定位于完成财务计划的一个系统。这种财务控制范围狭窄，内容和方法只限于企业经营者财务计划的执行。为适应市场经济客观要求，许多学者从不同角度研究了财务风险控制新的思路和方法，如汤谷良教授提出了"财务控制新论"，将控制主体从经营者扩展到了董事会。但目前，对财务控制的研究多局限于日常控制，很少扩展到战略层面。本书将财务风险管理内容扩展到战略层面，确定战略目标、明确责任主体、完善程序方法、健全保障体系、优化管理基础，从而完善财务风险管理理论。

3. 深化财务风险管理理论

学科间的交叉与融合是当今科学发展的趋势之一。成思危（1999）认为，在科学不断分化的同时，科学的融合过程也在悄然兴起，一是科学部类内部有关学科之间的交叉与渗透；二是不同部类的有关学科之间的交叉与渗透。遵循科学发展的方向，本书借鉴其他有关学科的研究成果，从财务管理、管理学、系统论、控制论、企业预警、工程科学和集成等理论在企业财务风险管理中的应用开始，阐述企业财务风险管理的理论基础；然后从企业财务风险的概念出发，分析企业财务管理的内容和特征，研究企业财务风险的种类，诠释企业财务风险的特征及来源；从企业环境分析开始，制定企业战略组合与目标，在战略目标统驭下，确立企业财务风险管理的整体目标，以目标为导向，制定企业财务风险管理框架，深化企业财务风险管理理论。

1.3.2　财务风险管理的实践意义

理论来源于实践，实践又需要理论指导，企业财务风险管理理论可以指导企业财务风险管理实务，本书对于企业和宏观经济而言具有以下意义：

1. 微观层面，财务风险管理的实践意义

（1）财务风险管理有利于企业经营活动合法合规。经营活动合法合规是指企业的经营活动符合设立的规定、规章、规则、规范，以及国际和当地法律、法规，同时还强调要与行业特定的法律法规一致。

合法性要求可以使企业主动避免违法、违规行为的发生，从而使企业和个人都免受法律的制裁或财务的损失。企业管理者制定的企业经营方针、计划等是为了实现企业的目标。企业财务风险管理要求企业确保在从事生产经营活动的过程中，贯彻执行国家的法律法规、各经济发展时期与阶段的方针和政策，以及在此基础上建立的企业的经营方针与计划，保证企业经营管理目标的实现。上市公司要立足监管环境，满足要求，例如，在美国上市的公司要遵循美国 SOX 法案、在香港上市的公司要遵循香港企业管制常规守则、在上海主板上市的公司要遵循上交所内部控制指引、在深交所主板上市的公司要遵循深交所内部控制指引，同时要遵循国资委的全面风险管理指引、财政部等五部委的内部控制基本规范，以及 2009 年 5 月 1 日开始执行的国有资产管理法，要求国家出资人出资企业建立健全完善内部控制和风险管理制度。

【案例 1-3】2010 年 12 月，××国家税务局的税务核查人员对××制造企业"管理费用"账户各项支出进行了审查；检查人员先从各明细账的借方发生额排查，将有疑点账项列示后逐一对照有关记账凭证和原始凭证，发现以下问题：

第一，2 月过春节发生慰问职工费 3 000 元；

第二，3 月支付广告费 5 000 元；

第三，5 月差旅费支出，计 15 400 元；

第四，摘要没有注明用途的支出中，从 6 月 127 号凭证和 9 月 81 号凭证查出的两笔罚款共计 4 500 元；

第五，8 月有笔其他费用支出，是该厂向某市中学捐款 20 000 元。以解决职工子弟入学难的问题。

税务处理意见：

以上五项合计 47 900 元的支出企业采取弄虚作假的手法摊入管理费用，挤占了当期应纳税所得额，按照《税收征收管理法》规定，属于偷税行为。

税务机关决定，责令该企业调增计税利润 47 900 元，限期补缴所得税 15 807 元，并处以所偷税款 2 倍的罚款。

建立企业财务风险的管理体系规范企业运作行为，遏制违规违纪问题，合理保证企业稳健经营、安全运行，保障企业持续发展。

（2）财务风险管理有利于保证企业资产安全。资产是企业持有的能够给企业带来经济利益的资源，资产安全是企业财务管理的基本目标之一。企业财务风险管理在防止企业资产流失的同时，提高了自有资产保值增值率。

企业财务风险管理通过一系列措施，如不相容的岗位、职权的分离，相互牵制，有效防止串通舞弊等造成的资产损失；通过严格授权保证财产物资使用过程中的资产安全与完整。

【案例 1-4】NHGZ 总部团委干部××通过伪造批示申请公款 40 万元，然后伪造广东电视台广告部公章将 23 万元占为己有，17 万元以其家装修队发票转账。××以发票报销取得转账支票，工头到工商银行取款（现金）时财务人员发现两个疑点：一是支票右上角记号为转账非现金；二是取款人对装修情况不熟悉。后经查，××先后贪污100多万元。

本书建立的财务风险管理框架是一个严密的控制体系，该体系有助于维护企业财产物资的安全完整，从而实现运营有效，杜绝或降低舞弊的行为。

（3）财务风险管理可以保证会计信息质量真实完整。会计作为"当今公司治理结构的语言"（Jeo Sligman，1993），主要体现了公司治理的机制和效果，其基本目标是向信息使用者提供有利于其决策的可靠、相关的会计信息。而确保会计信息质量真实完整是实现会计目标的先决条件。

然而，在任何一个市场体系下，会计信息质量的失真与舞弊行为屡禁不止，其产生主要基于以下这两个方面：一是公司治理结构不健全，内部控制不完善，管理人员利用信息不对称提供失真信息，借此获取个人利益；二是缺乏有效的外部监管机制（相关法律法规的不健全、会计准则亟须进一步完善、注册会计师审计的独立性应进一步加强等）。

高质量的会计信息关系到公司治理的成败，确保会计信息质量的真实完整有助于完善经理层的激励机制，降低信息的不对称性；有助于增强公司的内部控制，优化公司的治理结构；有助于提高投资者和债权人投资决策的准确性，维护投资者对资本市场的信心，确保公司具有充足的资金来源，促进公司的长远发展。

建立高效合理的企业财务风险管理体系，通过在企业内部设计科学、严格的凭证制度，控制会计计量，设置合理的账户，建立规范的会计处理及结账程序；定期编制财务报表，确保所有的经济业务事项准确、及时地得以确认、计量和报告；建立健全会计岗位体系，形成相互制约、相互监督的分工合作体制；强化从业人员及管理人员素质，建立有效的激励机制，降低信息的不对称性；健全内部控制制度，加强法制监督，强化责任追究制度等，确保会计信息质量的真实完整。

【案例1-5】万福生科虚构交易或事实。万福生科公司通过虚构客户、伪造购销合同、虚开增值税发票和伪造金融票据等手段，虚构主营业务收入与利润7.45亿元。其中，公司2008~2011年累计虚增收入7.4亿元，虚增营业利润1.8亿元左右，虚增净利润1.6亿元左右；在2012年半年报中存在虚增营业收入1.88亿元、虚增营业成本1.46亿元、虚增利润4 023万元。

【案例1-6】中茵股份通过变更投资性房地产后续计量方法增加利润。中茵股份从2012年1月1日起将投资性房地产后续计量方法由成本计量模式变更为公允价值计量模式。由于公允价值变动计入当期，公允价值变动损益部分为908万元，同时由于会计政策变更后，对于投资性房地产不需要进行折旧摊销导致增加利润1 607.52万元，扣除递延所得税负债的影响，共增加净利润1 886.65万元，其中归属于母公司所有者的净利润为1 766.22万元。

【案例1-7】绿大地因为已经两年连续出现亏损，为避免第三年继续发生亏损巨额冲销,把有可能在以后期间发生的损失提前确认,以提高以后年度的业绩。绿大地公司 2009 年度亏损总额 151 361 817.13 元,高居沪深两市亏损大户前列。而该公司近三年的主营业务收入在不断增加,尤其 2009 年的主营业务收入将近 5 亿元,却带来 1.5 亿多元的亏损。近三年来,绿大地公司除资产减值损失外,其余各项费用及成本所占营业总成本的比例变化不大。其 2009 年资产减值损失是 2007 年的 38 倍,是 2008 年的 27 倍,占 2009 年净利润的 45.42%。绿大地公司 2009 年度的资产减值准备明细表中计提的坏账准备只有两项——坏账准备和无形资产减值准备,其中无形资产计提的减值准备占总资产减值总额的 80.81%,占其年度亏损总额的 38.52%,而前两年没有计提无形资产减值准备。

(4) 财务风险管理有利于企业持续经营和健康发展。企业的最终目标是通过提供满足需要的产品和服务来创造价值,持续经营和健康、可持续发展是保证企业目标实现的基础条件。企业的持续经营和健康发展,在很大程度上取决于财务风险管理的效率与效果。本书创新性地提出了企业财务风险系统,对财务风险种类、特征和成因进行剖析,建立了企业财务风险管理的整体框架,通过明确责任主体、优化管理活动、完善保障系统,以此降低、转移、控制、规避财务风险,保持企业的持续经营和健康发展。

(5) 财务风险管理有利于企业实现发展战略。企业发展战略是对企业发展的谋略,是对企业发展中整体性、长期性、基本性问题的计谋。从其定义可看出,企业发展战略对企业具有重要作用。首先,有利于企业进行准确定位,并针对定位发展企业核心业务,提升核心竞争力;其次,有利于企业全面发掘资源,做好各类型的资源调配和储备工作,以便企业资源的高效率使用;最后,有利于企业正确处理长期利益与短期利益、个体利益与整体利益的关系,避免企业发展的短视行为,促进企业的可持续发展。

战略目标的制定一般需要经历调查研究、拟定目标、评价论证和目标决断四个具体步骤。调查研究为企业战略目标的制定提供可靠的现实依据,侧重企业与外部环境关系的研究和预测,将企业的机会和威胁、优势和劣势、竞争对手、客户关系等重要发展因素的分析囊括其中。拟定战略目标需要从定性和定量的角度入手,分别确定目标方向和目标水平,依此草拟多个可供选择的目标方案。在这个过程中应充分考虑目标的合理性和可实施性。评价论证是保证拟定目标顺利执行的前提,评价主体是组织多方面的专家和有关人员。最后是目标决断,在决断选定目标时,应权衡以三个方面:目标方向的正确程度、可望实现的程度和期望效益的大小。

财务风险管理有助于实现企业的发展战略,企业发展战略的理念中包含财务风险管理的设计。财务风险管理可对企业发展战略实施过程中所面临的财务风险进行事前识别和预测,并通过严密的管理流程设计与执行来实现对风险的有效控制和管理，降低企业财务危机成本，为企业发展战略的实现提供安全、高效的财务保障。

【案例1-8】 自2012年以来，华为的集团业务超过六成收入来自海外市场，为应对复杂多变的外部市场环境和内部财务环境所带来的巨大财务风险，华为于2013年11月21日宣布在英国伦敦成立全球财务风险控制中心，该中心负责监管华为全球财务营运风险，确保财经业务规范、高效、低风险的运营。该中心的成立将有助于华为的海外经营在全球范围内进一步扩张，是华为实现其全球化发展战略的一项重要战略部署。这个例子就是对财务风险管理在企业发展战略的实施进程中所承担作用的有力证明。

2. 宏观层面，财务风险管理的实践意义

众所周知，企业是市场经济的主体，在当代世界经济一体化大背景下，国与国之间的竞争突出表现为企业之间的竞争。对财务风险管理理论的深入探讨有助于实现我国企业的持续经营和健康发展，而企业又是国家宏观经济的细胞。从宏观层面看，研究企业财务风险管理具有重要的实践价值。

（1）有利于全面提升中国企业财务管理水平，完善社会主义市场经济体制。企业财务管理是企业对资本和经济活动实施的综合性管理行为。在市场经济条件下，财务管理具有配置资源和价值创造功能，体现企业的核心竞争力。财务管理贯穿企业全部经营过程，涵盖企业财务战略、资本结构、产融结合、资金运营、项目投资、全面预算、绩效评价、纳税管理、财务管理分析、财务风险管控、财务信息化，以及财务管理组织、财务管理人才建设等。长期以来，财务管理职能在我国企业管理中没有得到有效发挥，不适应经济发展的需要，特别是随着世界经济竞争加剧，金融创新速度加快，与国外企业相比存在较大差距，亟待向现代财务管理转型。

企业加强财务风险管理，通过制定财务风险管理目标、明确责任主体、进行管理活动、完善保障体系、优化管理基础，全面提升中国企业财务管理水平。

同时，加强企业财务风险管理，通过资本管理，充分发挥其资源配置和价值创造功能，推动市场在资源配置中发挥决定性作用，有效利用多层次资本市场，实现各种所有制取长补短、相互促进、共同发展，为完善社会主义市场经济体制做出贡献。

（2）有利于建立与完善现代企业制度。现代企业制度是指适应现代社会化大生产和市场经济体制要求的一种企业制度，具有鲜明的中国特色。十四届三中全会把现代企业制度的基本特征概括为"产权清晰、权责明确、政企分开、管理科学"。其中"权责明确"是指合理区分和确定企业所有者、经营者和劳动者各自的权利与责任。所有者、经营者、劳动者在企业中的地位和作用是不同的，因此他们的权利与责任也是不同的。研究表明,完善公司治理结构和权责配置是企业财务风险管理重要的管理基础。如果治理结构不完善,而一味强调内部控制流程梳理和制度建设,本末倒置,不利于企业财务风险管理工作的开展。企业加强财务风险管理,完善内部治理结构,明确责任主体在财务风险管理中的地位和作用有利于建立与完善现代企业制度。

加强企业财务风险管理,推动企业资本结构优化,发展混合所有制经济,促进国有资本、集体资本、非公有资本等交叉持股和相互融合,形成以资本为纽带的治理结构和制衡机制,完善公司治理和内部控制,建立和完善现代企业制度。

(3) 有利于全面提升国家竞争力。在世界经济一体化的背景下,国与国之间的竞争体现为大型企业之间的竞争。

为了适应日趋激烈的国际竞争形势,企业必须加强现代财务风险管理,转换企业经营机制,全面提升企业的效率和活力,增强企业的国际竞争力。在此基础上,实现引进来和走出去更好地结合,促进国际国内要素有序自由流动、资源高效配置、市场深度融合。鼓励境外投资者到中国境内投资,支持有条件的企业发挥自身优势到境外开展投资合作,确立企业对外投资主体地位。加强企业财务管理,充分发挥企业财务管理的组织体系和人才要素功能,让一切劳动、知识、技术、管理、资本的活力竞相迸发,全面提升企业的核心竞争力。

1.4 文献综述

要研究企业财务风险管理演进的历史过程及包含在这一历史过程中的一般规律,首先需要明确的是两个基本概念:何谓企业?何谓企业财务风险?对这两个问题的理解无疑将会影响对企业财务风险管理演变内在规律的认识。

1.4.1 企业

企业的本质从法律上来看,根据我国《中外合资经营企业法》《合伙企业法》《公司法》等相关法律规定,企业一般是指以营利为目的,运用各种生产要素(土地、劳动力、资本和技术等),向市场提供商品或服务,实行自主经营、自负盈亏、独立核算的具有法人资格的社会经济组织。当然,如果把企业定义为一个经济活动组织,那么企业仍然是一个"黑匣子",一个连接投入与产出的装置(陈躬林、高兴民,2001),对于企业内部"秘密"的探索,自然是无法深入的。因此,对于企业本质的讨论还需要借助于经济学的观点。

新古典经济学的核心是价格理论,并把价格机制看作是经济活动唯一有效的协调机制。在新古典经济学看来,企业是一个通过投入产出追求利润最大化的专业化生产组织。新古典经济学对企业本质的研究是建立在两个最基本的抽象的基础上的:一是对企业本质的抽象,即企业在本质上是一个专业化生产者;二是对企业行为的抽象,即企业是完全同质的最优化行为者。萨缪尔森(1948)指出,企业存在的理由很多,但导致在企业里组织生产的最强有力的因素来自于大规模生产的经济性。有效率的生产需要专业化的机器、厂房、装配线和劳动分工,生产毕竟不能自行组织起来,正在进行的生产活动需要细致的管理与监督。

古典经济学则是基于分工而对企业本质进行论证,亚当·斯密(1776)认为企业的出现是因为企业内部分工与协作所导致的生产力的提高。正是有了分工,才使得每个人不是各自为政的工作,而是将生产过程进行分割,由工人分工作业,从而获得比市场交易更高的效率。查利斯·巴比吉(Charles Babbage,1833)总结了斯密的上述观点并指出,劳动分工使企业各项功能相互区别并走向专业化,进而提高了生产效率。马歇尔(1890)倾向把企业的存在与发展看作为一个有机过程。他认为,在社会有机体中,人类的竞争就像生物界的竞争一样,具有优胜劣汰的功效,作为组织的企业因为能够增大效率而产生,也将因为缺乏效率而衰落。

马克思(1867)对劳动分工和企业存在与发展之间的关系做出了更加详细而准确的描述,他认为企业的本质包括两个方面。一方面,企业是一种生产职能的组织形式,是劳动和生产资料两大生产要素结合发挥生产职能的组织形式。从这种意义上说,企业是社会生产力的基本组织形式。另一方面,企业是资本雇佣劳动进行生产而使自己增值的场所,是产权的组织和实现的一种契约形式,是生产资料所有者交易所拥有的生产要素的场所。

科斯(1937)是第一个在市场价格机制下,用交易费用的方法研究企业(以权威为特征)存在合理性的人。市场和企业是配置资源的两种可互相替代的手段;其差异存在于市场上,资源由价格自发调节,而在企业内部则由权威来完成;其选择标准依赖于市场定价的成本与企业内部官僚组织的成本之间的平衡关系。企业的出现通过权威关系减少了由众多交易主体频繁协调的较为巨大的交易成本。

阿尔钦和德姆塞茨(Alchian and Demsetz,1972)的团队生产理论认为,企业区别于市场的本质原因在于企业具有团队生产性质,即它同时使用几种类型的生产要素;团队产出并不是团队各要素产出的简单之和,团队的生产要素也并不同属于一个人。团队生产的问题在于团队成员的贡献在技术上具有不可分性,团队中各个成员的贡献是难以测量的,每个成员都有偷懒的动机。为了解决这个问题,最好是将其他成员的收入用合同固定化,然后赋予另一个人"剩余索取权"。由于剩余索取权与团队总产出成正相关,所以这种产权安排是有效率的,团队理论进而定义企业所有权即剩余索取权。

张五常（1983）认为，企业是一种契约，这种契约是生产要素所有者签署的，而市场上的契约则是中间产品商签署的。要说有什么不同的话，只不过是生产要素市场和中间产品市场之间的不同罢了。因此，企业的本质应视为"一种契约形式取代另一种契约形式"，或者说是用劳动市场代替中间产品市场。张维迎（1999）也认为，企业是其参与者之间的一组包括明示契约与隐含契约的契约集合。

杨小凯和黄有光（1995）把交易费用和分工合作结合起来进行了研究，其企业理论可视为基于分工的间接定价理论。该理论的一个很重要的实质在于，沿着张五常的思路进一步指出了企业是一种间接的定价制度，它把剩余索取权安排给经营者享有，以作为对其服务的间接定价，从而把交易效率极低的经营劳动卷入分工，同时避免对其直接定价和买卖。

钱德勒（1977）认为，现代大型一体化工商企业的诞生是市场和技术发展的必然结果。同时，企业是行政协调对市场协调的替代，是"看得见的手"对"看不见的手"的替代。他认为，现代工商企业是当经济活动量达到这样一个水平，即管理上的协调比市场的协调更有效率、更有利可图时，企业才首次在历史上出现的。

除此之外，其他学派的经济学家们也对企业的本质进行了探讨，例如：演化经济学将企业的本质定义为"惯例的集合"（Nelson and Winter, 1982）；企业资源理论看来，企业与市场的本质区别不是契约的内容或契约形式的完备性，而是市场仅能对资源进行配置，而企业不仅可以配置资源，更为重要的是还能使用资源，在使用过程中创造财富。企业能力理论把企业定义为"能力的集合"。企业能力理论认为，一个经济社会存在的基本要求是其具有生产的能力，从社会层面来说，这种能力就是社会生产力；从基础的微观层面说，这种能力就是企业（和个人）所具有的生产能力。当一个经济社会的发展和生产力的提升需要进行劳动和知识的分工及协作生产时，协作生产提高生产力的效应无法通过市场机制实现，企业的出现成为必然。企业知识理论认为，企业之所以会出现，固然是因为企业可以节约交易费用，但更重要的是因为企业能够更有效地组织生产活动。在科学技术高度发达、知识分工不断深化的今天，只有通过企业形式，员工才可能在长期的工作中获得更多关于合作伙伴知识特征的信息，并根据需要有选择地发展自己的专业知识，从而使团队内的合作变得容易，使合作成本下降。

我国学者近年在对企业理论归纳总结的基础上，进行了拓展研究。

聂辉华（2003）从三个维度对企业理论进行综述，以是否明确区分企业和市场作为第一个维度，以契约的完全与否作为第二个维度，同时兼顾时间顺序作为第三个维度。由此将企业本质理论的发展分为四个阶段。他认为科斯（1937）以前的理论处于第一阶段，主要包括企业的"古典理论"、"新古典理论"和"企业家理论"。这一阶段的理论处于萌芽期，还称不上系统的企业理论，因此关于企业本质的观点是零碎的。第二阶段的理论主要是"契约的联结理论"和"委托—代理理论"。它们基本上不明确区分企业和市场，同时在完全契约的框架中分析问题。第三阶段是企业理论的繁荣时期，主要有"交易费用理论"、"资产专用性理论"、"剩余控制权理论"、"声誉理论"和"权力理论"等。这一阶段理论的显著特点是在不完全契约的框架中明确区分了企业和市场，对企业核心要素的分析则从"硬"的方面（如产权）趋向"软"的方面（如声誉）。第四阶段主要包括企业的"能力理论"、"资源理论"、"知识理论"和"信息处理器理论"等。这一阶段体现了经济学与管理学或组织理论相互融合的特点，并且坚持了企业"异质性"的假设，确切地说是企业理论向企业管理的延伸。对企业理论演进过程的透视使得对不同状态依赖条件下企业行为的解释更加复杂、更加深刻，更加接近真实世界。

楼园、韩福荣、徐艳梅（2005）从生物形态结构进化中找到灵感，认为企业形态结构的进化也是一个不断适应环境变化的过程，只是它不像生物进化那么缓慢，在短短的200年时间里，企业的形态结构发生了巨大变化。再者，单体企业组织结构的进化可以粗略地归纳为走过了从简单到复杂又回到简单的历程，但这种简化构成是发生在整个经济系统呈现出复杂性提高和多样性增加的趋势的条件下，由于市场范围的扩大和新市场的出现创造了更多的生态位，为市场进一步分工和协作提供了激励，使企业裂变和功能外化成为可能。同时对企业行为进化、企业形态结构与企业行为之间的关系展开论述。

孙长坪（2008）认为企业形态就是企业作为社会关系主体的存在形态。企业总是以一定的企业形态而存在的，离开企业形态也就无所谓实体企业的存在。企业形态应包含两个方面的含义：一是企业的经济性质；二是企业的组织形式。企业的经济性质反映的是企业由谁投资或由谁组建，其表明的是企业投资结构或组建基础等经济特性问题，是企业赖以成立的基础，属于企业的内在性质。企业的组织形式反映的是企业以何种方式组织生产经营，其表明的是企业对内对外的责任方式问题，是企业赖以运作的基础，属于企业的外在形式。

李伟阳（2010）对企业本质进行如下四个分类：企业是承担唯一经济功能的纯粹经济组织；企业是承担社会功能的一般社会组织；企业兼具生产属性、交易属性（经济功能）和社会属性（社会功能），但经济功能和社会功能相互割裂；企业兼具经济功能和社会功能且两者密不可分的社会经济组织。并在以上四种企业本质观为视角对企业社会责任边界进行透视。

杜晶（2006）对企业本质理论及其演进逻辑进行了深入研究，将研究的视角投向四个产生于不同社会历史时期的、最具代表性的企业理论（马克思的企业理论、新古典企业理论、现代企业理论、利益相关者理论）中有关企业"生产"与"交易"的双重本质属性的论述，发现不同历史时期的经济学说对企业本质的解释呈现出多样性和统一性相结合的特征，同时，对企业本质的认识过程也是一个与企业在社会历史进程中的不断发展与进化相匹配的、逐步演进与深化的逻辑过程。与此同时，企业的形式也需要适应时代的发展。根据互联网思维，传统企业必须进行再造，其方向是打造智慧型组织：网络化生态、全球化整合、平台化运作、员工化用户、无边界发展、自组织管理，企业必须跟上时代的步伐才能生存（李海舰等，2014）。

1.4.2 财务风险管理

1. 国外研究回顾

在西方，财务风险管理伴随着内部控制的产生而产生、随着内部控制的发展而发展。回顾财务风险管理研究的演进，我们就必须要回顾内部控制的发展。

20世纪初，西方国家频繁爆发经济危机，为满足风险控制需要，"晴雨表"①或"报警器"的建立风行西方世界。受"哈佛指数"②影响，人们试图将"晴雨表"应用于微观经济领域，特别是应用于企业财务状况的综合监测和评价。亚历山大·沃尔出版的《信用晴雨表研究》和《财务报表比率分析》开创了对企业财务状况进行综合监测与评价的先河。

"二战"后，随着西方经济复苏，人们在重点关注财务业绩评价③的同时，西方学者对风险控制和内部控制也进行了研究。西方研究风险控制是从研究内部控制开始的，内部控制思想和实践是伴随着企业的实践而产生的。

早期，由于企业出现了群体劳动和分工，为了保证财物的安全，企业内部实行了相互牵制制度，形成了内部牵制实践④。早期的内部牵制主要是指企业的业务活动必须经过两个或两个以上分工的部门，以及两个或两个以上的权力层次，以形成相互制衡。这时的内部牵制的内涵和外延相对狭小。

内部控制作为一个专门的术语是基于审计实践的需要，由审计人员从评价企业的控制活动中抽象出来的，并受到人们的广泛重视。1949年，美国注册会计师协会（America institute of Certified Public Accountant，AICPA）的审计程序委员会首次对内部控制进行了定义，此后，该委员会又多次对内部控制的内涵和外延进行定义，但整体上看，这时的内部控制主要是从财务审计的角度，立足于查错防弊目的

---

① 1915年，哈佛大学教授珀森编制的"经济晴雨表"试图对经济波动进行定量分析。
② 1919年起，《经济统计评论》定期发布"一般商情指数"，又称"哈佛指数"。
③ 业绩评价比较有影响的是杜邦财务分析体系和EVA业绩评价系统。
④ 在15世纪，随着资本主义企业发展和复式记账法的出现，以账目间的相互核对为主要内容、实行职能分离的内部牵制开始得到广泛应用。

进行定义的，但内部控制本身已超出了内部牵制的内涵和外延，包含了一些属于管理控制的内容。

20世纪60年代以来，大量公司倒闭或陷入财务困境，诱发了审计"诉讼爆炸"，导致审计风险大大增加以及对"内部控制"的怀疑，这使得审计不仅仅利用内部控制作为审计重点的选择方法，而且要对企业内部控制制度本身进行评价。这就使得内部控制不仅停留在其内涵和外延的定义上，更要确定内部控制的基本结构，以此对企业的内部控制进行评价。AICPA于1988年正式以"内部控制结构"这一概念代替了"内部控制"，提出了内部控制结构三个基本要素：控制环境、会计制度和控制程序。这一发展使内部控制的研究重点从一般含义引向具体内容，从而更加反映了内部控制自身的性质。不难看出，这个时期对内部控制的研究增加了具体内容，同时有关管理控制的内容也在不断完善。

近年来许多公司关注企业风险管理，他们对企业风险管理框架的需求日益增加。同一时期，美国安然公司、世通公司等相继曝出严重的财务丑闻，投资者、公司员工及其他利益相关方蒙受了巨大损失。之后，要求改善公司治理结构和提高风险管理能力的呼声日益高涨。2002年美国通过了《萨班斯—奥克斯利法案》（Sarbanes-Oxley Act of 2002，简称"SOX法案"），其中的404条款要求上市公司管理当局对内部控制的有效性进行披露，同时也要求外部审计师对上市公司内部控制的效果进行审计。

为了进一步提高财务报告质量，理论界、实务界开始探讨舞弊性财务报告包括内部控制制度不健全的问题。1992年，美国反对虚假财务报告委员会下属的由美国会计学会、注册会计师协会、国际内部审计人员协会、财务经理协会和管理会计学会等组织参与的发起组织委员会（Committee of Sponsoring Organizations of the Treadway Commission，COSO）发布了《内部控制—整体框架》专题报告（Internal Control – Integrated Framework，本书称"COSO内部控制整体框架"，简称"COSO报告"）。COSO报告开创性地提出了内部控制框架的概念。1994年又对该报告进行了增补。

COSO报告被公认为是内部控制发展史上的里程碑，其主要理论贡献包括：

（1）界定了一个能适用于不同用户需要的内部控制概念，并被理论界、实务界所广泛接受。

（2）提供了一套完整的内部控制评价标准，该标准适用于任何公司或任何其他性质的组织，无论其规模大小、盈利与否、公私性质，在如何评估内部控制有效性方面取得了革命性的突破。美国注册会计师协会（AICPA）认为，COSO报告具有划时代的意义，其作用相当于早期的公认会计原则。

（3）首次将内部控制从平面结构发展为立体框架结构。COSO报告提出的内部控制概念、三类控制目标、五项构成要素、有效内控标准以及相关论述等，共同构成了内部控制框架，为建立控制标准提供了前提和基础。

（4）提出内部控制的本质是合理保证实现特定目标的过程（Process）。COSO报告认为，内部控制作为过程，其本身不是目的，而是实现目标的手段，内部控制的有效性也只是"过程"中某个时点上的一种状态。按照这种认识，内部控制不能再被片面曲解为机械的制度、规定，而是与管理过程融合在一起，是一个不断发现和解决问题的循环往复的动态过程。

（5）首次将风险评估、信息与沟通作为基本构成要素引入内部控制领域。风险评估和信息沟通是传统内部控制理论中所没有涉及的，但却是保障内部控制效率和效果的关键手段。COSO报告更强调风险控制意识，强调风险评估。

理论界与实务界认为COSO提出的整体框架对风险强调不够，无法使内部控制与风险管理很好地结合。1999年的特恩布尔报告在COSO报告的基础上，设计了评价内部控制系统要素有效性的一系列标准，使得公司能够按照适合外部环境的方式构建和实施内部控制。

为了适应企业环境对内部控制、风险管理的需要，COSO于2004年9月正式颁布了《企业风险管理—整体框架》。新框架凸显风险管理：对风险的管理不仅面向过去，也面向未来；既贯穿于作业层次、战术层次、执行层次，也贯穿于管理层次、战略层次、决策层次。新框架内容更充实、更具指导性。第一，丰富内部控制内涵，提出了风险偏好、风险承受度等概念，使企业风险管理（Enterprise Risk Management，ERM）的定义更具体、更明确。第二，拓展了内部控制目标，即从原来三目标（经营的效果和效率、财务报告的可靠性、相关法律法规的遵循性）拓展到内部的和外部的、财务的和非财务的报告；此外，还提出了一类新的目标——战略目标。第三，扩展了内部管理要素，将原有的内部控制五要素发展为风险管理八要素。第四，突出强调了董事会在企业内部控制和风险管理中应扮演重要角色的作用，要求董事会将主要精力放在风险管理上，而不是所有细节控制上。

ERM的主要内容可以从三个维度进行概括。

第一个维度是企业全面风险管理的目标。企业全面风险管理有四大目标：

（1）战略目标：是企业的高层次目标，与企业的任务和预期相联系并支持企业的任务和预期；

（2）经营目标：是指企业经营的有效性和效率，包括业绩目标和营利性目标，根据管理者对企业结构和经营选择的不同而变化；

（3）报告目标：指企业报告的有效性，包括内部和外部报告，既涉及财务信息，也涉及非财务信息；

（4）合法性目标：是指企业是否符合相关的法律和法规。

第二个维度是企业全面风险管理的要素。按照ERM框架的设计，企业全面风险管理包括内部环境、目标制定、事项识别、风险评估、风险反应、控制活动、信息和沟通、监控八个相互关联的要素。各要素之间都渗透着风险的相关内容,这些内容环环相扣,浑然一体,并贯穿在企业的管理过程之中,同时也表示企业全面风险管理的框架流程,如图1.1所示。

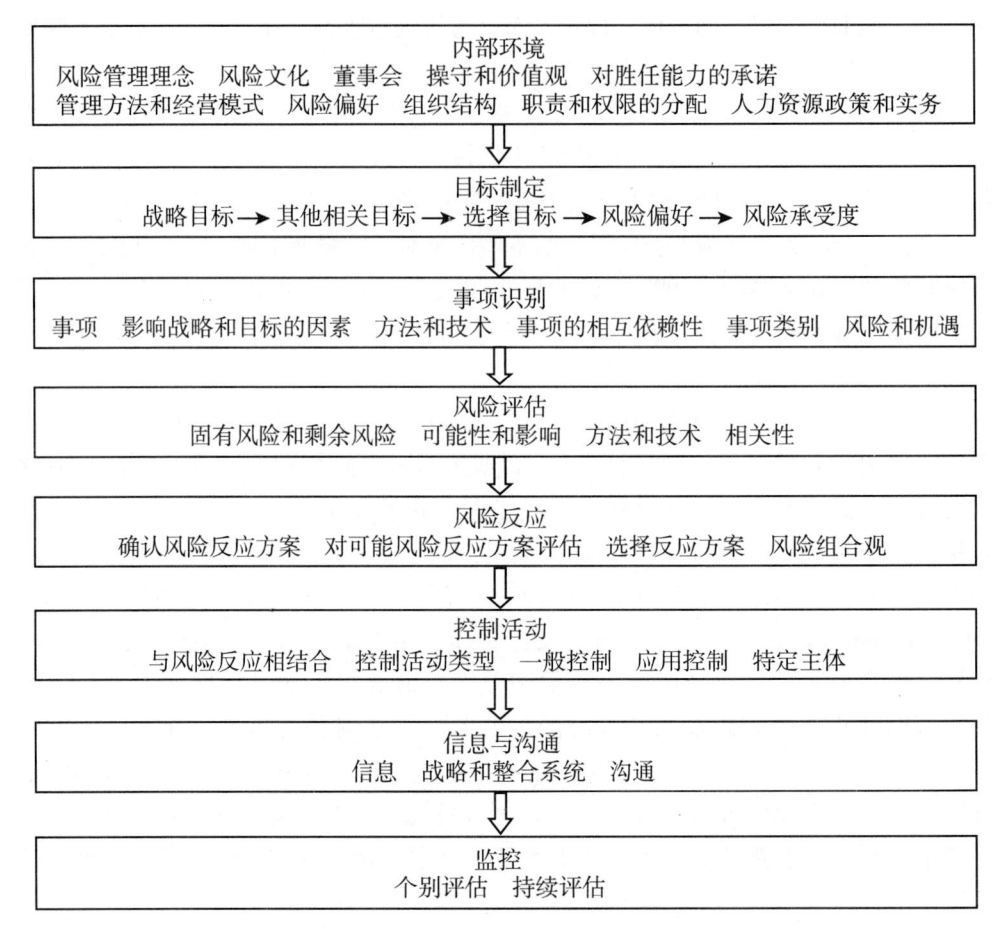

```
┌─────────────────────────────────────────────────────────┐
│                      内部环境                            │
│  风险管理理念  风险文化  董事会  操守和价值观  对胜任能力的承诺  │
│  管理方法和经营模式  风险偏好  组织结构  职责和权限的分配  人力资源政策和实务  │
└─────────────────────────────────────────────────────────┘
                            ↓
┌─────────────────────────────────────────────────────────┐
│                      目标制定                            │
│   战略目标 → 其他相关目标 → 选择目标 → 风险偏好 → 风险承受度     │
└─────────────────────────────────────────────────────────┘
                            ↓
┌─────────────────────────────────────────────────────────┐
│                      事项识别                            │
│  事项  影响战略和目标的因素  方法和技术  事项的相互依赖性  事项类别  风险和机遇  │
└─────────────────────────────────────────────────────────┘
                            ↓
┌─────────────────────────────────────────────────────────┐
│                      风险评估                            │
│     固有风险和剩余风险   可能性和影响   方法和技术   相关性      │
└─────────────────────────────────────────────────────────┘
                            ↓
┌─────────────────────────────────────────────────────────┐
│                      风险反应                            │
│    确认风险反应方案   对可能风险反应方案评估   选择反应方案   风险组合观    │
└─────────────────────────────────────────────────────────┘
                            ↓
┌─────────────────────────────────────────────────────────┐
│                      控制活动                            │
│    与风险反应相结合   控制活动类型   一般控制   应用控制   特定主体    │
└─────────────────────────────────────────────────────────┘
                            ↓
┌─────────────────────────────────────────────────────────┐
│                      信息与沟通                          │
│              信息   战略和整合系统   沟通                 │
└─────────────────────────────────────────────────────────┘
                            ↓
┌─────────────────────────────────────────────────────────┐
│                       监控                              │
│                  个别评估   持续评估                      │
└─────────────────────────────────────────────────────────┘
```

图1.1 企业全面风险管理八要素示意

第三个维度是企业全面风险管理的层级,包括整个企业整体层面、部门层面、业务单位层面和子公司层面。

以上四目标、八要素和四层级共同构成了企业全面风险管理的三维框架,如图1.2所示。

ERM框架三个维度之间的关系。全面风险管理的八个要素都是为企业的四个目标服务的,企业各个层级都要坚持同样的四个目标,每个层次都必须从以上八个要素方面进行风险管理。而且,新的风险管理框架还强调在整个企业范围内实行风险管理。

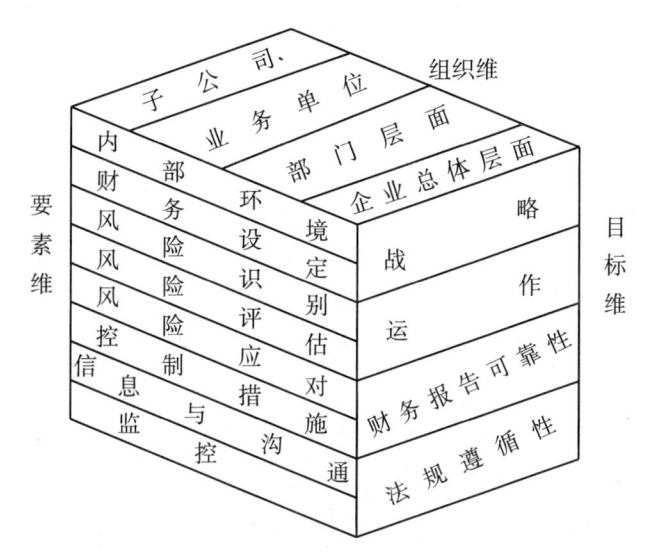

图 1.2 2004 年 COSO-ERM 框架结构

COSO-ERM 框架理论在内部控制实践中具有重要的指导意义，它有助于企业构建全方位内控系统，对于企业财务风险管理也具有指导意义。

企业风险的存在引起了许多学者对风险管理、控制对策的研究和探讨。在不确定性条件下，一般建设项目的风险控制理论已有很多研究成果。莱斯利（Leslie，2014）把风险控制概括为风险分析、控制、响应和风险融资。戈弗雷（Godfrey，2007）认为风险分析包括风险识别、测量、估计；风险响应又包括风险自留、减少、转移、避免和清除等措施。弗拉纳根（Flanagan）等则创造了头脑风暴法（brainstorming）、树状图（tree diagrams）、影响图（influence diagrams）等风险识别方法，并以此鉴别在工程项目中可能存在的政治、经济、技术、管理、经营等众多风险因素。[①] 这些理论成果概括起来即为风险决策评价方法，其关于风险控制的基本思想是：通过风险测量、敏感性分析、概率分析和模拟技术等方法对风险出现的后果与概率及其分布进行定量分析，以此作为选择投资或放弃投资的依据。

美国资深财务学家罗伯特·希金斯（2004）在进行财务管理分析时指出，增长及其管理是财务计划中的特殊难题，部分原因在于高级管理人员把增长看成是某些必须达到最大化的事情，随着增长的提高，企业的市场股票价值与利润也必将增加。然而，从财务角度看，增长不总是可行的。快速的增长会使一个企业的资源变得相当紧张，甚至导致破产，所以管理层必须意识到这一结果并采取积极措施加以

---

① 李启明、申立银：《风险管理中的风险效应——行为决策模型分析》，载于《系统工程理论与实践》2001 年第 10 期。

控制。由此，他提出了可持续增长率[①]的概念。罗伯特·希金斯还对企业投资决策的风险进行了系统分析。

2. 国内研究回顾

我国学者汤谷良、杜菲（2004）从战略管理角度研究了企业增长、盈利、风险三维平衡问题。他们提出对企业的收益和风险的考察必须建立在必要的规模持续增长前提上，一个有效战略的形成前提是对公司增长、盈利、风险三维的动态平衡的必要关注；同时提出了与公司战略和财务规划相应的三层任务：管理增长[②]、追求盈利和控制风险。

张鸣、张艳、程涛（2004）在分析国内企业财务困境原因时，论证了上市公司中 ST、PT 公司陷入财务困境的主要原因是经营管理上的失误，而经营管理上的失误又集中在盲目投资、多元化经营带来的主业萎缩、财务杠杆的负效应等几个方面。

陈余有（2004）分析了企业扩张中的风险，指出并购活动涉及面广、过程复杂，是一种高风险的资本运营方式，应特别关注其过程及后续存在的各种风险，并采取相应的防范措施；并购风险主要有信息不对称风险、融资风险、磨合风险等。

黄晓霞（2006）分析了企业扩张的原因、动力和局限，并对企业扩张过程中的财务风险管理进行了理论研究。

史佳卉（2004）分析了企业并购财务风险管理，指出企业并购财务风险包括定价风险、融资风险和支付风险，并对三种财务风险管理进行了理论研究。

谢玲芬、任策明（2004）及张鸣、程涛（2005）等采用不同的经济计量方法，对上市公司财务风险预测、财务困境预测、财务指标预警进行了实证研究。

迟国泰（1995）根据货币的时间价值理论提出了动态期望值准则，系统探讨动态风险型决策方法。其基本原理是：在静态决策方法的基础上，把各年损益和投资折算到同一时刻，使各物理量切实可比，进而通过从大于零的动态损益期望值中选取最大值的方法来确定最优方案。

张青晖、陈湘川（1998）提出了多阶段项目风险权衡模型以评估工程项目各阶段风险权衡策略的综合效果。其基本假设是以进度风险、费用风险和质量风险作为项目风险权衡的基本要素，并将进度风险、费用风险和质量风险划分为低风险、高风险、中风险三个层次，在进一步量化分析的基础上得出风险控制效果，并根据

---

① 可持续增长率是指在不需要耗尽财务资源的情况下，公司销售所能增长的最大比率。
② 汤谷良认为：管理增长是从战略的角度规划企业的增长速度，既要确保必需的战略增长速度，又要防范超速发展引发的"速度陷阱"，保持公司速度与耐力的平衡；追求盈利主要是立足股东，确保公司运营、规模增长对股东盈利的持续支撑；风险管理是从制度上保障企业的控制力，尤其是现金营运的安全有效。

第1章 绪　论

预期风险控制要求产生各阶段的风险权衡策略。

申树斌、夏少刚（2002）提出了考虑储蓄和投资的动态风险投资组合决策模型以优化证券市场上的投资决策行为。该模型在不考虑消费带有初始风险资产的投资组合决策模型[①]的基础上，把银行存款作为一种资产引入模型，并进一步引入时间变量，得出"考虑了储蓄和投资"的动态模型。

孟祥霞（2007）总结了全球风险管理现状，点明我国财务风险管理的发展趋势及研究方向：财务风险管理基础理论和理论结构研究、财务风险管理教育、财务风险文化研究及财务风险管理组织架构和管理模式研究。

向德伟（2008）首先对企业财务风险进行了定义，说明了财务风险管理的重要性，从外部环境与内部管理两个角度识别财务风险的影响因素，依照企业资金运动过程将财务风险管理的基本内容划分为筹资风险管理、投资风险管理、资金回收风险管理及收益风险管理四个部分，进而提出财务风险决策防范及处理方法。

刘建明（2008）就企业财务风险管理和内部控制的内涵、原则、必要性、现状及存在的问题等方面展开了论述，提出四项防范和化解企业集团财务风险的对策与措施，从软控制与硬控制的角度提出了加强企业内部会计控制的具体措施。

于新花（2009）结合财务结构与财务成果两个方面对财务风险的进行了重新定义，分析了财务风险的直接及间接成因，阐述了风险控制的四项原则，从财务结构、多角经营、风险政策及风险预警机制等多个角度提出了防范和化解企业财务风险的对策，并以房地产企业为例，提出了化解企业财务风险的措施。

在集团企业层面，张敏慧（2009）首先将企业集团财务风险的成因归纳为以下四点：在筹资方面，存在债务筹资风险和权益筹资风险；在投资方面，存在对内投资和对外投资风险；在资金运营方面，存在现金流量风险；在收益分配方面，存在股利政策风险和股利支付方式风险。同时结合企业集团财务风险管理的业务特点（战略性与协同性、整体性与传递性），从实践角度着重探讨企业集团财务风险管理的防范与控制措施，并提出以下五点意见：灵活应对宏观环境的变化、规范企业集团治理结构、建立财务风险预警系统、建立相对集权的财务管理体系、充分发挥内部审计的风险管理职能。张继德、郑丽娜（2012）以大型集团企业为研究对象，着重探讨了伴随企业组织规模的扩大与组织层级的增多，日益显著的财务风险传导性与危害性，就如何遏制财务风险随企业规模扩张而不断增大的问题进行了规范研究。构建了包括目标层、管理层和基础层三个层面，管理目标、实施主体、程序方法、保障体系和管理基础五要素在内的新型集团企业财务风险管理框架，从宏观视

---

① 宿洁：《带有初始风险资产的风险投资决策模型》，载于《运筹与管理》2000年第2期。

角建立了自上而下的风险管理体系。

杜兰英和余道先（2005）、黄德汉（2008）、王竹玲（2008）、曹伟忠（2009）、齐莉（2009）、姚雁雁（2010）及张卫平（2012）等多位学者先后对中小企业财务风险成因、预警、防范及控制进行了研究。王竹玲（2008）归纳了中小企业财务风险的特征：外部融资难、融资渠道单一、长期投资比率低及营运资金管理水平低。姚雁雁（2010）提出中小企业财务风险的主要种类：筹资风险、投资风险、经营风险、存货管理风险、流动性风险及收益分配风险。各位学者均对中小企业财务风险管理给出建议，多数学者提出中小企业在完善内部管理、增强风险意识的同时也应受到外部各方（如政府部门）的关注与帮助。

在财务风险预警模型的研究上，黄德忠（2005）以时间为线索对国内外财务预警研究进行了归纳：在国外比弗（Beaver，1966）提出了单变量判定模型；奥尔特曼（Altman）最早运用多元变量分析法探讨企业财务危机预测，在1968年找出最具解释能力的五个财务比率，构成了一个Z-Score模型；奥尔森（Ohlson）利用条件回归模型实证分析1970~1976年年间105家危机公司与2 058家正常公司样本，得到一个预警模型；随着信息流量观念的建立，阿齐兹·伊曼纽尔和劳姆（Aziz Emanuel and Lawom，1988）提出用现金流量信息预测财务困境的模型；高士和方特（Coats and Fant，1993）利用类神经网络理论构建了财务预警模型，该模型是模仿生物大脑神经网络的学习过程，无须考虑其是否符合常态性假设，而且可以处理非量化的变数，应用较广。这些模型的共性就是都以西方证券市场的上市公司会计报表为依据进行研究，研究的结论也是在上市公司进行验证。在国内，佘廉教授（1999）首次提出了企业逆境管理理论并创立了企业预警管理体系，强调对于企业战略目标来说，企业预警管理（追求风险的降低和规避）与传统的企业成功管理（追求绩效的改善）同等重要。胡华夏、罗险峰（2000）从企业生存风险的角度研究了企业预警系统，认为应从财务角度和企业经营的角度预测企业的生存风险，可以采用"A记分"法评定企业的生存风险。顾晓安（2000）通过把财务预警分为短期预警和长期预警两个部分进行研究，前者注重控制现金流量，后者则通过综合评价获利能力和偿债能力来构建预警系统。张玲（2000）以上市公司的财务比率为基础，根据样本进行统计推断，最后判别函数用到了资产负债比率、总资产利润率、营运资金与总资产比率、留存收益与资产总额比五个指标，以原始样本判别值的分界线作为预警临界点。黄岩、李元旭（2001）以沪深股市的上市公司为样本，建立了中国工业类上市公司财务失败预警模型，给出了所研究上市公司的Z值范围，用到的指标处理方法主要是聚类分析和判别分析法。陈志斌、韩飞畴（2002）主张利用现金流进行风险预警。张秀文（2004）则主张应从两个方面进行预警：一是比率分析，即利用财务报表中常用的比率对这些比率进行长期跟踪；二是现金流量分析，它是预测企业生存风险的一种补充。朱辛华（2003）提出利用损益表计算经营收益、经常收益、期间收益；利用资产负债表计算流动资产、固定资产、流动负债、长期负债、资本、亏损各自所占比重进行预警。左庆乐、首静（2004）提出采取以企业偿债能力指标为基础指标，以盈利能力指标和资产管理指标为辅助指标的预警思路。

谷文林（2008）综述了国内外财务预警模型，国外研究起步较早，其中定性预警分析以流程图分析法和管理评分法等为代表，定量预警分析又可分为静态预警模型（单变量判定模型、多元线性判定模型）与动态预警模型（神经网络分析）两个部分。国内研究从20世纪80年代开始，预警系统的研究与应用经历了一个从宏观经济预警渗透到企业预警、从定性为主到定性与定量相结合、从点预警到状态预警转变的过程。

张俊芝、张清海（2011）阐述了企业财务风险、财务预警的概念以及三者之间的关系，对预警系统的架构和实施程序做了进一步的分析研究，最后在借鉴国内外学者研究成果的基础上，结合中国上市公司的实际情况，建立了以资产报酬率、销售净利率、总资产增值率等3个财务变量为自变量的财务预警模型。

总体上讲，同国外风险管理论理的发展和完善相比，我国的风险管理理论建设显得非常薄弱，起步也晚得多。内部控制的正式规范于2001年出台，标志着我国风险管理理论的起步。2006年《中央企业全面风险管理指引》的出台则预示着中国企业风险管理理论的系统构建。但风险管理理论被企业管理层理解、重视并应用于企业的管理中，真正发挥其应有的作用，可能还需要一个漫长的过程。

3. 国内外研究评述

综上所述，西方对风险管理的研究是和内部控制联系在一起的。内部控制是风险管理的手段和方式，风险管理是内部控制的目标。内部控制在漫长的历史发展中得到了丰富，经历了由简单到复杂的过程。COSO - ERM框架则以风险控制为重点，在COSO报告的基础上丰富了内部控制内涵，将内部控制与企业的经营者联系起来，控制目标体现出了企业的经营目标。为我国强化企业内部控制提供了理论和方法论基础，对于研究企业财务风险管理问题也具有很强的借鉴作用。

综观已有的研究成果，少数学者对企业财务风险研究还有待进一步深化，绝大多数成果都是从财务风险程序的一个环节（如财务风险识别）、一个方面（如融资风险）进行探讨的。没有站在企业战略、使命高度，结合财务风险承受度，从企业整体目标出发，制定企业财务风险管理的目标；没有根据企业财务风险管理目标，对责任主体实施、完善程序方法，健全保障体系，优化管理基础。所以，系统研究企业财务风险管理是非常必要的、非常迫切的。

1.4.3 信息化对财务风险管理的作用

现代计算机技术在企业中的具体应用可以追溯到20世纪50年代开始的数值计算领域。应用开始，信息系统的目标仅仅是提高业务处理的工作效率，使员工从机械重复的工作中解脱出来。随着以计算机技术为代表的现代信息技术的发展，信息技术已经改变了企业管理的方式和手段。现在信息化已成为财务风险管理的主要手段之一，企业财务管理信息系统在财务风险管理的风险识别、风险度量、风险控制和绩效评价等环节上起着重要作用，在相当多的财务风险管理领域有着直接的、重大的影响力，同时信息化也产生新的风险——与信息和信息系统相关的风险。

1. 国外研究回顾

国外部分学者对相关内容进行研究，代表性的研究有：

（1）安德鲁·瑞钟（Andrew Swee-Chung, 1993）、本特（Bente, 1994）、比马尔（Bimal, 1992）、森德（Sunder, 1997）等研究了信息时代公司组织结构的变化对会计控制的影响。

（2）安德鲁·马约德·马歇日（Majedal-Mashari, 2003）在其论文"Enterprise Resource Planning (ERP) System: a Research Agenda"[①] 中总结了国际上ERP研究的主要内容，发现有二十多个方向，其中有ERP实施中的风险管理。

（3）关于IT治理。IT治理是信息系统审计和控制领域中的一个相当新的理念，美国IT治理协会认为，IT治理从本质上讲涉及两件事：信息技术对业务价值的贡献以及信息技术风险的规避。他们发布了三种IT治理支持手段，称之为最佳"实践标准"。其中核心的是COBIT模型（Control Objectives For Information and Related Technology, COBIT），直译为信息及相关技术的控制目标，是IT治理的一个开放性标准，目前已成为国际上公认的最先进、最权威的安全与信息技术管理和控制的标准。该标准为IT治理、安全与控制提供了一个一般适用的公认的标准，以辅助管理层进行IT治理。该标准体系已在世界一百多个国家的重要组织与企业中运用，指导这些组织与企业有效利用信息资源，有效地管理与信息相关的风险。COBIT吸收了世界上信息控制领域中已被接受的其他标准，形成了一套专供企业经营者、使用者、IT专家和MIS审计员强化及评估IT管理与控制的规范。COBIT吸收的其他标准主要包括：ISO、EDIFACT技术标准；欧洲委员会颁布的产品代码，

---

① Majed AL-Mashari, "Enterprise Resource Planning (ERP) system: a research agenda", *Industrial Management and Data Systems*, July 2003, pp. 22–27.

如 OECD、ISACA 等；信息系统和过程的认证标准，如 ITSEC、TCSEC、ISO9000、SPICE、TickIT、Common Criteria 等；内部审计控制的专业标准，如 COSO 报告、IFAC、IIA、AICPA、GAO、PCIE、ISACA、IIA、PCIE、GAO 标准等；工业论坛（ESF、I4）和政府论坛（IBAG、NIST、DTI）中规定的行业惯例及要求；新兴行业，如银行业、电子商务和 IT 制造业的特殊要求。

IT 资源。在 COBIT 中，IT 资源包括数据、应用系统、技术、设施、人力，这是 IT 处理过程的主要对象。其中，数据泛指外部和内部、结构化和非结构化的文字、图像、影像、声音等；应用系统是指人工和程序化的过程的总和；技术包括硬件、操作系统、数据库管理系统、网络和多媒体等；设施是指可以支持和保护信息系统的所有相关资源；人力是指人员在计划、组织、获取、支持和监控信息系统及服务中的技能、认知与生产力。

业务需求。信息及其相关技术是组织内部最有价值的资产，组织的管理者期望信息系统的服务质量能不断提高，功能逐渐强大，并且易于使用、服务效率高，同时在不断提高服务质量的同时，维持较低的服务成本。为了实现提出的目标，信息需要遵循一定的规范，在 COBIT 中称为信息的业务需求。信息的业务需求分为质量需求、信任需求和安全需求三个部分。其中，质量需求指质量、成本、服务；信任需求指运行的效果和效率、信息的可靠性、符合法规的要求；安全需求指保密性、完整性、可用性。COBIT 的目的是实现业务需求，通过参考 COSO 等其他的控制模型，COBIT 定义了 7 个相互独立的信息评价指标来满足信息的质量需求、信任需求、安全需求，即信息的有效性、高效性、保密性、完整性、可用性、兼容性和可靠性。

IT 处理过程。COBIT 包含高级控制目标及其分类的总体结构。分类的原理是对 IT 资源的管理，在本质上包含了三层工作，从最底层至最顶层分别是活动任务、处理过程和域。活动任务层中活动是生命周期的概念，而任务是更加分散的概念；处理过程层高于活动任务层，处理过程定义为一系列关联的能够自然终止的活动和任务；再上一层，处理过程被划分为域，处理过程的划分看作是组织结构中的责任并符合 IT 处理过程中的生命周期或管理周期。

COBIT 在规划与组织、获得与实施、交付与支持、监控四个方面确定了 34 个处理过程以及 318 个详细控制目标，通过定义这些目标，可以帮助维护企业业务对 IT 的有效控制。COBIT 模型如图 1.3 所示。[1]

通过 COBIT，企业目标和 IT 治理目标之间建立起沟通的桥梁。IT 治理的流程如图 1.4 所示。

---

[1] 赵秀云：《信息系统环境下 COBIT 内部控制视角》，中国会计学会全国信息化年会，2006 年。

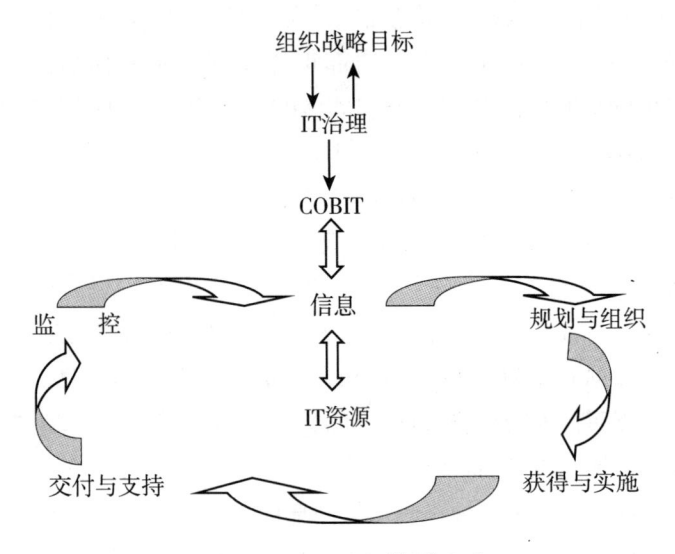

图 1.3　COBIT 模型示意

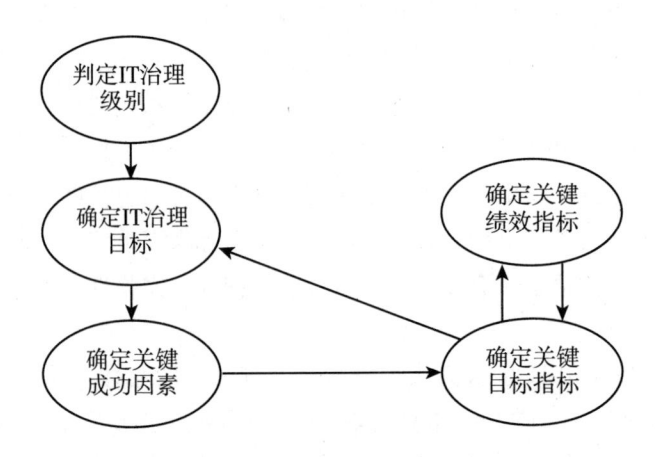

图 1.4　IT 治理流程示意

图 1.4 表明了 IT 治理的流程：第一步根据成熟度模型判定企业所处的 IT 治理级别；第二步确定 IT 治理目标；第三步根据目标所需确定关键成功因素；第四步确定衡量 IT 治理绩效的关键目标指标和关键绩效指标；第五步由关键绩效指标评价组织是否能达到关键目标指标中所设定的目标，并最终衡量 IT 治理目标的实现。综观有关文献，国外研究人员的研究主要是信息化与会计有关的议题，主要包含在信息化业务流程与灵活性分析、信息化过程中的变革管理、信息化实施中的风险管理、基于流程的信息系统分析与设计等领域。把信息化作为财务风险管理的保障体系之一，系统研究信息化对企业财务风险管理的影响以及信息化的风险管理有待进一步深入。

2. 国内研究回顾

（1）2003 年，杨周南教授提出 ISCA（Information System，Control and Auditing）模型[①]。ISCA 模型如图 1.5 所示。

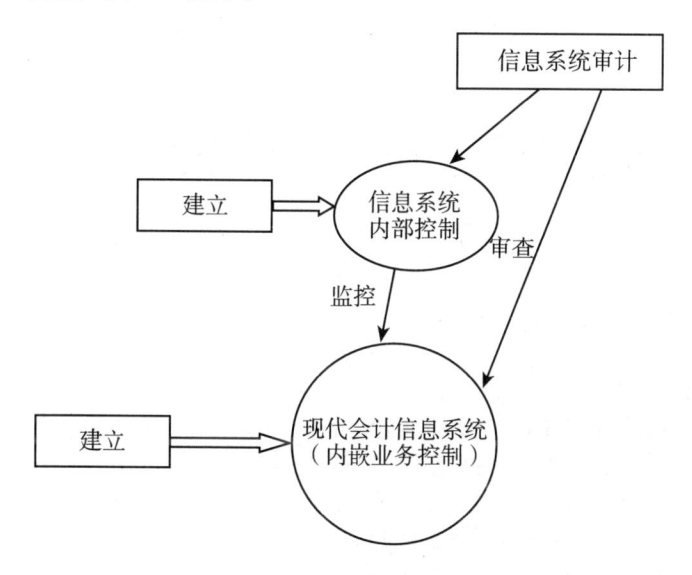

图 1.5　ISCA 模型

该模型是建立、运行和控制会计信息系统的体系结构，由会计信息系统、会计信息系统的内部控制和审计体系三要素组成。

一是建立和实施现代信息技术或计算机技术环境下的会计信息系统（以下简称 AIS）。AIS 是一种基于会计管理活动的系统，是在计算机硬软件和网络环境下采用现代信息处理技术的一个人机交互的管理信息系统。建立现代会计信息系统是 ISCA 模型的基础。

二是为了确保 AIS 安全、有效地运作，为会计管理工作提供高质量的信息服务，必须建立、健全有效的信息系统内部控制制度。信息系统内部控制是企业为了保证信息系统效率、完整一致性和安全性而采取的控制措施。建立有效、健全的信息系统内部控制制度的目的在于保证会计信息系统的正常运行。

三是为了确保和审查内部控制制度的有效执行，必须开展对 AIS 及其内控制度的审计，最终达到对 AIS 安全、可靠、有效和高效地应用。对信息系统审计的目的在于确保信息系统内部控制机制的有效运转，并最终实现企业管理信息化的效益。

ISCA 模型为企业的信息化建设工作提供了一个明确、可行的框架性工作指南。

[①] 杨周南：《论会计管理信息化的 ISCA 模型》，载于《会计研究》2003 年第 10 期。

在开展会计管理信息化工作时，正确地实施 ISCA 模型，可实现企业的物流、业务流、资金流、信息流、控制过程和审计过程的整合与集成，才能使现代信息技术应用于会计管理工作，取得较好的效果和更高的经济效益。ISCA 模型的实施能够有效规避企业信息化风险，企业信息化风险对财务风险有较大影响。

（2）关于信息化的相关理论和应用问题，国内的专家学者已做了很多研究。现列举部分（如表 1.1 所示）。

表 1.1　　国内专家学者对于信息化理论和应用问题研究一览

专家学者	主要研究内容、观点
杨周南 （1999、2003、2004、2005、2011）	对会计信息化的有关理论和应用问题进行了系统研究。杨教授在国内首次提出了"会计信息化体系结构"，其主要内容包括：会计信息化理论体系、会计信息化方法学体系、会计信息化应用体系、会计信息化制度和规范体系、会计信息化的标准化体系、会计信息化的风险控制体系、会计信息化的人才工程体系、会计信息化产业体系、会计信息化行业管理体系等，这一体系奠定了会计信息化的理论基础。另外，杨教授还详细论述了会计电算化到会计管理信息化、价值链会计管理信息化变革、会计管理信息化的 ISCA 模型等问题，从会计信息化的理论到实践形成了一个完整的体系。近年，他着重探讨我国会计信息化标准体系构建的理论和方法学基础，提出了会计信息化标准体系的概念框架
刘玉廷 （2009、2010）	阐明了发展会计信息化事业的战略构想，提出了全面推进会计信息化工作的具体内容、方法和要求等，以供会计信息化研究和实际工作参考。同时提出按照"积极稳妥、先行试点、总结经验、分步推进"的原则，采取多种措施推动 XBRL 在我国财务报告领域的应用，推进我国会计信息化建设
金光华 （2004，2005）	研究了企业信息化环境中的会计信息化定位问题。他认为研究会计信息化的定位应当从会计所处的信息化环境出发，同样研究企业的会计信息化也必须从企业实现全面信息化的环境中去研究。主要对会计信息化的 ERP 环境、会计信息系统、会计信息化的内涵、会计信息化的功能定位、会计信息化的技术定位、会计信息化的市场定位等问题进行了研究
庄明来 （2001、2004、2006）	对我国会计电算化进行了系统研究，涉及会计电算化的概念、会计电算化与会计信息化的比较、我国会计电算化发展历程、未来会计软件展望、会计电算化理论、计算机审计等问题。庄教授（2004）以信息生态学基本理论为基础，研究了会计信息化若干理论问题，他认为信息生态学理论对会计信息收集的数据库化、处理的电子化与传递的网络化等会计信息化问题提供了有力的理论支持，而管理信息系统与会计信息系统的"同源分流"则为会计信息化搭建总体框架提供了基础。会计信息化的发展有赖于会计核算电算化，尽快解决会计确认、计量及其电算化的"瓶颈"问题，同时他对网络会计模式的形成和建立、会计信息系统的重构、原始凭证电子化后会计确认的及时性、五种计量属性相应的结果生成、多元化信息输出研究，以及保障网络化会计信息安全的控制等问题也进行了深入探讨

续表

专家学者	主要研究内容、观点
汪家常（2004）	对我国钢铁行业的会计信息化应用问题进行了研究，他指出我国有的大型钢铁企业的信息化已实现了物流、信息流和价值流的高度集成，决策级（DSS）、管理级（ERP、CRM、SCM、E-Commerce）、制造执行级（MES）、过程控制级和设备控制级（PLC/DCS）高度融合，具有很高的集成性
杜美杰（2006）	研究了信息技术环境对内部会计控制的影响及信息技术环境下的内部控制研究——以 ERP 为基础
王振东（2006）	对会计信息化条件下加强企业内部控制的方法进行了探讨
余瑾、赵秀云（2006）	探讨信息系统环境下的内部控制理论框架 COBIT（Control Objectives for Information and Related Technology）模型的控制原理、控制目标及其在信息系统中的应用
胡兴国、王晶（2006）	对信息化环境下内部控制相关问题进行了探讨，他们认为从系统动力学的角度来讲，内部控制与信息系统是密切相关的，其本质就是信息系统的反馈控制
阎达五、张瑞君（2003）	信息技术环境下会计实时控制研究
姚友胜（2004）	基于网络环境的企业内部控制研究

3. 国内外研究综述

综观近期研究文献，研究网络、信息技术环境下会计信息化的文献相对较多，国内专家学者有关会计信息化及相关论题的研究大多集中于对会计信息化概念、内部控制、会计控制及其理论的探讨。而财务管理信息化对企业财务风险管理的影响以及信息化本身风险管理方面的研究涉及相对较少。在信息化条件下，把财务管理信息化作为管理企业财务风险的重要手段和方法，系统研究企业的财务风险管理显得非常必要、非常有益、非常迫切。

1.5 研究方法

本书的研究对象是企业财务风险，在研究企业财务风险管理过程中应用了下述方法学。

1. 系统分析法

本书运用系统科学的方法，研究和探讨企业财务风险管理。首先，根据企业财务风险的定义，从管理层次、财务活动和目标偏离度的倒数三个维度，提出了企业财务风险系统。把企业财务风险"容纳"在一个立方体内，明确了企业财务风险管理的对象。其次，站在系统角度，构建三层五要素的企业财务风险管理框架，使企业财务风险管理框架真正成为一个要素完整、要素关系紧密、界限清晰的控制系统。再其次，本书通过WK集团框架实施案例，系统分析了企业财务风险管理框架的有效性和适用性。最后，在本书的写作过程中，把全书看作一个系统，每一部分又是一个子系统，并在每一个子系统中也运用系统科学的方法学进行研究和思考，例如在程序方法的管理要素部分，全面阐述了控制的方法学体系，使相关内容自成体系，同时又整合在一个更大的体系中。

2. 定性分析与定量分析相结合的方法

本书有定性分析，也有定量分析。在定性分析方面，本书广泛借鉴国内外现有研究成果，对企业财务风险的分析、识别、度量和控制问题进行了全面定性分析。在案例研究时，完善保障体系中财务风险预警部分，建立数学模型并在案例中运用数学模型进行定量分析。在此基础上以WK企业为例，对WK企业财务风险管理的有关内容进行定量验证。

3. 理论研究和案例研究相结合的方法

本书采用了理论研究和案例研究相结合的方法。主要理论基础是财务管理、管理学、企业预警、工程科学、"三论"和集成等理论，其中以财务管理和系统科学理论为主。

本书对在WK集团收集到的第一手数据进行了案例研究和分析，根据企业财务风险管理框架控制财务风险的效果，验证本书建立的企业财务风险管理框架的有效性及适用性。

1.6 本书的逻辑框架和内容结构

1.6.1 逻辑框架

首先，本书界定企业财务风险管理的有关概念，对企业财务风险管理的理论进行归纳、梳理和总结；制定企业财务风险分析路线图，从企业财务风险概念出发，分析企业财务管理的内容和特征，研究企业财务风险的种类和特征，诠释企业财务风险的成因，为本书研究奠定扎实的基础。

其次，从环境分析出发，分析企业的战略选择，制定战略目标。在战略目标统驭下，考虑企业使命和财务风险承受度，制定企业财务风险管理整体目标。以目标为导向，建立了企业财务风险管理框架。

再其次，针对企业财务风险管理框架的目标层、管理层和基础层进行系统研究。对"三层"包含的管理要素进行了系统分析、阐述和研究。

最后，通过案例分析 WK 集团框架的实施背景、实施过程和实施效果，验证本书提出的框架的有效性及适用性。

1.6.2 内容结构

本书共 11 章，可分为五部分。

第一部分：第 1 章，属于绪论篇。界定了本书的研究对象，阐述了研究背景、研究目的和意义，分析了研究方法以及研究框架，对相关文献基础进行梳理、归纳、总结和评述，并对本书的研究思路、研究方法和结构安排进行了详细说明，为企业财务风险管理研究奠定了基础。

第二部分：第 2 章、第 3 章和第 4 章，属于研究前提和准备篇。在第 2 章简要回顾了企业的发展轨迹；在第 3 章中，首先在对大量最新的中外相关研究文献认真梳理、归纳和提炼基础上，对本书研究的风险、财务风险、财务风险管理等概念进行界定；其次对企业财务风险管理的财务管理、系统论、控制论、企业预警、工程科学和集成理论基础进行阐述；最后诠释了财务预警系统管理的多指标综合监控模型预警方法和财务预警系统管理的线性函数模型；第 4 章笔者首先建立了企业财务风险分析路线图，然后界定了企业财务风险概念，分析了企业财务管理的内容，阐述了企业财务风险的种类，描述了企业财务风险的特征，最后诠释了企业财务风险的成因，为企业财务风险管理奠定基础。

第三部分：第 5 章至第 9 章，属于本书的核心内容。第 5 章基于系统理论的思想，运用马克思实践方法论，借鉴 COSO《企业风险管理——整体框架》的成果构建了企业财务风险管理的框架。提出框架分目标层、管理层和基础层三层，包括管理目标、责任主体、程序方法、保障体系和管理基础五大管理要素。第 6 章首先阐述框架目标层的概念和意义，分析目标层的确立原则；其次，分析企业财务风险管理的环境，以及经济环境变化造成的影响、对企业财务风险管理的要求；再其次，分析企业财务管理目标的演变过程，确立当前企业财务管理的目标；最后，在企业战略目标统驭下，考虑企业使命和风险承受度，借鉴《企业风险管理——整体框架》的四大目标，加入资产安全目标，概括了企业财务风险管理的整体目标，为管理层的控制内容和方法奠定了基础。第 7 章系统分析了企业财务风险管理框架的管理层。对股东大会、董事会、监事会、总经理、经理和岗位等责任主体的权限、责任进行了剖析，阐述了风险识别、风险度量、风险管理和管理评价的程序方法，并对保障体系的完善进行了探讨。第 8 章界定了企业财务风险管理框架的管理基础，分析了管理基础的含义、重要性和包含内容；并对构成企业管理基础的内容——完善的治理结构；正直、诚信原则和道德观；财务风险管理哲学；企业的组织结构；责任的分配和授权；员工能力；董事会和审计委员会；人力资源政策；错弊和报告；企业文化等——进行了研究，明确企业管理层应该加强有关方面的管理，建立一个和谐、适宜的企业管理基础。第9章系统阐述企业财务管理信息化的概念、作用、内容；企业财务管理信息化总体规划的概念；不重视总体规划的表现；总体规划原则；规划内容和规划时应注意问题；企业财务管理信息化方法；企业财务管理信息化的实施步骤；企业财务管理信息系统的风险管理等内容。

第四部分：第10章，属于企业财务风险管理框架实施案例，用以验证企业财务风险管理框架的有效性和适用性。

第五部分：第11章，属于结论篇。总结了本书的研究结论，阐述了本书的理论贡献和实践意义，指出了缺陷与不足，并对未来研究提出了展望。

1.7 本书的创新点

1.7.1 提出企业财务风险系统

企业财务风险是企业财务风险管理的对象，企业财务风险种类多、来源广、控制难度大，所以我们首先要抽象提出企业财务风险系统。本书从企业财务风险概念和含义出发，确认企业财务风险；从管理层次、财务管理活动以及实际效果和目标偏离度三个维度界定了企业财务风险系统。使企业所有的财务风险"容纳"在一个"立方体"体系内。通过设定分析路线图，分析企业财务风险的种类，描述企业财务风险的特征，最后诠释企业财务风险的成因，为企业财务风险管理奠定坚实的基础。

1.7.2 构建企业财务风险管理框架

企业财务风险管理非常复杂，控制难度大，一旦控制不力，会引起企业财务控制失效，甚至引发财务危机，直至企业破产，所以仅仅从流程管理角度控制财务风险是远远不够的。本书基于系统理论的思想，运用马克思实践方法论，借鉴COSO《企业风险管理——整体框架》的成果构建了三层（包括目标层、管理层和基础层）五要素（包括管理目标、责任主体、程序方法、保障体系和管理基础）的企业财务风险管理框架。为了验证框架的有效性和适用性，本书以WK集团为案例，阐述框架实施背景和实施步骤，从框架实施的结果、应用效果和应用价值三个方面，验证了本书提出的企业财务风险管理框架的有效性和适用性。

第2章

企业的发展历程

从历史和逻辑的观点看,企业的发展历经单一企业、企业集团的发展过程。现代企业呈现集团化趋势,从企业集团形成的历史来看,企业集团由单一企业发展而来;从企业集团的构成分析,企业集团是由企业细胞构成的。

2.1 企业的性质

2.1.1 新古典经济理论

在新古典微观经济学中,企业被视为投入产出的一个黑箱。若投入用 X_1, X_2, ..., X_n 等要素表示,产出用 Q 表示,则有 $Q = f(X_1, X_2, ..., X_n)$。企业的管理者对投入产出的选择是为了实现利润最大化。也可以说,追求目标是产出最大化和投入最小化。这一理论是在当时环境下从技术角度研究的,将企业视为一个黑箱,未涉及企业内部组织,也未涉及激励问题。不仅如此,新古典经济理论的许多结论建立在完全竞争市场基础上,而且假定经济运行中不存在"摩擦力",即交易费用为零。

2.1.2 现代企业理论

美国著名经济学家科斯（Coase, 1937）开创,后由阿尔钦和德姆塞茨（Alchian and Demsetz, 1972）、威廉姆森（Williamson, 1975, 1980）、詹森和麦克林（Jensen and Meckling, 1976, 1979）、张五常、哈特和莫尔（Hart and Moore, 1990）等学者发展的企业契约理论,把企业看成"一系列合约的联结",在此基础上从不同角度进行深入研究,形成了不同的企业理论。其中最具影响的是交易费用理论和代理理论。交易费用理论从企业与市场关系的角度进行研究。一些学者在科斯交易费用理论基础上进一步研究，形成了间接定价理论和资产专用理论。代理理论从企业内部组织结构角度研究企业。

1. 交易费用理论

（1）科斯的企业理论。科斯在《企业的性质》一文中，从交易费用角度揭示了企业性质，使企业理论有了革命性的突破。科斯企业理论的主要内容概括为以下几个要点：第一，市场和企业作为实现资源配置和调节经济运行的两种机制是可以互相替代的。科斯明确指出：企业的显著特征就是作为价格机制的替代物。第二，企业将市场交易内化于企业，是由于一些活动在企业内部组织比在市场上进行可以节约交易费用。科斯在《企业的性质》一文中指出：交易费用是"利用价格机制的成本"。它至少包括两个方面。一是发现价格的成本。市场价格，对企业来说是未知的，将未知的变为已知的，企业是要付出成本的。二是谈判和履约成本。企业有各自的经济利益，因而在相互联系中会出现一些冲突，为了克服冲突就需要谈判、缔约并付诸法律形式，为此需要支付一些费用。当市场交易费用大于企业内部组织费用时，企业就可以发挥比市场调节更有效率的调节作用，此时可以将市场交易内化于企业。第三，企业的边际效益是企业内部组织某项活动的边际费用等于通过市场进行该活动的边际费用，此时企业的规模最佳。企业规模不是越大越好，无限扩大的。科斯的交易费用理论运用了边际分析方法，秉承了西方微观经济学的传统。但是认为交易费用的存在是企业存在的前提，那么交易费用为零时企业就不存在了吗？回答是否定的。另外，认为交易费用是企业规模决定的或唯一的因素，按照此逻辑，同一市场或同一行业中的企业规模应该是相同的，这与实际有些不符。

（2）间接定价理论。我国著名学者张五常改进和发展了科斯的企业理论，取得了实质性进展。张五常（1983）认为企业与市场没有本质上的区别，只是契约安排的不同形式而已，企业并不是用非市场方式（"权威"）代替市场方式（价格机制）来组织分工，而是要素市场取代产品市场，或者说是一种合约取代另一种合约。企业在下述情况下出现：生产要素的所有者按照合约把生产要素的使用权转让给代理者，并服从"权威"（企业家）的指挥，"而不再靠频频计较他也参与其间的多种活动的市场价格来决定自己的行为"（张维迎，1995），同时要素所有者有权获得收入。由于估价某产品或获得某产品的有关信息通常需要支付成本，而通过投入品代理者估价的定价方式，其成本通常小于对产出物的直接定价。但是对代理者的定价并不能获得对产品定价那样充分的信息，所以，对这两种合约安排的选择取决于对代理者定价所节约的交易费用是否能弥补由相应信息不足而造成的损失。张五常关于企业本质的认识澄清了"企业能将外部性内在化"或者说"企业能消除机会主义"等似是而非的理论观点，提出企业本质是要素市场取代产品市场，此时要素市场上的外部性或机会主义（如果他们真正存在的话）会代替产品市场上的外部性或机会主义，外部性不会因企业的产生而消失。

基于科斯和张五常的理论逻辑，对于企业内部产权结构的意义，杨小凯和黄有光（1993、1994）建立了一个关于企业的一般均衡模型。该模型的突出之处就是把企业内部的产权结构与定价成本相联系。该模型的实质是，假定每个人可以生产两种产品，一种是衣服，一种是生产衣服所需要的管理知识。因此有两种生产方式，即自给自足的生产方式和劳动分工的生产方式。自给自足的生产方式，即每个人自己生产管理知识，然后以管理知识作为中间产品来生产最终产品——衣服。该生产方式的好处是不存在交易费用，但由于劳动没有专业化，生产效率低下。劳动分工的生产方式，即一部分人专门生产管理知识，另一部分人专门生产衣服。该生产方式通过专业化生产提高了生产效率，但要依赖两部分人所拥有的管理知识和衣服的交换，为此产生交易费用。当分工和专业化所带来的好处完全被交易费用抵销时，选择自给自足的生产方式；当分工和专业化所带来的好处大于交易费用时，选择劳动分工的生产方式。组织分工的方式至少有三种。第一种方式是管理知识的生产者将管理知识卖给衣服生产者以换取衣服，而衣服生产者将衣服卖给管理知识生产者以换取管理知识。此时没有劳动力的买卖，剩余索取权是对称分配的，所以不存在企业。第二种组织分工方式是，生产衣服的人创办企业，雇佣生产管理知识的人，并且让他们在企业内生产管理知识。第三种组织分工方式是，生产管理知识的人创办企业，雇佣生产衣服的人，而且让他们在企业内生产衣服。在第二、第三种组织分工方式中，剩余索取权的分配是不对称的，雇主拥有剩余索取权以及支配和使用劳动力的权威，而雇员没有。另外，第二、第三种组织分工方式都用生产要素（劳动力）交易代替了产品（管理知识）交易。如果生产要素交易比产品交易需要更低的交易费用，企业便出现（这正是张五常企业理论的核心思想）。第二、第三种组织方式相比较来说，管理知识的质量和数量难以测量，用来生产管理知识的劳动的质量和数量也难以测量，度量要花费极高的成本；而衣服的质量和数量易于测量，用来生产衣服的劳动的数量和质量也易于测量，费用低。第一种方式必须买卖交易费用很高的管理知识，第二种方式必须买卖交易费用很高的用来生产管理知识的劳动，第三种方式所买卖的衣服和生产衣服的劳动的交易费用很低。企业可以把一些交易费用极高的管理活动纳入分工体系，但同时避免这类活动的直接定价和直接交易。如在第三种方式中，管理知识和生产管理知识的劳动都不必进行市场交易和直接定价，而雇主拥有的剩余索取权就是管理知识的间接定价。从这个角度来看，企业是一种交易方式。

（3）资产专用理论。科斯（1937）对企业功能在于节约交易费用，存在一些有待深究的问题。他在使用"交易费用"范畴说明企业与市场的替代关系时，并未说明哪类交易市场交易费用高，适合于在企业内组织；哪类交易市场交易费用低，适合于在市场上完成。这一缺陷由威廉姆森（1971、1975、1985、1996、2000、2000a）、克莱因（1978）等的资产专用理论予以弥补。该理论赞同企业替代市场是因为节约交易费用，但他们更关心的是企业应该"买进"还是"制造"一种特殊产品，并以资产专用性以及相关的机会主义作为分析工具，对交易费用的确定给予了很有说服力的解释。其将企业看成连续生产过程之间不完全合约所导致的纵向一体化实体。企业之所以出现，是因为当合约不可能完全时，纵向一体化能够消除或至少减少资产专用性所产生的机会主义。一方面，当交易中包含一种关系的专用性投资时，事先的竞争将被事后的垄断或买方独家垄断所取代，从而导致将专用性资产的准租金据为己有的机会主义行为，使市场交易成本较高。而将专用性的投资纳入企业范围，实行纵向一体化的话，在纵向一体化的组织内，机会主义受到权威的监督而减弱。另一方面，资产越专用，越不可能转移到其他用途，交易双方势必在谈判和签订合同时强调及确保合同的安全履行，为此需要付出较大的监督及履行成本，也导致交易成本较高。如果通过市场取得专用资产的交易成本大于将专用性资产纳入企业内部而发生的有关管理费用，则用纵向一体化代替现货市场。

2. 代理理论

代理理论是契约理论的两个主要分支之一，它的着眼点在于企业内部的组织结构与企业中的代理关系。代理理论可以分为代理成本理论和委托代理理论。

（1）团队生产理论：道德风险与代理成本。当交易费用理论把重点放在对市场和企业的选择上时，阿尔钦和德姆塞茨（1972）将重点从使用市场的交易费用转移到解释企业内部组织结构的问题，建立了团队生产理论。他们认为企业的实质是一种"团队生产"方式。一种产品是由若干个集体内成员协同生产出来的，而且任何一个成员的行为都会影响其他成员的生产率。从这一角度将这些成员看成一个团队，由于最终产品是整个团队努力的结果，每个成员的个人贡献不可能精确地分解和观测，也就不可能按照每个人的真实贡献支付报酬，于是导致了偷懒问题。为了规避这种行为，必须让部分成员专门从事监督其他成员的工作。对于这些监督者必须赋予剩余索取权，以保证其监督的积极性。为了使监督者能履行监督职能，而且使监督有效率，监督者还必须掌握修改合约条款及指挥其他成员的权利。

詹森和梅克林（1976）认为代理成本是企业所有权结构的决定因素。代理成本来源于管理人员不是企业完全所有者的这样一个事实。在管理人员不是企业完全所有者的情况下，一方面管理者可能承担全部成本而仅获得小部分利润；另一方面，当他消费额外收益时，他得到全部好处但只承担小部分成本。所以他们工作的积极性不高，而热衷于追求额外消费，导致企业价值小于他是企业完全所有者时的价值。二者之间的差异就是代理成本。

（2）委托代理理论。由于物质资本所有者不一定拥有经营管理能力，拥有管理能力的人又没有物质资本，所以就出现了物质资本所有者让有经营管理能力的人替他经营企业，委托代理关系形成。委托人与代理人都是自利的经济人，都追求自身利益最大化，二者的效用最大化目标往往不一致，所以委托人必须设计出一个代理人能接受的契约，使代理人在追求自身效用最大化的同时，实现委托人效用最大化。标准的委托代理理论设立了两个基本假设：委托人对随机的产出没有（直接的）贡献；代理者的行为不易直接被观察到。在这两个假设下，给出了两个基本命题：在满足代理人参与约束及激励相容约束，而使委托人预期效用最大化的激励合约中，代理人都必须承受部分风险；如果代理人是一个风险中性者，那么就可以通过使代理人承受完全风险的办法来达到最优结果。

2.1.3 现实中的企业与企业理论评价

新古典微观经济理论将企业视为一个黑箱；现代企业理论将企业看成是一系列契约的连接点。它们从不同角度研究了企业的性质，无疑为研究企业、企业集团奠定了一定理论基础。但是二者都忽视了企业存在的价值；企业契约理论强调了契约关系，却忽视了企业独立性。现实中的企业首先是一个若干人组成的实体，这一实体体现着这群人意志的目标。因而可以说企业是若干人组成的、依法设立的、以营利为目的从事生产经营活动的独立核算的经济实体。

2.2 企业的发展史

随着市场边界的不断扩大，特别是愈演愈烈的经济全球化趋势，企业面临的竞争范围和发展空间也不断扩大。不论是应付竞争，还是从企业追求利润最大化的角度来看，企业都需要有更大的发展，这不仅使企业扩大其产出规模，还使企业涉及多元化经营、跨地区或国家经营。此时，单一法人的企业已经无法有效管理日益复杂的业务组合，需要更复杂的企业组织形式来对多样化、大规模的业务进行更有成效的管理，企业集团就随之逐步发展起来，成为当代经济中最常见的企业组织形式。

企业集团是由结构化的多个企业组成的一个企业群体，这些企业进行彼此关联的经营活动，它们可能同处在一个产业链的上下游，也可能共享某种资源，或者采用同样的行业标准，它们一般有共同的利益，以产权纽带连接在一起。在一个企业集团中，核心成员是集团企业，它是企业集团的组织者和推动者，尽管企业集团中存在其他独立受益者，集团企业可能只是企业集团的部分所有者，但最主要的利益相关者无疑是集团企业，集团企业利益最大化一般也就成为企业集团的行动目标。

我们简单地回顾企业的发展历史。

2.2.1 企业的发展史

19世纪末到20世纪初,由于科技革命和生产力的发展日益加快,许多新兴工业应运而生,重工业的进一步发展也要求资本集中。在这种情况下,现代企业出现了,从而进一步加速了经济的发展,也增加了企业间的竞争程度。

在现代企业的成长过程中,出现过各种各样的经济组织形式。在历史上有重大影响的形式有卡特尔、辛迪加、托拉斯和康采恩等。这些经济组织的出现是工业资本日益集中的产物。这一阶段,应该说是企业集团初步形成的起步阶段。

卡特尔是指生产同类产品的企业为独占市场、取得高额垄断利润并加强自己在市场中的竞争地位而联合形成的垄断组织,参加的企业通过签订协议,确定商品价格和产量,划分销售市场,交换新技术的许可证。卡特尔内各企业保持生产、销售、财务和法律上的独立。由于企业发展不平衡,经常必须按新的力量对比重新签订协议,因而卡特尔很不稳定。目前卡特尔组织已经很少,基本被跨国公司所取代。

辛迪加是指生产同一产品的少数垄断大企业为共同销售产品和采购原料而联合组成的垄断组织,参加的企业在购销上失去独立性,而在法律上和生产上仍保持独立。其产品销售、原料采购均由辛迪加统一进行,借以压低原料价格,抬高产品价格,以保证高额垄断利润。参加辛迪加的企业如果脱离辛迪加而另立购销机构,就要受到辛迪加成员的联合制裁与排挤,直至该企业陷于困境。因此与卡特尔相比,辛迪加比较稳定。随着垄断资本主义的不断发展,还出现了一些国际性的辛迪加组织。

托拉斯是指生产同类产品或在生产上互有联系的大企业纵向或横向合并组成的垄断组织,旨在垄断某些产品的生产和销售,攫取高额垄断利润,全部活动由一些最大的股东组成的董事会加以控制,参加的企业成为这个大垄断组织的股东,在法律上和产销上完全丧失独立性,只按投入资本额取得股权及分享利润。托拉斯是比卡特尔和辛迪加更加稳定的垄断组织。由于托拉斯任意操纵价格、排斥竞争,造成大量中小企业破产并不断发生侵吞土地、营私舞弊、行贿等不法行径,美国国会先后通过了一系列反托拉斯法律,对托拉斯组织施加限制。

康采恩是以实力最强大的企业或银行为核心,由不同部门的垄断企业组成的垄断组织,是晚于卡特尔、辛迪加和托拉斯而出现的垄断组织高级形式。一般包括数十个以至成百个分属不同生产部门的企业,为首的大工业企业或大金融机构除经营本身业务外,同时又是持股公司。通过参与控制一系列子公司,从而控制比它本身资本额大许多倍,甚至数十倍的资本。康采恩由董事会领导,加入董事会者是那些持有最大股份的企业或银行，日常活动则由董事会所属理事会进行领导。参加者仍保持形式上的独立。

在两次世界大战前后的30年间，战争极大地破坏了社会财富和社会的进步，同时也极大地刺激了资本主义的生产发展，更进一步促进了资本的集中。因此，可以说两次世界大战期间是企业集团的发展阶段。

第二次世界大战之后，科学技术迅猛发展，使一些新兴的高科技产业蓬勃兴起，如航空、航天、原子能、计算机、激光、造船、化纤、塑料、石油化工等行业。巨大的投资更需要企业集团，特别是垄断集团的实力，这些企业集团也抓住时机大量向这些新兴行业投资，并对原有技术和产业结构进行调整，产业的集中度更高。企业集团的组织形态也日臻完善，趋于成熟。企业集团在这一阶段的发展特点是，资本联合呈现出广泛的多产业、多行业联合，企业的兼并联合从工业企业逐步扩大到商业、服务业和金融业。

考察企业集团的发展历史，尽管企业集团这种组织形式的实际存在可以追溯到19世纪，但作为一个概念，企业集团却最早由日本提出并加以广泛推行。日本自19世纪中期明治维新改革以后，垄断资本主义得到迅速发展。到20世纪20年代末期，形成三井、三菱、住友和安田四大财阀，在第二次世界大战结束后均被解散。20世纪50年代初期，日本政府修改《禁止垄断法》后，以旧财阀为基础的三井、三菱、住友三大集团又开始复苏。同时，伴随着1959～1961年第一次高速增长时期、1962～1965年的转变时期，政府产业政策的变化和资本的集中、合并，出现了芙蓉（原安田系，又称富士）、三和、第一劝银三家金融系企业集团，与老三家财阀系企业集团并称六大企业集团。据1992年统计，六大企业集团占全日本企业股本的15.3%、总资产的12.5%和营业收入的13.8%，在国民经济中可谓举足轻重。日本企业集团一般均有三大支柱：一是核心银行；二是综合商社；三是骨干企业（一般是重工类企业）。

从以上回顾中我们可以看出关于企业集团有两条发展路线：一条发源于欧美，以卡特尔、辛迪加、托拉斯和康采恩的形式逐步演变；另一条则始于日本。两者都基本符合我们前面关于企业集团的描述，但两者也有很大的区别，其中最大的区别是日本的企业集团中可能不止一个组织者。由于日本的产权制度允许存在独特的循环持股的现象，因此，日本企业集团的核心企业可能会有若干个，并呈复杂的网络状态，这些企业共同决定企业集团的经营行为。日本的这种企业集团形式是非常特别的，在其他国家很难见到，也很难模仿，在2.2.2节中，我们会看到中国在发展企业集团的初期也曾竭力模仿日本的这种模式，但随着经济体制改革的深入，中国企业集团越来越倾向于欧美模式。所以在本节以后的叙述中，我们将仍然认为一般意义上的企业集团是以集团企业为最高层次，按自上而下的方式组织起来的，而不是像日本企业集团那样，按网络状组织起来。

2.2.2 中国企业集团的发展历程及现状

中国企业集团的概念最早是从日本引进的。1979年，中国多次组团前往日本进行企业管理考察，并将考察结果上报国务院，同时也请日本学者和企业管理专家到中国介绍管理经验。1987年，中国学者王继勃发表论文《日本企业集团发展趋势》，比较全面系统地介绍了日本企业集团的发展概况，提出要按照商业经济发展规律来形成大企业集团，需要认真研究和探索在中国现实条件下，形成大企业集团的特殊机制等，将企业集团的概念正式引入中国。

期间，中国企业集团经历了三个比较明显的发展阶段。

第一阶段是发展横向经济联合阶段，时间大体为党的十一届三中全会到1986年。这时期，国家主要制定了一些政策来推动各种经济联合体的形成和发展，为后来企业集团的形成和发展奠定了组织基础和理论基础。国务院分别于1980年7月和1986年3月颁发了《关于推动经济联合的暂行规定》和《关于进一步推动横向经济联合若干问题的规定》。特别是在后一份文件里，中国政府首次在正式文件中提出"企业集团"这一名称。

第二阶段是创建阶段，时间大体从1986年到1992年，这一时期政府开始以政策、文件的形式对企业集团的定义及其他若干问题做了比较明确的规定。这一时期政府有关部门颁布的主要政策和文件有：国家体改委和国家经贸委1987年联合发布的《关于组建和发展企业集团的几点意见》；国家"八五"计划强调要组建一批跨地区、跨部门的企业集团；国务院1991年下发《国务院批转国家计委、国家体改委、国务院生产办公室关于选择一批大型企业集团进行试点请示的通知》等。

第三阶段是发展和完善阶段，时间为1993年至今。1993年11月，党的十四届三中全会通过的《中共中央关于建立社会主义市场经济体若干问题的规定》提出，要"发展一批以公有制为主体，以产权联结为主要纽带的跨地区、跨行业、跨所有制和跨国的大型企业集团"，首次强调要以产权为主要纽带来组建企业集团。江泽民同志在党的十五大又进一步提出要以资本为纽带，通过市场形成具有较强竞争力的跨地区、跨行业、跨所有制和跨国经营的大企业集团。以上两种提法为中国企业集团的定义指明了方向，并指出企业集团的本质特征必须以资本为主要联结纽带。

中国政府对企业集团定义的表述有以下几种。

（1）1987年12月，国家体改委、国家经贸委联合颁发的《关于组建和发展企业集团的几点意见》中第一次对企业集团定义的表述为："企业集团是为适应社会主义有计划商品经济和社会化大生产的客观需要而出现的一种具有高层次组织结构的经济组织。它的核心层是自主经营、独立核算、自负盈亏、照章纳税，能够承担经济责任、具有法人资格的经济实体。"同时还提出:"企业集团是以公有制为基础,以名牌优质产品或国民经济中的重大产品为龙头,以一个或若干个大型骨干企业、独立科研设计单位为主体,由多个有内在经济、技术联系的企业和科研设计单位组成;它在某个行业或某类产品的生产经营活动中占有举足轻重的地位,有较强大的科研开发能力,具有科研、生产、销售、信息、服务等综合能力。"

(2) 1991年12月14日,《国务院批转国家计委、国家体改委、国务院生产办公室关于选择一批大型企业集团进行试点请示的通知》中对企业集团的表述是:"企业集团是适应我国社会主义有计划商品经济和社会化大生产的客观需要而出现的一种新的经济组织。"企业集团必须具备以下条件:

第一,必须有一个实力强大、具有投资中心功能的集团核心。这个核心可以是一个大型生产、流通企业,也可以是一个资本雄厚的控股公司。

第二,必须有多层次的组织结构,除核心企业外,必须有一定数量的紧密层企业,最好还要有半紧密层和松散层企业。

第三,企业集团的核心企业与其他成员企业之间要通过资产和生产经营的纽带组成一个有机整体。核心企业与紧密层企业之间应建立资产控股关系。核心企业、紧密层企业与半紧密层企业之间,要逐步发展资产的联结纽带。

第四,企业集团的核心企业和其他成员企业各自都具有法人资格。这是企业集团与单个大型企业的重要区别。

这一阶段,中国企业集团的理论和实践基本上是模仿日本的模式,其优点是在中国当时的经济体制下迅速建立了最早的一批企业集团(见资料1.2);但缺点是没有触及中国经济体制改革中产权制度改革这个关键,甚至有意识地想通过组建企业集团来回避产权制度改革,这自然是舍本逐末。实践证明,在不改革产权制度的情况下,这条路无法走下去,随着《公司法》的颁布,早期成立的企业集团纷纷解散,或进行了二次的整合,中国企业集团的发展进入了第二个阶段。

(3) 1998年4月6日,国家工商行政管理局发布的《企业集团登记管理暂行规定》(以下简称"暂行规定")中对企业集团的定义是:企业集团是指以资本为主要联结纽带的母子公司体制,以集团章程为共同行为规范的母公司、子公司、参股公司及其他成员企业或机构共同组成的具有一定规模的企业法人联合体。

其具体要求是:企业集团不具有企业法人资格;企业集团由母公司、子公司、参股公司以及其他成员单位组建而成,事业单位法人、社会团体法人也可以成为企业集团成员;母公司应当是依法登记注册,取得企业法人资格的控股企业;子公司应当是母公司对其拥有全部股权或者控股权的企业法人,企业集团的其他成员应当是母公司对其参股或者与母子公司形成生产经营、协作联系的其他企业法人、事业单位法人或者社会团体法人;企业集团的母公司注册资本在5 000万元人民币以上,并至少拥有5家子公司;母公司和其他子公司的注册资本总和在1亿元人民币以上；集团成员单位均具有法人资格。

以上这些都是中国政府在指导企业集团组建与登记注册中对企业集团的定义。

自从 20 世纪 80 年代初"企业集团"这一概念进入中国的经济生活，理论界就从不同角度对企业集团的概念展开了深入研究，并提出了数种以至数十种之多的企业集团的定义，但至暂行规定下达以后，对于企业集团的理解趋于一致，基本上是围绕政府对企业集团所下的定义给出的概念上的解释性说明或概括性表述。

笔者认为，企业集团是由结构化的多个企业组成的一个企业群体，这些企业进行彼此关联的经营活动，它们可能同处于一个产业链的上下游，也可能共享某种资源，或者采用同样的行业标准，它们一般有共同的利益，以产权纽带联结在一起。在一个企业集团中，核心成员是母公司，它是企业集团的组织者和推动者，尽管企业集团中存在其他独立受益者，但最主要的利益相关者无疑是母公司，母公司的利益最大化一般也就成为企业集团的行动目标。需要记住的是，母公司并不等于企业集团，它可能只是企业集团的部分所有者，但它一定是企业集团的组织者。

2.2.3 现代企业的特征

在现代市场经济条件下，世界经济一体化，全球信息一体化，环境变化加剧，知识在经济发展中发挥着重要作用。现代企业大多是企业集团，具有以下特征。

1. 组织结构趋于扁平

受现代科学技术的推动，产品更新速度进一步加快，企业不仅在价格、质量、服务方面展开竞争，更重要的是在对市场反应速度方面展开竞争。哪个企业获得市场信息快、决策快、研究与开发快、生产快、上市快，哪个企业便占据优势。随着计算机与通信技术的发展、互联网的普及应用，信息处理和传递突破了时间及地域的局限，为企业快速反应市场提供了条件。在这样的市场、技术环境下，现代企业减少中间环节的组织机构和人员，增加高层管理人员的管理幅度，其整个系统的组织结构呈现扁平化的特征。

2. 市场结构的垄断性和兼容性

现代企业的产生和市场垄断有着密切的联系。相关企业的联合以及多层次的组织结构必然会在一定的经济区域内形成以某个大企业为中心的商品产销网络，表现出市场结构的垄断特征，这样一个联合体进行大规模生产，其结果也会产生垄断。1995 年，在电子工业中，美国和日本全国最大的 10 家企业销售额分别占全行业的 65% 和 90%，我国占 30% 左右。

开展多品种、跨系列、跨行业的多元化经营是现代企业的又一特征。兼容性主要表现在产品结构的多元化上。产品结构的兼容性是由组织结构的多层次性来实现的，因为现代企业拥有庞大的组织结构，它们才能够使集团企业各部分合理分工，进行多样化产品的生产和经营。

3. 企业产权的连锁性和独立性

产权，是法定主体对财产所拥有的各项权能的总和。经济学中把产权分解为所有权、占有权、支配权和使用权四项权能。

理顺企业间的产权关系对于现代企业正常的生产经营来说是至关重要的。我们既要看到现代企业产权的连锁性，这有利于企业间团结协作、优势互补；又要明确企业产权的独立性，这有利于企业自主经营、自负盈亏。

4. 成员企业的趋利性和协同性

现代企业的成员企业都是具有独立法人资格的个体，它们有独立核算、自主经营、自负盈亏的权利和义务，所以说，在"自主经营、自负盈亏"的经营原则指导下，成员企业的趋利性是绝对的。

现代企业的成员企业也表现出相对的协同性。作为一个整体组织而存在，集团企业有共同的利益追求和战略目标。为了实现共同目标，客观上也要求成员企业在生产经营活动中协同运作，形成现代企业优势，实现企业的聚集效益，使各成员企业具有协同性的联系纽带。然而如何加强企业间的协同是挖掘现代企业的关键所在。

5. 组织管理的开放性和层控性

现代企业内各成员无论从法律角度还是从市场角度看，其地位都是平等的，它们具有法律规定的一切管理、经营权利，即使核心企业对下属企业具有经营管理的特权，每个成员企业的管理仍是自主的、自立的。这就使成员企业在瞬息万变的市场竞争中及时、灵活、有效地处理各项生产、经营事务成为可能，同时有利于培养成员企业的独立竞争意识和市场风险意识。成员企业高效、合理的管理是现代企业具有运作的秩序性和凝聚力的基础。

6. 现代企业面临的风险增加

在现代市场经济的条件下，现代企业生存发展的环境变化加剧，技术发展快、产品更新快，整个市场变化的节奏和韵律难以把握。现代企业这艘巨舰在波涛汹涌的大海中航行，随时可能触礁，可能遇上险流，意外事件随时发生，巨舰面临风险的程度和密度增加。

7. 创新带来的优势突出

在环境变化缓慢的条件下，一方面，可以通过引进各种先进技术，进行快速模仿，在产品生产周期的成长初期阶段投入市场，获得高额利润；另一方面，在引进技术的基础上开发性能更好、更能满足市场需要的新产品或效率更高的新工艺，带来新的利润增长点。这种引进、模仿战略可以节约大量的试错成本，具有后发优势。当今，环境变化日益加剧，技术生命周期、产品生命周期短，模仿者的优势逐渐丧失，而相应的创新者的优势日益突出。另外，与环境变化相适应，现代企业管理也不断创新。这种创新使现代企业发展呈现出跃进式、突变式。

8. 战略管理日益重要

在现代市场经济条件下，世界经济一体化，全球信息一体化，新技术革命使技术和产品更新加速。现代企业面临着高度复杂和变化剧烈的生存环境。为了生存和发展，现代企业必须把握外部环境的变化及其变化趋势，结合其自身条件，决策未来的发展方向，以优化配置内部资源、强化自身优势，使内部资源与外部环境相协调，实现其发展。现代企业之间的竞争由原来的产品质量竞争、价格竞争转化为战略竞争。现代企业的战略管理日益突出和重要。

9. 无形资产日益成为现代企业资本运作的旗帜

无形资产是没有实物形态，但能给企业带来长期的、不稳定的、超额的收益。无形资产主要包括商标权、专利权、著作权、特许权、商誉、人力资源、专有技术、经营秘密等。由于无形资产受到《商标法》、《专利法》等有关法律的保护，难以被模仿和复制，从而成为现代企业竞争优势最持久的源泉。现代企业依靠无形资产的旗帜可以进行资本运作，并购其他企业，实现跨越式的快速发展。

2.2.4 关于企业集团的现状

1. 第一批试点企业集团情况

1991年12月14日，国务院《关于选择一批大型企业集团进行试点请示的通知》中指出：企业集团是适应我国社会主义有计划商品经济和社会化大生产的客观需要而出现的一种新的经济组织。为了促进企业集团的健康发展，国务院决定，选择一批大型企业集团分期分批进行试点。做好大型企业集团的试点工作，对于促进企业组织结构的调整，推动生产要素的合动，充分发挥国有大型企业的主导作用，形成群体优势和综合功能，提高国际竞争能力，进一步增强国家宏观调控的有效性，具有重要作用。组织企业集团要有利于生产力的发展、新产品的开发、效益的提高、资源和技术力量的合理组合。发展企业集团是一项长期的任务，各地区、各有关部门要加强对这项工作的组织领导，通过实践认真总结经验，正确引导；并要慎重稳妥，注意自愿原则，切忌一哄而起，以便使我国的企业集团随着国民经济的发展逐步壮大。

1991年12月14日，国家发展和改革委员会指出：第一批国务院试点企业集团共55家，分布在12个行业系统，其中机电16家、冶金4家、纺织1家、能源7家、交通2家、化工4家、建材4家、林业4家、航空航天6家、外经贸2家、医药2家、民用航空3家。这些试点集团都是由当时的各行业主管部（局）决定的，企业基本没有发言权。国务院在1992年2月7～10日在北京香山饭店召开会议，研究了企业集团组建的有关政策和进度要求。当时55家试点的企业集团基本上仍然是核心企业参加，还没有组建集团，后来在第一批试点集团组建过程中，撤销了东北内蒙古煤炭集团，批准广东核电集团、葛洲坝水力水电工程集团、神华集团列入试点，这样第一批国务院试点集团实际上是57家。

2. 第二批试点企业集团情况

按《国家计委等关于深化大型企业集团试点工作的意见》，1997年4月29日，国家又选择了第二批试点企业集团，包括所属农业行业的中水集团、乡镇企业的万向集团等共63家，选择的范围是：

（1）适合企业集团发展，属于国家产业政策重点支持的行业；

（2）市场竞争力较强的企业集团或实力较强的外向型企业集团；

（3）企业集团的母公司以国有企业为主，同时考虑具备条件的其他所有制企业。

这样，第二批企业集团的试点明显体现了择优的观点和以国有企业为主并向非国有企业集团扩大的意向，体现了试点工作深化的原则。

3. 中国大企业集团发展状况

企业集团自1991年年末的试点推行发展至今，经历了快速发展到稳步发展的阶段，国家统计局对全国企业集团的调查结果显示：截至2008年年底，企业集团共计2971家，比2007年增加45家，比2006年增加115家，2008年的增长率比2007年下降1.0个百分点。从企业集团数量的绝对增加上看，这样的增长趋势依然会延续，说明市场已经充分认识到企业集团经营模式的优势。但从相对增速来看，企业集团数量的涨幅很可能会下降，预示着企业集团增速放缓，趋向于稳定。

企业集团发展现状分析可以国内前500强的企业集团为代表。以2012年为例，尽管2012年世界经济低速增长态势仍在延续，中国经济增长的速度放缓，进入中速增长通道，但中国大企业集团仍然实现了较快增长，为宏观经济目标的实现做出了较大贡献。与2011年对比，2012年前500家大企业集团的发展呈现整体规模扩张但增速放缓、集团间规模差距缩小、行业多元化特征明显、兼并重组持续活跃、产业结构和地区结构发展仍不平衡等特点。

从整体来看，中国前500家大企业集团整体规模继续扩张，但增速明显放缓；集团之间规模差距缩小。2012年，前500家大企业集团营业收入总额达467 756.10亿元，是2011年的1.11倍，增速大幅回落18.71个百分点。这主要是因为受制于世界经济增长缓慢及国内潜在经济增长率的下降。4万亿刺激计划对提振前两年的经济增长效果显著，但也使得生产能力过剩问题变得突出，2012年全年经济仅增长7.8%，对大企业集团也产生了一定的影响，引致中国前500家大企业集团的增速下滑。从中国前500家大企业集团的单体平均规模看，2012年平均营业收入为935.51亿元，比上年增加90.35亿元。2012年中国前500家大企业集团的门槛值为212.09亿元，比上年增加了30.60亿元，表明中国前500家大企业集团规模有所提升。

从经营成果看，中国前500家大企业集团千亿俱乐部继续扩容，营业收入比重略有提高。2012年，前500家大企业集团中营业收入达到千亿元以上的企业集团共有114家，比上年增加15家。千亿俱乐部企业营业收入总额为31.1万亿元，占全部500强营业收入的66.63%，较2011年提高了3.11%。2012年营业收入排名前10位的大企业集团，与上年相比，增加了上海汽车集团股份有限公司，减少了中国中化集团公司。其他企业集团内部排位也有变化。

从行业特征看，2012年中国前500家大企业集团分布在49个行业中，行业多元化特征明显。从营业收入超过千亿元的企业集团的行业性质来看，2012年的分布状况为：煤炭开采及洗选业、交通运输设备制造业、黑色金属冶炼及压延加工业、批发业，以及电力、热力生产和供应业的企业分布较多，剩下的行业均有较少但均匀的500强企业分布。

从产业结构和地区结构看，中国前500家大企业集团兼并重组持续活跃，产业结构、地区结构发展仍不平衡，第二产业优势突出。首先是产业结构方面，按三次产业分类，2012年中国前500家大企业集团中，第二产业在总体上仍表现出明显优势。第一产业企业集团只有1家黑龙江北大荒农垦集团总公司进入前500家，营业收入为1 139.86亿元，占前500家大企业集团总营业收入的0.24%；第二产业企业集团有350家，营业收入为340 121.86亿元，占前500家大企业集团总营业收入的72.71%；第三产业企业集团有149家，营业收入为126 494.39亿元，占前500家大企业集团总营业收入的27.04%，营业收入所占比重上升了1.42个百分点。可见，第二产业企业集团在企业数量、营业收入方面均表现出明显的优势，而第三产业不断发展完善，在调整中稳步提升。

地区结构发展方面，从中国前500家大企业集团的地区分布状况看，2012年中国前500家大企业集团分布在全国29个省（直辖市、自治区），东部地区有356家企业，占71.2%；中部地区有60家，占12%；西部地区有63家企业，占12.6%；东北地区有21家，占4.2%。东部地区仍然是前500家大企业集团聚集的主要区域，其中在北京、山东、江苏、浙江、广东、上海六省（直辖市）的集中分布特征明显，六省市的中国前500家大企业集团总数达到305家，占前500家大企业集团总数的61.00%，营业收入占前500家大企业集团营业收入总额的74.76%。

对国内500强企业集团与世界500强企业集团的比较结果喜忧参半。其中，值得肯定的是，国内企业集团的发展增速高于世界500强平均水平，与世界500强企业差距进一步缩小，国际化水平有所提升。2012年，中国大企业集团规模进一步扩张，增长速度继续高于世界500强平均水平，与世界500强企业的差距进一步缩小。根据美国《财富》杂志公布的统计数据，2012年中国大陆共有87家企业集团（入围的中国企业95家）进入世界500强企业名单，创历史最好成绩。相比上年，有17家企业集团新增进入榜单，其余70家企业集团中有55家排位上升。除企业集团的个数外，中国前500家大企业集团与世界500强企业的营业收入差距也在不断缩小。根据美国《财富》杂志公布的世界500强企业统计数据计算，2012年中国前500家大企业集团的营业收入总额相当于世界500强企业营业收入总额的24.45%，近年来中国前500家企业相比世界500强企业营业收入的比例呈逐年上升趋势。此外，2012年中国前500家大企业集团平均营业收入增长速度为10.69%，继续高于世界500强（增长速度为2.77%），年度增长率高出近8个百分点，对世界经济增长的贡献更为突出，而且已经连续四年高于世界500强。差距的缩小还表现在其他多个方面，如围绕提高产业集中度、应对金融危机而进行的大企业兼并重组步伐加快、企业的国际化经营水平不断提升、国际品牌知名度逐渐增强等。

与世界500强的比较中也可以看出我国企业集团发展存在的问题，与国际先进企业相比，中国前500家大企业集团在资源整合、创新能力、品牌影响力、人才培养、体制机制、自主知识产权和核心技术以及国际化能力等方面仍显不足，在一定程度上制约了企业的持续发展能力。由于中国企业集团成长时间短、积累的先进经验不足，与世界500强相比仍存在较大差距。中国前500家大企业集团多集中于具有垄断优势的大型国有企业（如国有能源企业），它们依靠资源垄断、规模经营和低成本换来企业盈利，但这并非真正意义上市场竞争的结果，大企业集团长期以来形成的粗放型增长方式没有得到根本性改变。同时还应当看到，我国在基础原料、重大装备制造和关键核心技术等方面与国际先进水平差距较大，许多重要产业对外技术依存度高，核心技术受制于人。与世界500强5%以上的研发强度相比，我国大企业创新投入明显不足。这在很大程度上影响了我国企业国际竞争力的提升，也不能为打造中国经济升级版提供强力创新支撑。

4. 中国企业集团竞争力

国家统计局调查中心就2006～2008年国家统计局《企业集团统计年报》中的营业收入和年末资产总计均在5亿元及以上的企业集团作为总体评价对象，对企业集团的竞争力做评价报告。其中2008年入围的企业集团有2 478家，2007年入围的有2 392家，2006年入围的有2 248家。

总体上来说，受2008年全球经济危机的影响，当年大企业集团竞争力综合指数为66.33，比2007年下降0.92点，与2006年持平，竞争力继续处在一般偏弱区间，整体竞争力略有下降。但部分企业在并不乐观的经济形势下，依然保持较好的经济发展势头，如竞争力综合指数前十名的企业集团，海尔集团84.17，继续保持头名；徐州工程机械集团有限公司82.62，名次比2007年上升1位；浪潮集团有限公司82.52，名次上升3位；正泰集团82.33，名次上升1位；中兴通讯股份有限公司、特变电工股份有限公司、美的集团有限公司、江苏沙钢集团有限公司、天津钢管集团股份有限公司及传化集团依次位列5至10名，竞争力综合指数均高于80，上升位次分别为26位、36位、62位、8位、21位及61位。

分行业看，2008年参评企业集团的前11个行业门类竞争力综合指数呈现三升八降的格局。其中，2008年排在竞争力综合指数前三名的行业依次是：制造业69.48，比2007年下降0.94点；采矿业69.17，上升1.91点；信息传输、计算机服务和软件业67.18，下降2.03点。2008年竞争力综合指数上升的3个行业中除采矿业外，其他2个行业分别是：住宿和餐饮业54.18，比2007年上升0.30点；建筑业64.48，比2007年上升0.05点。可以判定，第三产业，尤其是服务业，在经济发展中扮演着日益重要的角色，其发展势头强劲，发展空间充足，成为国内未来经济发展看好的领域。

自2011年起，我国GDP总量超过日本，成为世界第二大经济体，但是我国具有竞争力的企业集团与国际500强企业仍有较大的差距。根据中共中央十八届三中全会的政策指导，以及中外企业集团现状的比较分析，我们发现企业集团应该审视经济发展的国内外环境，积极谋划未来发展道路，抓好以下三点。

第一，在当前的经济形势下，追求发展方式的转变和增长质量的提高显得至关重要。十八届三中全会提出实行全面深化改革，而经济体制改革是全面深化改革的重点。经济体制改革中应加快产业结构调整。具体的落实主要通过六个方面：坚持和完善基本经济制度、加快完善现代市场体系、加快转变政府职能、深化财税体制改革、健全城乡发展一体化体制机制和构建开放型经济新体制。在推进社会事业改革创新中还提出健全促进就业创业体制机制，形成合理有序的收入分配格局，建立更加公平持续的社会保障制度。针对企业集团发展中呈现的地区发展不均衡问题，必须立足长远、合理规划，进一步加大统筹区域发展的力度，促进区域间生产要素合理流动和优化配置，逐步形成东中西良性互动、主体功能定位清晰、公共服务和人民生活水平差距趋向缩小的区域协调发展格局。具体从三个方面入手：首先，继续实施区域发展总体战略，进一步推进西部大开发，完善政策、加大投入、强化支持，增强西部地区自我发展能力；其次，积极推动主体功能区建设，按照优化开发、重点开发、限制开发和禁止开发的不同要求，细化国土开发格局的空间尺度，明确不同区域的功能定位，逐步形成各具特色的区域发展格局；最后，加大对欠发达地区的支持力度，积极扶持革命老区、民族地区、边疆地区和贫困地区加快发展，提高自主发展能力。

第二，当前国际经济的持续恶化和经济结构的深刻调整，为中国企业参与国际竞争、拓展发展空间提供了宝贵机会，中国企业应抓住这一机会，积极稳妥地推进国际化布局。而国内的经济政策也为中国企业的发展创造了更多、更好的"走出去"的条件。中共十八届三中全会提出进一步扩大开放，以开放促改革，推动对内对外开放相互促进、引进来和走出去更好结合。同时还要积极参与制定新一轮国际规则制定，以应对美国的跨太平洋伙伴关系协议（TPP）和跨大西洋贸易与投资伙伴协议（TTIP）。在此基础上坚持以开放倒逼改革，通过中国（上海）自由贸易试验区等的建设，带动新一轮改革和发展。纵览国内外经济环境，中国企业，特别是具有海外经营需求的企业集团都面临着前所未有的机遇与挑战，因此，抓住机遇，积极与时代潮流趋同，必将成就中国企业集团的蓬勃发展。

第三，中国企业与世界领先企业的差距依然存在，主要差距存在于科学技术、企业经营理念、核心竞争力、产业结构与企业结构和资源配置等方面。从长远来看，中国企业应提高资源整合能力，加快技术创新，调整优化产业结构和企业结构，加强企业的品牌建设，加强企业深层次的文化和价值理念建设，加快转变经济增长方式，推动民营企业发展，增强对国际化环境变化的应对能力，逐步实现与世界最先进企业的趋同。最终探索出适应中国特色的企业发展道路，这是中国大企业集团健康可持续发展的必经之路。

今后十几年是中国经济稳步增长的时期，也是中国企业成为有国际竞争力企业的关键时期，更是实现"中国梦"的极佳时期。在经济快速增长的同时应及时审查并反思经济发展中出现的隐患和问题，居安思危，防微杜渐。针对存在的问题，应怀抱开放的心态，遵循改革开放的思想，积极借鉴国际上成功的做法，并努力提升中国在诸多问题上的创新能力和解决问题的能力。在实现我们的"中国梦"和"强国梦"时，应充分重视经济发展的作用，发挥企业集团在中国经济发展中的推动作用和代表作用。

2.3 集团企业

2.3.1 集团企业定义

本书中的集团企业是指母子型企业集团[①],根据母公司是否从事具体经营活动,可将集团企业分为混合型与纯粹型两种。混合型集团企业[②](Mixed Group-Company)是母公司既从事股权控制,本身又从事某种实际业务的公司。母公司一方面通过掌握子公司的控股权支配其生产经营活动,使子公司的业务活动有利于母公司自身经营活动的发展,如多元化经营、跨国经营等;另一方面,母公司自身又直接从事生产经营活动。纯粹型集团企业(Pure Group-Company)是指母公司本身不从事直接的生产经营活动,其设立的目的只是为了掌握子公司的股份,然后利用控股权影响股东(大)会和董事会,支配被控制公司的重大决策及生产经营活动,实现其控制。

集团企业是以资本为纽带控制着若干个企业,形成一个经济联合体。[③] 集团企业的本质特征,就是一种以母子公司关系为基础的垂直型组织体制,集团企业具有以下特征。

1. 集团企业的母公司本身具有独立的法人地位

集团企业是现代企业制度环境中的产物,母公司本身采取法人产权制度形式,原始投资者的所有权与公司法人财产权相分离,母公司具有独立、有限的民事行为能力。

2. 集团企业母公司以产权关系为纽带,垂直控制着若干个子公司、孙公司或关联企业

子公司是指被母公司控制的子公司,由于产权关系受到母公司的垂直领导,被控制的子公司也有多种形式[④],主要包括以下三种。

---

① 一些文章把这类集团企业称为集团公司(赵增耀,2002)。
② 不论是在国内还是国外,混合型企业集团在比例上占大多数,这是由企业经营的实际特点决定的。中国《公司法》规定,一个(母)公司对外投资设立分(子)公司,或持有其他公司的股份总额不能超过自身净资产的50%。
③ 裴中阳:《集团公司运作机制》,中国经济出版社1998年版,第28页。
④ 张志刚等:《集团公司理财》,中国财政经济出版社2001年版,第27页。

（1）全资控股子公司，简称全资子公司，即母公司直接或间接持有该公司100%的股份。全资子公司有两种形式，一种不具有独立法人资格，即为分公司；另一种具有独立的法人资格，即为子公司。

（2）优势控股子公司，即母公司直接或者间接持有该公司50%以上（不含50%）的股份，简称控股公司。

（3）实质控股子公司，即母公司直接或者间接持有该公司的股份未超过50%，但由于该公司的股权十分分散等原因，虽然理论上母公司达不到绝对控制，但在实际操作中几乎不可能或短期不可能使该公司其他股份集中而达到超过母公司现有股份的水平，因而实际上母公司拥有绝对控制权，该公司即为母公司的实质控股子公司。

母公司对第一类和第二类子公司拥有绝对的控制权，对第三类子公司拥有实质控制权，其他不能达到绝对控制或实质控制的投资企业不属于子公司范畴，为关联企业。

3. 合并报表综合反映了母公司和子公司所形成的集团企业的经营成果、财务状况及其变动情况

子公司属于母公司所统驭下的紧密层企业，母公司作为核心不仅对子公司起主导和控制作用，而且在财务上也起统驭作用，母公司是子公司的主要投资者、控股股东。按照产权关系，母公司与子公司是母子关系，在财务方面子公司必须以直接或者间接方式服从母公司，以确保母公司投出资本的安全和收益最大化，保证母公司的根本利益。

4. 集团企业的母、子公司之间以股权或产权为联结纽带

母公司、子公司或关联企业均具备自身独立的法人地位。母公司以股权或产权为纽带垂直向下控制下属企业，包括拥有全部产权关系的全资子公司、拥有一半股权以上的控股型子公司及持有一定比例的参股关联企业，而同时子公司不得反过来向上持有母公司一定比例的股权（相关交叉持股的个别关联企业除外）。日本企业集团中存在的循环持股的现象在中国是不允许的，因此，中国当前的集团企业更倾向于欧美模式。

5. 集团企业是由（原始）母公司不断扩张而成的

随着企业发展，（原始）母公司开始通过种种方式扩张自身的资产运营和市场资源的占有规模，达到控制其他竞争对手或相关企业的目的。

在实践中，还存在一类并非由产权关系确定的、母公司具有实质控制权的所属企业，如通过协议、章程、人事任免权等方式确定的完全受母公司利益控制的企业。笔者认为这类企业不属于规范意义的子公司，其形成、存在形式与财务管理模式也较为复杂，本书不作探讨。

2.3.2 集团企业组建动因分析

19世纪末20世纪初，为了应付经济危机大背景下的产量过剩、价格下跌等问题，资本主义国家出现了以规定价格和生产配额为特征的卡特尔和辛迪加等企业联盟。20世纪初期，为了保证在激烈竞争条件下一纸承诺不被背叛，原有联盟基础上又出现了资金、设备合并和生产管理集中，形成企业合并。企业合并形式不仅比企业联盟形式更紧密，其成员企业在生产和法律上已完全丧失了独立的地位，而且各成员企业只有通过股份的买卖和让渡来参与、控股或退出其组织。托拉斯和控股公司的缔结，形成了最初意义上的以产权联结为纽带的股份制企业形式。20世纪初期以后，随着公司产权制度的确立和资本市场的形成，大量股份制企业通过资本市场募集股本，又通过证券市场的资产转让和股票交易来实现规模集中，证券市场作为产权交易的集中场所，成为以控制权转移为主要目的的企业规模扩张舞台。从此，集团企业开始出现。

集团企业从一开始就与企业产权和产权交易有着密切关系。不论是企业兼并[1]，还是企业收购[2]，或是企业合并[3]，其终极目标无不伴随着经营控制权和全部或大部分所有权的转移，并由此带来企业的扩张或消亡。组建集团企业，扩大规模一直成为公司成长的重要推动力量。企业为什么要选择组建集团企业来获得发展而

---

[1] 兼并（mergers）：指企业通过购买另一个企业的资产或产权而将其吞并的行为过程。其结果是被兼并的企业消亡或成为兼并企业的子公司。因此，兼并是吸收合并的特殊形式，兼并的方式有四种：（1）以现金购买其他公司的全部或大部分资产；（2）以现金购买其他公司的大部分或全部股票；（3）向其他公司发行新股以交换其大部分或全部资产和负债；（4）向其他公司发行新股以交换其大部分或全部股票。《新帕尔格雷夫经济学大辞典》的解释，兼并一般可以分为三种：（1）竞争者之间的横向兼并；（2）供货者和顾客之间的垂直兼并；（3）彼此没有相关市场或生产过渡的公司之间进行的集团企业兼并。

[2] 收购（purchase/acquisition）：指一家公司用现金资产或股票购买另一家公司股权或资产以获得对后者的实际控制权的行为过程。其结果是被收购的企业仍以法人的形式续存。因此，兼并和收购的主要区别在于，被兼并的企业完全失去了独立法人的地位，而被收购企业的独立法人地位仍然保存。我国《证券法》第四章第七十八条规定：上市公司收购可以采取要约收购或者协议收购的方式。要约收购（tender offer）是收购公司公开地向目标公司全体股东发出要约，承诺以某一特定价格购买一定比例或数量的目标公司股份的强制收购行为；协议收购是收购双方通过私下不断谈判、磋商，最终达成收购协议的友好收购行为。要约收购通常带有适度敌意收购，协议收购通常是善意收购。

[3] 合并（consolidation）：指两个或者两个以上的独立企业通过订立合并协议，依照有关法律法规的规定，将资产合为一体，组成一个新企业的行为过程。合并的结果是新企业的资产等于各个合并企业的资产总和。我国《公司法》第七章第一百八十四条规定：公司合并可以采取吸收合并和新设合并两种形式。吸收合并是其中一个企业接收了其他企业的资产和负债后继续存在，而其他企业被解散；新设合并是在所有企业都解散的基础上，重新设立一个新的企业。因此，合并既可以通过购买的形式进行，也可以通过协议的形式进行。

不是选择其他替代性策略呢？最基本的原因还在于投资效益的比较。集团企业能够产生协同效应，这和集团企业的组织效应是有关系的。组建集团企业过程中的股权投资和实物投资的双重属性决定了其决策行为要受到交易成本和投资效益双重边界的制约，要站在集团企业的角度考虑投入产出比。所以，我们从产权、投资和组织效益角度及投入产出比四个角度对集团企业进行考察。

1. 从产权角度对集团企业进行考察

现代企业产权理论认为：企业之所以存在，最主要的原因是企业能够节约运用市场机制的交易成本，包括人们在市场上搜寻有关价格信息、为了达成交易进行谈判和签约、监督合约执行等活动所花费的成本。企业与市场是两种具有不同交易机制的经济组织，市场的交易是由价格机制来协调，而企业则通过一系列契约的纽结将许多市场交易"内部化"，使交易限定在企业组织的层面内进行。企业和市场是可以相互替代的两种资源配置方式，企业替代市场会降低利用市场机制的交易成本，但同时又会带来企业内部管理费用的上升，如果前一种成本的节约足以补偿后一种费用的增加，那么企业就会应运而生。[1]

组建集团企业，实现规模扩张，原因在于集团企业通过将市场交易内部化而减少了市场交易成本，是企业家代替价格机制来协调交易的组织行为的扩大，[2]是用组织交易费用代替市场交易成本来实现成本节约的途径。那么，集团企业的规模扩张是不是可以无限制地进行呢？是什么决定了集团企业规模扩张的边界？现代企业产权理论运用均衡分析方法得出了一般性的结论：边际组织交易费用与边际市场交易成本的均衡即为企业规模扩张的边界条件。当以组建集团企业来内化一笔市场交易成本所节约的费用正好等于增加的管理费用时，企业规模扩大的动因就会消失，集团企业与市场的边界由此得以确定。因此，规模扩张存在着有效规模的成本边界，合理边界就在边际组织交易费用恰好等于边际市场交易成本的均衡点。[3]

在现代企业制度条件下，以产权转让为主要内容的集团企业组建行为直接导致了企业边界的移动。从本质上讲，组建集团企业的过程实质上是企业边界扩张的过程，也是由于交易成本不断变化所决定的重新寻找边际组织交易费用等于边际市场交易成本的行为过程。那么，交易成本是如何决定组建集团企业行为的呢？

在垂直合并形成的集团企业，交易成本主要是由资产专用性及其与之相关的机

---

[1] 史佳卉：《企业并购的财务风险控制》，人民出版社2006年版，第2~3页。
[2] 秦海：《企业并购中的产权问题》，载于《经济研究》1995年第3期。
[3] 朱玉春：《从交易费用经济学角度谈企业的并购》，载于《西北农林科技大学学报》2001年第6期。

会主义决定的①。如果交易中包含一种关系的专用性投资，则事先的竞争将被事后的垄断（或买家的垄断）所取代，从而导致将专用性资产的准租金据为己有的机会主义行为。由于交易中机会主义的存在，造成现货市场交易的成本过高，当关系的专用性投资变得更为重要时，用传统现货市场去处理纵向关系的交易成本就会上升。因此，垂直集团企业组建或纵向一体化（vertical integration）可以用以替换现货市场。② 这就是说，资产专用性导致了机会主义，从而增加了交易成本，而垂直集团企业组建则能将该部分增加的交易成本内生化。在集团企业组建实践中，垂直集团企业组建追求的是业务集中及核心竞争力的强化。资产专用性越强，进行市场交易的成本就越高，组建集团企业的可能性就越大。因为资产专用性越强，企业面对的市场垄断程度就越高，买方就越会利用资产专用性强所带来的重新配置成本高的特点，在价格和其他方面向生产者施加压力，从而增加了市场交易成本。图 2.1 描述了市场交易成本与资产专用性之间的正向关系。dSC/dK 表示边际市场交易成本，dLC/dK 表示边际组织交易费用。当资产专用程度超过 K 点时，即边际市场交易成本大于企业内部边际交易费用时，企业的垂直组建集团企业就有可能发生。可见，企业是否发生垂直组建集团企业行为取决于边际市场交易成本与边际组织交易成本比较的结果。

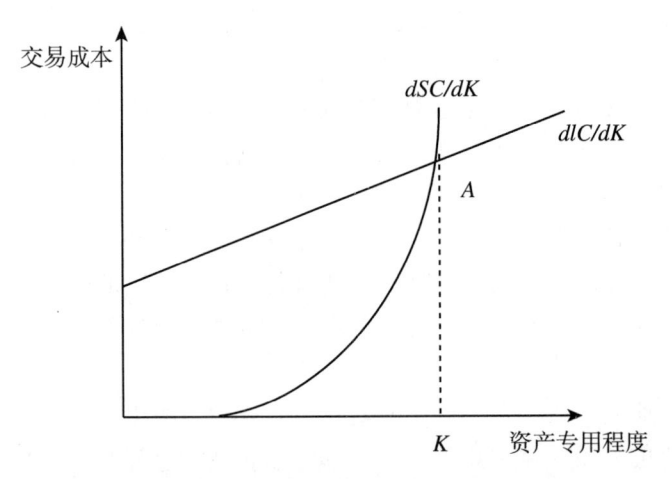

图 2.1　市场交易成本与资产专用性之间的关系

---

① 资产专用性是指物质资产或人力资产只能用于某种特定的用途，而无法改作他用，或者说是指为特定交易或协约服务而投入生产过程的资产进行再配置的难易程度。它反映了企业的某一资产对市场的依赖程度。威廉姆森把交易涉及的资产专用性、不确定性和交易发生的频率作为描述交易的性质，并认为资产专用性及其机会主义是决定交易费用的主要因素。他认为，由于机会主义的存在使得专用性投资不能达到最优，因而造成现货市场交易成本过高；通过纵向一体化可以将机会主义内部化，从而节约交易成本。

② 张维迎：《企业的企业家——契约理论》，上海人民出版社 2001 年版，第 17 页。

在混合并购形成的集团企业，交易成本则是由企业内部组织形态决定的。在实践中，集团企业形成主要是基于多元化扩张。而这一扩张行为相当于将企业内部组织形态由一种等级式的、集中控制型的结构（称为"U型"结构）转化为一种相互独立的、平行型的部门企业组织结构（称为"M型"结构）。这种结构转化具有以下优点：一是经营决策独立，具有灵活性；二是直接以提供参谋和审计等方式服务于总部的精英集团，具有高效性；三是战略性决策和战术型决策分工明确；四是协同作用增强。从运作上看，一个"M型"企业组织的每一个分部相当于一个"U型"企业，但它又克服了"U型"企业组织上跨度过大而造成的管理累积性失控的缺陷（朱玉春，2001）。所以，我们可以把"M型"企业组织看作一个内部化的资本市场，它通过统一的战略决策使来源于不同渠道的资本能够集中起来流向高盈利部门。它反映了资本市场由管理协调取代市场协调得以内在化的特点，从而大大提高了资源利用效率，减少了交易过程，降低了交易成本。

可见，降低交易成本是集团企业产生的重要动因。通过科学、合理地变更和安排企业的产权结构，将市场的交易转变为企业内部的交易，将市场交易成本转变为组织交易费用，从而实现了资源的配置效率和企业对有效规模边界的追求。但从另一个角度看，交易成本又成为组建集团企业的约束条件。如果集团企业组建后使市场交易成本内生化为组织交易成本后却大于市场交易成本，组建集团企业的结果只会导致成本上升；只有在组织交易成本小于或等于市场交易成本时，这种由组建集团企业产生的规模边界扩张才是有效的[①]。这也就表明，现阶段，边际交易成本等于零是组建集团企业决策的成本边界上限。

2. 从投资角度对集团企业的考察

组建集团企业、扩大规模一直是公司成长的重要推动力量。企业为什么要选择组建集团企业来获得发展而不是选择其他替代性策略呢？最基本的原因还在于投资效益的比较。

在实践中，企业规模扩张可以采取两种方式：内部成长方式和外部成长方式。内部成长方式主要是通过企业内部积累投资、新建项目来实现规模的扩大；外部成长方式则包括合并、收购、合资企业、投资新建企业等外部规模扩张途径，还包括企业联盟、营销与分销联盟、特许权经营、许可证经营或其他与外部合作伙伴订立契约等一系列外部措施。当企业在内部成长战略与外部成长战略以及外部成长战略的不同措施之间进行权衡时，以价值为基础的管理者通常鼓励低成本的企业扩张。不过，实践中的每一种扩张途径都有相当的复杂性，都存在着

---

① 王一在《企业并购理论及其在中国的应用》一书中将"有效控制下的企业规模"称为企业的有效边界。

特定的优点和缺点（如表 2.1 所示），这些优点和缺点便通过成本—效益优势对决策产生着重要影响。

表 2.1　　　　　　　　企业三种扩张方式的优缺点比较[1]

类　　型	优　点	缺　点
组建集团企业	速度快；可以获得补充资源；排除潜在的竞争对手；提升公司资源	收购成本高；伴随不必要的附属业务；组织中存在的冲突可能阻碍整合过程；做出重大承诺并承担大量义务
内部发展	规模增长；相容的文化；鼓励内部企业家精神；内部投资	缓慢；需要创造新的资源；增加产业生产量低于进入规模；若不成功，很难补偿所做的努力
企业联盟	可以获得互补资产；速度快	缺乏控制；援助潜在的竞争对手；长期有效性存在问题；很难把知识整合起来

资料来源：[美]大卫·J.科利斯等：《公司战略：企业的资源与范围》（王永贵等译），东北财经大学出版社 2000 年版，第 105～111 页。

从表 2.1 中可以看出，采取外部集团企业组建战略与内部发展战略相比具有以下优势：

（1）风险更少。通过内部投资创建新企业，意味着行业内增加了新的生产能力和产品供给，这就必然会遇到特定行业的结构性障碍，同时还可能会受到原有厂商抬高价格和市场联手等报复性行为的影响，增加了初创阶段的风险。而采取组建集团企业的方式建立企业则能利用成型的消费者基础和产品系列，跨越初创阶段的风险。

（2）利用现成的基础设施，扩张速度快。组建集团企业避免了新建企业的漫长投资和建设过程，还可以利用被收购企业原有的品牌、销售渠道、专门技术、人才等方面的既有力量，便于在短期内大规模地进入和占有市场。

（3）节约资本投资。除最初的投资之外，对现有产品系列的扩张往往需要大量的运营资本，如果通过内部投资创建的新企业不能迅速地产生收入和正现金流，往往容易导致流动性资金不足；而通过收购则能够较快地产生收入和正现金流，同时也更容易为公司成长融资。

外部集团企业组建战略与企业联盟等外部措施相比也具有一定的优势：一是以企业联盟为代表的外部措施都涉及第三方，即意味着比集团企业组建取得了更少的控制程度和所有权；二是以企业联盟为代表的外部措施还会带来第三方因预期协议的最终结束而剽窃公司产品和技术的风险。

所以比较来看，通过并购组建集团企业是企业实施外部成长战略的最重要途径，是企业进行外部投资的特殊方式。企业之所以做出组建集团企业的决策，原因在于与其他方式相比组建集团企业能够产生较大的投资收益，具有价值增值功能。但对一个具体的企业而言，能否做出以及如何做出组建集团企业决策则要受到一定条件的限制。传统的投资理论认为，企业投资行为要受到企业自身投资能力的制约。这一投资能力可以用净投资逐渐调整公式反映其数量关系，即从资本的边际产品价值等于资本的租金成本原则出发，通过实际资本存量向合意资本存量①的逐渐调整，来实现企业投资率的决定。用公式表示为（即投资函数）：

$$I = K - K_{-1} = \lambda(\hat{K} - \hat{K}_{-1}) \tag{2.1}$$

其中，I 为现期所达到的投资量，K 为现期期末的资本存量，K_{-1} 为上期期末的资本存量，$(\hat{K} - \hat{K}_{-1})$ 为实际资本存量与合意资本存量的差额，λ 为投资倍数。在公式（2.1）中，由于合意资本存量 $\hat{K}$ 是由现期产量和预期产量决定的，因此，产量因素被认为是影响企业投资决策的关键因素。

与传统的投资理论不同，以乔根森（Jorgensen，1967）为代表的新古典投资理论则认为，价格因素及其变动是影响企业投资决策的重要因素。该理论将投资行为描述为产值—投资的关系（乔根森模型）：

$$\max \pi_t = P_t Q_t - W_t L_t - m_t k_t \tag{2.2}$$
$$Q_t = F(K_t, L_t)$$

其中，π_t 表示每一期的利润；Q_t、L_t、k_t 分别表示产出、劳动和资本投入；P_t、W_t、m_t 分别表示产出的价格、工资率和资本的租金成本。在这一模型中，净投资是由要素价格、产出价格及其变化所决定，市场价值最大化的目标表现为预期净利润贴现值的最大化，并且资本和劳动形成一种替代关系。由于传统的投资函数是基于资本的边际产品价值等于资本的租金成本的原则而构建的，而乔根森模型将投资的目标函数直接定义为净利润，这实质上揭示了企业投资（主要是固定资产投资）决策的前提条件是投资的边际效益大于零。换言之，投资边际效益等于零是企业投资决策的效益边界底线。

---

① 所谓合意资本存量，是指企业在长期中愿意保持的资本存量规模，即在一定的技术水平下，在资本的收益与成本既定的条件下，企业为生产一定量的产品所需要的理想的长期企业固定资本存量。当企业只有资本和劳动两种生产要素投入时，通过求解优化问题，得出合意资本存量取决于预期产量水平 YE 和资本的租金成本 rc：

$K\hat{} = \delta \cdot YE/rc$

$YEt = Yt-1 + \theta(Yt - Yt-1) = \theta Yt + Yt-1(1-\theta)$

其中，δ 为合意资本存量，YE 为预期产量水平，rc 为资本的租金成本，δ 为一常数，θ 为现期产量与前期产量变动在长期预期产量中所占的比例。该式表明，合意资本存量与预期产量水平 YE 成正比，与"资本的租金成本"成反比。合意资本存量的规模大小对企业固定投资规模影响很大。参见余永定等：《西方经济学》，经济科学出版社 1997 年版。

作为企业投资决策的另一种方式，托宾（Tobin）于1969年提出了基于资本市场的投资Q理论。根据托宾的观点，投资Q是正函数。$Q = MV \div RC$，其中MV为资本的市场价值，RC为资本的重置成本。在一般情况下，资本的市场价值与重置成本不一致，Q值偏离均衡值1：当$Q>1$时，增加资本的成本小于资本收益现值的市场评价，投资有利可图，投资行为就会发生；当$Q<1$时，资本收益现值的市场评价小于资本的重置成本，企业则可能会被以收购资产获利的投资者接管①。托宾Q理论在本质上是从企业与资本市场的关系中描述了企业投资行为发生的价值—投资制约条件，这一制约关系归根到底还是一个投资效益制约的关系。只有当投资收益大于投资成本时，投资行为才应该发生。

不过，在实践中，组建集团企业做出投资决策时往往基于更为复杂的动因。美国经济学家J. 弗雷德·威斯通（2006）将这一动因归结为以下九个方面：消除无效率的管理者、达到经营协同效应和财务协同效应、进行战略性重组、获得价值低估的好处、传递信息、解决代理问题、依靠市场力量、税收方面的考虑和再分配等。② 但这九个方面的动因归根结底仍然在于集团企业投资所带来的收益，利用过剩资源、降低运营成本、获得税收好处、实现规模效益、增强市场份额，从而实现价值增值的目的。所以，无论采取哪一种方式，出于哪一种具体目的，最终目标只有一个，即获得投资增值效益。

3. 从组织效应角度对集团企业的考察

组织效应问题起源于古希腊思想家亚里士多德的"整体大于部分之和"的著名命题。组织效应是指组织活动的效果和反应，组织活动中所取得的整体效益一般不等于局部效益之和。这两者的差异就是组织效应。$1+1>2$，表示组织活动产生了正效应。按照组织效应的观点，集团企业的整体能力不应该等于组建集团企业前各独立法人企业能力的总和。用公式表示：

$$Q = \sum F_i + \Delta \tag{2.3}$$

式中，Q——集团企业的整体能力；F_i——集团企业组建前第i个独立法人企业的能力；Δ——集团企业组建后企业之间协作后带来的附加量。

附加量Δ可正、可负，当$\Delta>0$时，表明集团内企业间的协作产生了一种新的能力。理论界已将其概括为协作生产力。协作生产力的基本内涵是：由许多力量融合为一个总的力量而产生的新力量，其本身必然是集体力。因此，协作生产力是一

---

① 20世纪60~70年代，西方许多国家的托宾Q比率多在0.5~0.6之间波动。因此希望扩张生产能力的企业通过收购托宾$Q<1$的企业可以获得市场低估的资产重置价值。

② [美]J. 弗雷德·威斯通等：《兼并、重组与公司控制》（唐旭等译），经济科学出版社1999年版。

种集体力，大于单个力量的机械总和。杨小凯（2001）的分工与一体化组织理论中阐述了协作生产力是由协作的以下四种双重功能产生的：

（1）协作生产力使协作具有的使个人劳动专业化、熟练化和使社会劳动全能化、平均化的双重功能的产物，即协作可以实现社会劳动力的平均化，推动技术进步和创新。

（2）协作生产力是协作具有的相对缩小劳动空间范围和扩大劳动空间作用范围的双重功能的产物，即协作可以紧缩劳动过程，提高劳动资料利用率，可以形成规模经济，促进生产力布局的合理化。

（3）协作生产力是协作具有的促进内涵扩大再生产和外延扩大再生产的双重功能的产物，从这一视角出发，协作也可以产生规模效应。

（4）协作生产力是协作具有的增产使用价值和降低个别价值的双重功能的产物，这一双重功能概括了前三个双重功能，或者说由前三个双重功能共同作用的结果，即协作之所以使生产的要素、过程、比例和规模得到优化后聚合，从而产生新的生产力，是因为：第一，协作通过少许协调费用从而优化劳动，使个人劳动专业化、熟练化，使社会劳动全能化、平均化，提高劳动效益；第二，协作可以优化生产过程，使整个生产成为连续运行的有机过程，既增产，又节支；第三，协作在发展社会劳动过程的质的划分的同时，也发展了它的量的规则和比例性。

协作可以相对优化生产规模。因此，协作生产力效应就是"增加使用价值，降低个别价值"。用数学语言可描述如下：

协作生产力效应：

$$\begin{cases} Y_A > Y_B \\ C_A/Y_A < C_B/Y_B \end{cases}$$

式中，Y_A、C_A——协作后（after）产生的价值和各种成本（消耗）；Y_B、C_B——协作前（before）产生的价值和各种成本（消耗）。

将上式变换为：

$$\begin{cases} Y_A > Y_B \\ Y_A^*/C_A > Y_B^*/C_B \end{cases} \tag{2.4}$$

式中，Y_A、Y_B——协作后、协作前的有效成果；Y_A^*/C_A、Y_B^*/C_B——协作后、协作前的综合效益。

在这里我们将 Y_A、Y_B 这种"价值"的含义拓广到所有"有效成果"，Y_A^*/C_A、Y_B^*/C_B 的含义成为综合效益，式（2.4）则表示协作生产力产生的充分必要条件是：既增加有效成果，又提高综合效益。而企业集团组织效应（正）恰好是式（2.3）中的Δ，即协作生产力效应，则企业集团产生的正效应如式（2.4）所示；

不满足式（2.4）条件的，属于负效应或无效应。式（2.4）中，有效成果 Y_A^* 与 Y_B^* 表示联合与协作前后（或协同作用进一步发挥前后）的品种、产量、质量、产值及利税，尤其要反映出"质"的不同特点，如增加名优产品产量、提高产品质量等；也可反映实现既定目标的情况，如发展适销对路的产品等。而 Y_A^*/C_A，Y_B^*/C_B 则着眼于整个集团企业的综合效益。

4. 从成本—效益角度对集团企业的考察

组建集团企业过程中的股权投资和实物投资的双重属性决定了其决策行为要受到交易成本和投资效益双重边界的制约：交易成本边界处于边际市场交易成本与边际组织交易费用的均衡点；而投资效益边界处于边际产品价值与边际资本成本的均衡点。那么，在组建集团企业实践中如何确定这两个均衡点呢？

在产权分析中，我们假设了企业规模的扩张与组织交易费用呈正向关系，即企业扩张的规模越大，其内部组织交易费用越大。如果我们能够找到组织交易费用上升与企业规模扩张具有什么样的正向关系时，我们就可以确定组织交易费用上升恰好抵消市场交易成本节约的均衡点。

一般认为，组建集团企业对企业组织会产生两种基本影响：一是 M 型扩展（被收购企业依然保留独立的经营主体地位）；二是 A 型扩展（被收购企业成为收购企业的一个职能部门）。M 型扩展增加了管理层次，A 型扩展增加了管理幅度。管理层次与管理幅度呈反比关系：$W = 1/H^n$，其中 W 为管理层次，H 为管理幅度，n 为被收购企业的数量。由于在一个科学的管理系统中，一个管理人员的合理管理幅度为 4~11 人（孔茨和奥唐奈，1980），所以，被收购企业的数量 n 主要表现为与管理层次存在着反向关系。而格兰丘纳斯（1933）认为，随着企业规模的扩大，下层单位和管理层次数量就会增加，企业内部交易关系的数量也会急剧上升。用公式表示为：$R = a[2^{a-1} + (a-1)]$，其中 R 为企业内部交易关系数量，a 为下属单位级数。即被收购企业的数量 n 与管理层次形成的反向关系可以用 $R = b \cdot 1/H^n$ 来表示，式中 b 为反向关系系数。当企业内部交易关系数量越大，被收购企业的数量 n 就越小。

而实践中，由于组建集团企业会带来企业内部"交易"的增加，包括买卖"交易"、限额"交易"和管理"交易"的增加，从而使得内部"交易"关系数量 R 从两个方面增加了企业内部组织交易成本：管理中的技术成本和代理成本。[①] 所以，内部交易关系数量 R 实质上与企业内部组织交易成本成正比。假设企业内部组织交易成本为 C，c 表示 C 与 R 的正向关系系数，则有 $C = c \cdot R = C(R)$，C 是内部交易关系数量 R 的函数。而 $R = 6 \cdot 1/H^n$，所以，$C = c \cdot b \cdot 1/H^n$，这就决定了

[①] 王一：《企业并购理论及其在中国的应用》，复旦大学出版社 2000 年版，第 136~137 页。

企业内部组织交易成本与被收购企业数量 n 具有反向关系，即：当企业内部组织交易成本上升到一定程度时，被收购企业数量 n 或者说企业规模扩张的边界就被确定。

假设 R_i 表示不同的内部交易关系数量，如果有：

$$\sum_{i=1}^{n} C(R_i) > C \left| \sum_{I=1}^{N} R_i \right|$$

则表明相同内部交易关系数量分在 n 个小企业的组织交易成本要大于只在一家大企业的组织交易成本，这时，应该组织一个较大规模的企业来取代若干较小规模企业的经营，因为较大规模的企业存在规模成本效益，能够节约市场交易成本。所以，组建集团企业可以在 n 个小企业规模之和的范围内进行，组建集团企业的交易成本边界为 n 个小企业之间市场交易的总成本。

然而，事实上 n 个小企业之间的市场交易成本很难量化，这就给实际企业规模的确定带来了难度。因此，实践中人们常常用生产成本取代交易成本作为衡量企业规模扩张的边界条件。假设：C 表示企业的生产成本，q_{ij} 表示 i 厂（或是生产单元）生产 j 产品的产出水平，那么，对于一个生产 m 种产品的企业来说，如果有：

$$\sum_{i=1}^{n} C \left| \sum_{j=1}^{m} Q_{ij} \right| > C \left| \sum_{i=1}^{n} \sum_{j=1}^{m} q_{ij} \right| ①$$

即表明 m 种产品分开在 n 家企业生产的成本要大于集中在一家企业生产的成本，说明生产中存在着规模经济和范围经济效益，这时，应该组织一家大规模的多品种企业而不是几家小规模的单品种企业来进行生产。因此，组建集团企业可以在 n 个小企业规模之和的范围内进行，被收购的生产成本边界为 n 个小企业生产总成本。

在组建集团企业投资分析中，投资规模扩张的边界被设定为资本的边际产品价值等于资本的租金成本，即用资金成本取代了生产成本作为衡量投资的效益边界条件。不过，投资效益边界是一个收益的下限边界，其目标函数为净利润大于零。假设我们同样用 C 表示成本，用 P 表示收益，用 π 表示利润，则从会计的角度有利润 $π = P - C$。但这里的成本 C 实际上包含了企业生产经营过程中的一切成本，包括生产成本、资金成本和管理成本（交易成本）等。可见，单一地以交易成本或是单一地以资金成本作为集团企业组建的边界条件并不能反映利润最大化目标，而必须通过成本—收益综合分析来确定组建集团企业的可行条件。下面我们以利润最

---

① 这里，不等式左边表示由 n 个企业生产的成本，右边表示由一个企业生产的成本。

大化为目标函数来建立组建集团企业的边界模型[①]。假设：

(1) 市场是完全竞争的市场，集团企业组建不影响市场的价格和成本变化；

(2) 企业 ($i=1,\cdots,n$) 是相互独立的，即无关联交易，集团企业组建后合并报表不存在关联的收入和利润的抵消问题；

(3) 不考虑组建集团企业行为的避税收益；

(4) 收益 P 是产量的函数 $P(q_{ij})$，成本 C 包含生产成本 c_1、资金成本 c_2 和管理成本 c_3，C 与企业规模相关。假设 n 个企业中有 z 个企业组建集团企业。

则 x 个企业单独经营的盈利和为：$\sum_{i=1}^{x}[P(q_i)-C(c_1,c_2,c_3)]$

x 个企业合并成一个大企业经营的盈利为：$\sum_{i=1}^{x}P(q_i)-\sum C(c_1,c_2,c_3)$

组建集团企业的条件是 x 满足：

$$\sum_{i=1}^{x}P(q_i)-\sum C(c_1,c_2,c_3) > \sum_{i=1}^{x}[P(q_i)-C(c_1,c_2,c_3)]$$

设组建集团企业的净利润为 π：

$$\pi = \left\{\sum_{i=1}^{x}P(q_i)-\sum C(c_1,c_2,c_3)\right\} - \left\{\sum_{i=1}^{x}[P(q_i)-C(c_1,c_2,c_3)]\right\}$$

则集团企业组建的边界 x 存在，$x \in (1,n)$，使得：

$$\begin{cases} \max\pi = \max\left(\left\{\sum_{i=1}^{x}P(q_i)-\sum C(c_1,c_2,c_3)\right\}-\left\{\sum_{i=1}^{x}[P(q_i)-C(c_1,c_2,c_3)]\right\}\right) \\ s.t \begin{cases} \pi(x) \geq 0 \\ \pi(x+1) \leq 0 \end{cases} \end{cases}$$

则我们称 x 为组建集团企业的边界。如果 $\pi(x)$ 在 $1 \leq x \leq n$ 中是单调上升的，那么组建集团企业的边界为 n。

在这一模型中，收入是产量的函数，边界是由产量和成本共同决定，体现了收益和成本双重制约的结果。但从风险角度看，以利润作为目标函数确定的组建集团企业边界不能作为以企业价值最大化为目标的组建集团企业财务决策依据。因为利润代表了企业新创造的财富，但没有考虑利润取得的时间和利润与投入资本额的关系，更没有考虑获取利润及所承担风险的关系。因此，我们认为，建立在成本—收益分析基础上的组建集团企业边界只是组建集团企业可行性研究的初步，它仅反映了集团企业所产生的规模经济和规模效益，从宏观和战略上把握了集团企业规模扩

[①] 本模型参考了李豫湘的边界模型思路并做改进。参见李豫湘：《并购的边界研究》，载于《系统工程》2000 年第 8 期。

张的极限，突破这一极限即会导致财务风险，而具体财务风险有多大以及如何回避这一风险，则需要从价值的角度对集团企业财务边界进行研究。

2.3.3 集团企业管理模式

管理模式是指一系列连接并规范企业的所有者、董事会、经营者、员工及其他利益关联者彼此间权、责、利关系的制度安排模式。集团企业管理模式包括：产权制度、管理体制、组织结构、董事会/监事会/经营者权责等内容。

1. 产权制度

产权制度是集团企业管理模式中的一个首要问题，因为产权的明晰程度与企业中的各种权利密切相关。对于以现代企业所有制形式组成的企业，其产权关系中的两大主要类型是出资人财产所有权与法人财产所有权。明晰产权制度的终极目标是有效地行使权力和进行资产的优化组合，从而最大限度地获取利益。

2. 管理体制

管理体制不仅涉及各成员企业的切身利益，而且也关系集团企业总部在各成员企业中权威性的确立和发挥程度。集团企业管理体制问题都集中在集权和分权以及权力集中与分散程度的选择上。

3. 组织结构

组织结构也称组织模式，指公司内部执行领导任务和管理职能的各组成部分及各部分之间的相互关系。根据集团企业采用的管理模式，又可以将现代集团企业分为三类：直线职能制、事业部制和控股公司制。一般来说，混合型集团企业采用直线职能制和事业部制管理模式，而纯粹型集团企业则多采用控股公司制管理模式。

（1）直线职能制（U型结构）。

直线职能制（unitary structure），是指按职能划分组织单位，并由最高经营者直接指挥各职能部门的体制。它是现代集团企业组织管理最常见的一种体制形式。

直线职能制是一种高度集权的管理体制，有一个庞大的总部（如图2.2所示），包括最高经营者领导下的执行委员会和若干个按不同专业职能（如生产、销售、财务等）划分的职能部门。最高经营者通过职能部门对下属生产经营单位实行高度集中管理，履行投资中心和利润中心的职责，子公司或生产经营单位是成本中心。集团企业不仅把成员企业之间的交易内部化，实行统一经营，并由集团企业各职能部门进行集中管理，而且对职能部门和生产经营单位的运营和业绩进行评价与监督。集团企业的各职能部门都只是子公司或生产经营单位的辅助部门。

```
              ┌─────────────────┐
              │   最高经营者    │
              │(董事长或总经理) │
              └────────┬────────┘
    ┌─────┬──────┬─────┼─────┬──────┐
  ┌─┴─┐ ┌─┴─┐ ┌──┴──┐ ┌┴─┐ ┌─┴─┐
  │人事│ │财务│ │办公室│ │生产│ │销售│   ——职能管理部门
  └───┘ └───┘ └─────┘ └──┘ └───┘
              │
   ┌──────────┴──────────┐
   │ 子公司或生产经营单位 │   ——业务执行部门
   └─────────────────────┘
```

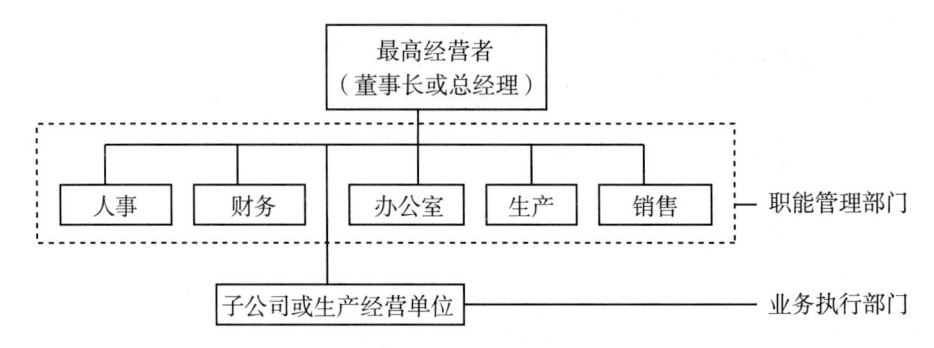

图 2.2 直线职能制体制简单示意

直线职能制本质的特征是：

第一，集团企业将其计划管理职能与执行职能分开，形成职能管理部门和业务执行部门。

第二，职能管理部门协助最高经营者制订经营计划、提供决策支持。集团企业对这些职能管理部门进行统一策划，直接指挥各部门的运行。各职能管理部门由公司最高层领导直接管理。职能管理部门必须通过集团企业特定的程序、规定或其他方式授予才可以行使职权。

第三，业务执行部门是下属的各子公司或生产经营单位，由公司最高层领导直接管理。

直线职能制特别适合于那些组织规模较小、集中在同一地点、产品品种较少的中小企业。对于大企业，这种体制主要被那些各部门业务联系紧密的制造业企业采用。对于组织规模很大、在地理上比较分散或提供的产品和服务品种繁多的大集团企业来说，直线职能制的适用范围只能以各业务单元的工作为限，不适用于一些具有全局性、复杂性、动态性的工作。

（2）事业部制（M 型结构）。

事业部制（multidivisional structure）是指以某个产品、地区或顾客为依据，将相关的研究开发、采购、生产、销售等部门结合成一个相对独立的单位的一种组织结构形式，每个事业部在内部建立自己的 U 型结构。事业部制是一种集中指导下的分散经营的管理体制。在集团企业最高决策机构下，每一个事业部或分支机构都完整地负责一种产品、一块市场或一类顾客服务相关的科研开发、采购、销售等业务活动。这些事业部在最高决策机构的授权下享有一定的投资权限，具有相当大的经营自主权，同时对各自的财务结果和市场发展负责，是集团企业的利润中心。事业部下的子公司或经营单位则是集团企业的成本中心。每个事业部通常设立一些如生产、销售、人事等职能部门来管理下属生产经营单位，内部按照 U 型结构进行集中管理。集团企业另设一些参谋部门、财务、研究与开发等职能部门，保证整个

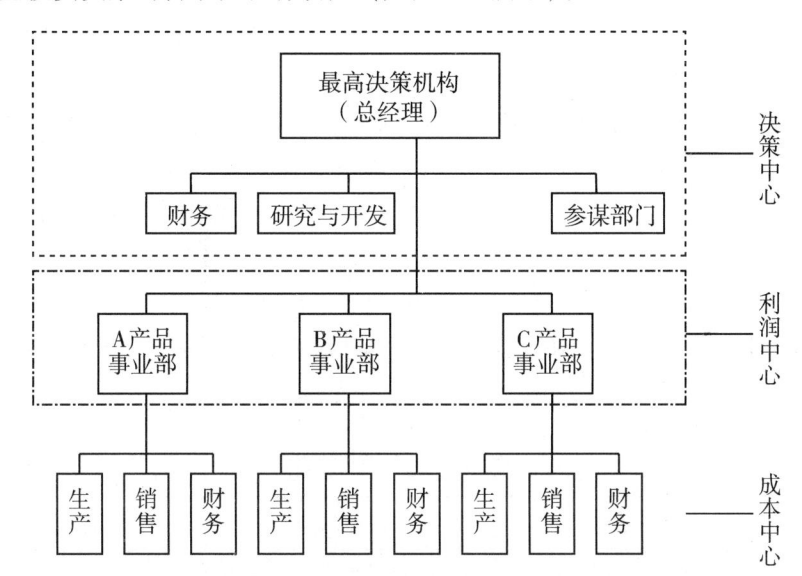

集团企业投资决策的科学性和有效性（如图2.3所示）。

图 2.3　事业部体制简单示意

事业部制把市场机制引入公司内部的同时又保持公司整体的完整性。每个事业部既是实现公司总体目标的基本经营单位，又实行独立核算、自负盈亏和统一管理。

事业部制的优点包括以下三个方面。

第一，由于实行分权管理，可以把总部执行人员从日常操作活动中分离出来，使之更加专心地负责集团企业的战略性活动；把许多日常经营决策交给事业部经理，提高日常经营决策的质量和速度。

第二，各事业部有自己经营的产品、地区或客户群，具有从研究、生产、销售、售后服务方面的自主权，因而加快了对市场反应的速度。

第三，事业部作为集团企业的利润中心，对集团企业负责，是以完成一定的产量和利润指标的最终成果而不是以某项工作是否完成来考核业绩的，这种目标明确、责任清晰的考核办法容易激发员工的工作热情与创新精神。

事业部制管理体制一般适合于一些规模比较大、生产的产品和提供的服务种类繁多且组织分散，经营不是集中于一地的企业。

（3）控股公司制（H型结构）。

控股公司制（holding structure）是指在集团企业下设若干个子公司，集团企业以母公司身份对子公司进行控股，承担有限责任。集团企业对子公司不仅可以通过控制股权进行直接管理，而且可以通过它们的董事会以及出售公司股份等方式进行控制。集团中的各成员企业都是独立的法人，也是投资中心，是一种相对松散、扁平的管理体制模式。

H 型结构中的事业部为具有独立法人资格的子公司,集团企业持有子公司部分或全部股份。由于子公司是独立的法人,它们享有更大的经营独立性,因此采取这种组织结构的公司经营范围可以跨越完全不同的行业。

控股公司制企业的最大优点就是可以用少量公司资本控制大量的社会资本,最大限度地分散总公司的投资和经营风险,既可对成员企业的采购及销售实行统一控制,避免价格战与过度竞争,发挥规模效应,又不侵犯成员企业既有的自主权和积极性。

控股公司制主要适用于一些跨越多个不相关经营领域的混合型集团企业。瑞典瓦伦堡家族控制的 Investor AB 就是一个典型的 H 型集团企业(见案例 2-1)。

总之,三种管理体制各有其不同的特点,如表 2.2 所示。

表 2.2 主要管理体制特点

项目	直线职能制	事业部制	控股公司制
组织特点	子公司或生产经营单位为执行部门,无业务决策权和资源配置权	事业部独立经营,有业务决策权,无资源配置权	子公司自负盈亏,业务决策与资源配置均(相对)独立
企业规模	较小	较大	大
产品结构	单一产品	多元化产品	多元化投资领域
市场环境	供不应求,生产导向	充分竞争,市场导向	垄断竞争,合作联盟
人员素质	要求不高	较高	高
控制能力	要求不高	较高	高

20 世纪 80 年代以来,伴随着全球经济一体化、网络经济的深化和发展,企业外部经营环境发生了根本性变化,如顾客需求变化快且趋向个性化和多样化;市场快速变化且难以预测;时间和反应速度取代成本与质量成为企业第一竞争要素等。在这些因素的影响和压力下,引发了世界各国新一轮的企业管理创新及管理升级,导致企业组织管理体制的发展与变化呈现出一些新趋势、新特点。如企业组织结构由"金字塔形"垂直管理转向"扁平型"趋势,使企业内部的信息传递更为直接,使企业获得了更大、更灵活的机动性,提高了企业的运作效率;出现"矩阵型"或"网络型"组织结构,这种组织结构是指在直线职能制和事业部制基础上,建立一套横向的以成果为中心的组织系统,并结合前两种组织结构而形成的一种类似矩阵的二维结构。它的最大特点是员工同时受两位主管人员的管理,使企业内部的管理资源得到更好的应用。

4. 董事会、监事会、经营者权责

具体见本书第 8 章相关内容。

【案例 2-1】

瑞典瓦伦堡家族 Investor AB[①]

爱立信、ABB、沃尔沃、斯堪尼亚重型汽车公司、SAS 航空公司……知道这些著名跨国公司的人不少,但恐怕很少有人知道,控制这些公司的竟是同一个家族——瑞典瓦伦堡家族。瑞典的瓦伦堡家族力量太强大了。在 20 世纪 90 年代中后期的顶峰阶段,它拥有在斯德哥尔摩股市上市的所有企业市值的 40%(甚至证交所本身也为瓦伦堡家族控制的一家公司所有)。瓦伦堡家族是瑞典经济的一根巨大支柱。在瑞典,瓦伦堡家族的势力无人能及。

百年家族——瓦伦堡

1856 年,家族创始人安德烈·奥斯卡·瓦伦堡,在斯德哥尔摩成立了斯德哥尔摩私人银行(现在瓦伦堡家族的象征——SEB 银行的前身)。安德烈·奥斯卡的做法与众不同,他采取的策略是尽可能多地吸收存款,然后毫不犹豫地将资金投入到股票、债券市场,以便获得较高的资金回报率。斯德哥尔摩私人银行被称作瑞典第一家现代银行。他还将银行吸收的存款投入到当时很超前、很具发展潜力的行业,如造纸业、机电业等,还投资修建从瑞典北部一直到挪威北部那尔维克的铁路。

如果说安德烈·奥斯卡为家族圈了地,那么,他的两个儿子纳特和马库斯在这块土地上建起了大楼。1886 年父亲去世,纳特接任掌门。他接任的时候,父亲投资的许多工厂都是亏损的。苦苦撑了 4 年之后,他感觉非常孤独,决定召回在法律界已小有名气的弟弟马库斯,让他过来帮忙,从此开始了两兄弟共同支撑家业的传统。

马库斯处理的第一件事是重组家族控股的矿用车生产商阿特拉斯公司。马库斯接管的时候,公司总债务 400 万克朗,资产才 100 万克朗,而且亏损额还在以每年 50 万克朗的速度递增。马库斯决定进行资产重组,将该公司以 100 万克朗的价钱直接卖给他们自己开的一家新公司,改名叫新阿特拉斯股份公司,新公司为旧的阿特拉斯接收了近 300 万克朗的债务,盘活了这家企业。

马库斯的另一重大举措是果断换掉了公司总经理,让一位年仅 40 岁的犹太矿

[①] 宋云中:《巨人之舞》,载于《企业管理》2004 年第 8 期。

业工程师取而代之。新的总经理上台之后，马上关掉了两家亏损的分厂，将钱集中投入到斯德哥尔摩分厂，购买新的设备。这家公司后来成为著名跨国企业阿特拉斯·科普柯公司，近百年来一直是世界领先的工具生产商，现在仍是瓦伦堡家庭最重要的企业之一。

救活阿特拉斯以后，瓦伦堡家族拥有的一家铁矿公司也出现了问题，马库斯将该公司卖给了规模大得多的SKF轴承公司，但换回的不是现金，而是SKF的股票。瓦伦堡家族成了SKF的最大股东。马库斯的这些成功经验让瓦伦堡家族的后人受益匪浅。用瓦伦堡家族第四代掌门人彼特·瓦伦堡的话说："不到万不得已，我们不会轻易放弃暂时出现问题的企业。"1927年，马库斯的两个儿子雅各布和小马库斯（多迪）接掌家业。20世纪20年代，1/3的瑞典公司倒闭了，瓦伦堡家族应瑞典政府的要求收购一批亏损企业，雅各布独具慧眼，决定收购一家国有制药企业。那时的价钱很便宜，只要1克朗，但得背债100万克朗。这家公司后来成为瑞典著名的跨国制药公司，1998年与英国赞卡公司合并后跻身全球500家最大企业之列。瓦伦堡家族现在仍是该公司的大股东。这件事是雅各布一生中的得意之笔。

20世纪30年代，控制全球70%火柴市场的瑞典"火柴大王"克努格是瓦伦堡家族的最大竞争对手，他悄悄收购了瓦伦堡家族名下企业的股票，一度成为STORA造纸公司的最大股东，还控股爱立信。在大萧条期间，由于胃口太大，克努格因财务出现巨大漏洞而破产，瓦伦堡趁此良机收购了克努格的大部分股票，使得麾下的企业越来越多，在瑞典乃至北欧成为无人匹敌的家庭财团。

第二次世界大战爆发后，瑞典再次躲过了战火，而且雅各布和多迪担任瑞典贸易代表，分别与德国和英国进行贸易谈判，为家族事业发展进一步提供了契机。瓦伦堡家族发了大财。另外，在"二战"期间，瑞典为了加强国防，鼓励发展军工，支持了瓦伦堡家族的军工企业萨伯（SAAB）公司的崛起。1960年，多迪收购了爱立信。

多迪执掌瓦伦堡家族长达50多年。1982年他去世后，他的小儿子彼特继位，担任家族核心机构（INVESTOR.公司）的董事长，成为第四代掌门。他接手以后，做了几件大事：一是改造传统企业，对下属企业进行了现代化改造；二是1986年使瑞典ASEA与瑞士勃朗·博威力公司合并成立了今天的ABB公司，增强了国际竞争力，使ABB成为全球100家最大企业之一；三是将绅宝轿车公司卖给美国通用汽车公司，人们评论他是在最好的时机卖了这一亏损企业，出手一周之后，绅宝的股票大跌。

1996年彼特退休，由他的侄子马库斯（昵称"赫斯基"）和儿子小雅各布逐渐接手，第五代掌门与他们的前辈一样，继承了财富也继承了责任。

现在，雅各布·瓦伦堡和马库斯·瓦伦堡正面临挑战。过去的两年里，Investor AB的投资组合遭了重灾，问题主要出在两项核心投资——通信巨头爱立信和电力工程公司 ABB 身上。前者深陷于亏损泥潭苦苦挣扎，后者已经面临破产。那些在网络泡沫时期投下的高科技赌注如今也几乎颗粒无收：2002 年，瑞典股市下跌 31%，而瓦伦堡家族的 Investor AB 股价则暴跌了 50%。

旁观者已经开始怀疑瓦伦堡家族第五代掌门人的智慧了。他们风卷残云般买入亏损企业，也许能重演其先辈起死回生的故事，也许只是被拖入继续亏损的无底黑洞。带着斯堪的纳维亚人一贯的低调和谨慎，雅各布对投资者的疑问并没有报以煽动性的答复，他只是说："从长远的角度——从 Investor AB 在过去 3/4 世纪的表现来看，我们没有理由太担心。"

在低迷的市场中扩张

瓦伦堡家族的一贯策略是：利用市场的低迷扩张他们在持股公司中的控制地位。家族生意的创始人安德烈在 19 世纪末留下的忠告——"好生意总是由坏运道做成的"，如今时常为家族的新一代掌门人引用。

瓦伦堡兄弟在过去的几年中继续增持了爱立信和伊莱克斯的股份，并且不断寻找其他欧美的亏损企业股票买入。2003 年 11 月，当因过度扩张、并购后整合失败而导致债务缠身的 ABB 股价跌进谷底，瓦伦堡兄弟执掌的 Investor AB 决定以每股 18 瑞典克朗，总价 11 亿瑞典克朗（约 1.3 亿美元）买进 ABB 全部股份的 5%，使家族在 ABB 中的持股翻番至 10%。

至少目前来看，瓦伦堡家族的法则又在冥冥之中应验了：Investor AB 增持 ABB 股票之后，市场立即有所反应，ABB 的股价在一周内涨至 24 克朗。之后，随着经营有所改善，ABB 的股价一路回升，2003 年以来已经上涨了 70%。而爱立信似乎也在悬崖边上勒住了缰绳，在 2003 年的第三个财季辛苦地结束了长达三年的亏损，转为盈利，股价涨幅也达到 85%。

现在，奉行先辈教诲的瓦伦堡兄弟正在高科技领域进行新一轮投注。新的投资流向了宽带网络电话服务和 3G 业务，以及斯堪的纳维亚国家许多从事生物技术的新兴公司。2000 年 9 月以来，Investor AB 在与和记黄埔合资成立的 Hi 3G 公司（Investor AB 占股 40%）中已经投入了 14 亿瑞典克朗，并计划在 2008 年前继续投资 35 亿克朗。雅各布·瓦伦堡承认，Hi 3G 是一项高风险的投资。"我们的确不知道这项投资会带来什么。冒险是我们每天都在做的事。但就个人而言，我相信 3G。"雅各布对记者说，目前 Hi 3G 在瑞典已经有 10 万用户，包括他本人。他觉得 3G 给他带来许多"愉快的体验"。

"控制一家公司，只要是主要股东就行"

瓦伦堡家族所使用的双重投票权制度由来已久。1905 年，雅各布的曾祖父老马库斯·瓦伦堡向政府倡议，通过允许商业银行购买上市公司股票和发展商业教育来刺激瑞典经济的发展，因为，在他看来，瑞典拥有丰富的资源、优秀的工程师和工人，但是缺乏足够的企业家精神。

1909年，瓦伦堡家族帮助建立了斯德哥尔摩经济学院，并和其他家族成员一起游说政府允许大型商业银行从事投资银行业务。当时瑞典当政的社会民主党政府相信，由大型银行控制企业的资本主义制度，能够使企业朝着有利于投资者和整个社会的方向发展，并为实现民主社会主义理想铺平道路。1911年，瑞典政府通过了这项允许银行介入投资业务的法案。

在20世纪20年代瑞典的经济危机中，瓦伦堡家族拥有的斯德哥尔摩私人银行（SEB）通过大量收购濒临破产的企业，奠定了它在众多瑞典企业中的控制地位。20世纪30年代，随着瑞典经济复苏，政府开始注意到银行出于自身利益对其控制的企业进行干预的可能，于是，社会民主党政府出台了一项新法案，禁止银行直接拥有企业的股票，但允许它们将这些投资转移到其他的以封闭式基金形式组建的控股公司中去。

Investor AB便是在这样的背景中产生的。它接受了原先瓦伦堡家族通过SEB持有的企业股份和控制权，成为银行资本与公司企业之间的缓冲层。而瓦伦堡家族则通过SEB和Investor AB，依然由上至下控制着瑞典众多的大型企业。

国际化竞争日趋激烈是从20世纪60年代开始的，瑞典企业越来越多地感受到通过资本扩充和国际扩张来增强自己国际竞争力的压力。随着新资本的涌入，瓦伦堡家族感受到的则是维护自己在企业中控制权的压力，而政府则出于保护民族企业利益免遭跨国掠夺式并购的考虑，站在了大银行和控股公司这边。

在这样的背景下，Investor AB开始使用双重投票权制度，其他瑞典企业很快纷纷效仿。1950年，使用双重投票权制度的瑞典企业在上市公司中的比重是18%，到了1992年，这一比例已经高达87%。Investor AB本身设置了A、B股的双重股权制度。瓦伦堡家族拥有的A股占Investor AB全部股票的21%，这些股票拥有的投票权则是45%。由于这项制度，Investor AB的股票在股市中常以低于票面价值的价格进行交易，折扣多时达到37%。通过公开上市的控股公司Investor AB，瓦伦堡家族在瑞典和欧洲其他国家的众多大型企业中拥有相当数量的股权及投票权，如在瓦伦堡家族持股的伊莱克斯、SKF和制造重型机械设备的Atlas Copco公司，家族持有的A类股票享受的投票权是B类股票的10倍。而这种制度在爱立信则表现得尤为极端：瓦伦堡持有的A股，每股拥有1 000倍于B股的投票权。因此，尽管瓦伦堡家族仅持有爱立信全部股票的5%，却拥有38%的投票权。

瓦伦堡家族通过双重投票权的股票制度来确保自己对公司拥有稳定的控制权，同时抵制并购。但同时，许多市场分析人士指出，家族企业为了保护自己在公开上市的企业中的控制权，有时候会采取对其他股东不利的策略。一些小股东不满双重投票权制度。

该制度的负面效应也开始引起政府的关注。由于过于强调国家和大银行的控制权，新进企业的创业动力受到了压制。20世纪90年代末期以来，新经济的兴起使瑞典愈发感受到由上至下控制企业的结构过于窒息，反对的呼声也越来越多。

2003年5月，一项由法国提交的针对双重投票权的草案在欧盟委员会的布鲁塞尔会议上被激烈讨论。若通过，瓦伦堡家族将被迫放弃它通过制度安排获得的权力。"这的确是个问题"，雅各布说，"但它的重要性无疑被夸大了。仔细看看真实的数字吧，我们拥有的特殊投票权股票并没有想象中那么多。在Investor AB最重要的几项投资——比如阿斯利康，比如ABB中，我们并没有特殊投票权。"

在雅各布的辩解背后，权力的支点也的确开始移动。2003年10月，爱立信公司宣布将在2004年年底之前将A类股票的投票权从B股的1 000倍降到10倍。

建设一个好的董事会来控制企业

作为家族生意，通过家族控股旗下的企业有许多显而易见的优点：家族继承人会着眼于长远，致力于企业长期可持续发展的战略，推进稳定的产品和经营，并不在意企业短期的市场表现。

瑞典证券市场发育成熟，对企业的评价和约束力很强。作为稳定的长期持股者，瓦伦堡家族通过公开上市的控股公司Investor AB，控制了瑞典的众多大型企业。

Investor AB总共有20多人，主要包括两种人：一种人专门到企业担任董事，每人担任约5家企业的董事；另一种人是专业的分析人员，通过分析企业公开发表的各种数据，与国际同行比较，分析企业竞争力，形成分析报告，供董事决策时参考。每个董事配备两名分析人员。对第一种人的选择主要通过猎头公司，通过猎头公司的长期跟踪调查（有些人甚至被盯了20年），选择合适的人员，作为控股方代表到企业担任董事。

瓦伦堡家族作为控股股东，对企业的控制主要通过董事会，即建设一个好的董事会。一是派出董事代表瓦伦堡家族行使股东权利；二是通过猎头公司选择外部独立董事，主要是其他企业的前CEO、行业专家。如果企业出现大的问题，作为控股股东，立即改组董事会，撤换CEO。在2002年爱立信公司一度陷入危机，瓦伦堡家族作为控股方，改组了公司的董事会，更换了11名外部董事中的10名，并且更换了CEO。

能人之所不能——成为某一领域的专家

瑞典瓦伦堡家族掌门人雅各布·瓦伦堡在接受记者采访时说，瑞典人的经商原则就是要能人之所不能，靠独特而先进的技术成为这一领域的专家。他说："我们的爱立信、ABB电气集团、伊莱克斯电器公司、SKF公司、阿特拉斯·科普柯集团、阿斯利康公司等都在各自领域处于世界领先地位，都有自己的专业特色。"

2003年，作为瑞典龙头企业的爱立信公司迫于亏损的压力减少了3.4%的研发经费，但它仍是瑞典研发经费投入比例最大的企业，全年的研发经费达271亿瑞典克朗，占其营业总额的23%。制药集团阿斯利康公司2003年全年的研发经费达279亿瑞典克朗，比上一年增长3.1%，从而超过爱立信公司成为瑞典研发投入最大的企业。曾经在瑞典皇家空军服役、热爱高山速降滑雪的沃顿MBA雅各布·瓦伦堡每天的清晨时光都花在健身房里。然后从早七点半工作到晚上八点，接下来的时间通常花在商务约会上，一般他会工作到午夜。

雅各布坦然地说："总有人会说，你能有今天只是因为你生在了瓦伦堡家族。他们这么说我已经习惯了。反驳他们的唯一办法，只能是拼命工作，证明我比他们都更优秀。"

雅各布时常会想起祖父多迪·瓦伦堡留下的60条"生意经"，包括小心那些不先尝一口就往食物里加调味料的人；乘飞机时永远不要喝酒；每天刮脸时花几分钟时间看一下备忘录——总有用得着的时候；在那些重要的时刻，你能依靠的永远只有你自己。

第3章

企业财务风险管理概念界定和理论基础

本章在相关文献基础上对企业财务管理、风险、财务风险、财务风险管理等概念进行界定；在简要阐述财务管理、经济学、系统论、控制论、马克思实践方法论、企业预警、工程科学和集成等理论的基础上，具体分析了这些理论基础在企业财务风险管理中的应用，以及对本书写作的指导作用。

3.1 概念界定

本书研究企业财务风险管理。首先，我们在梳理、分析和归纳相关文献的基础上，对本书中的研究概念进行界定。

3.1.1 企业财务管理

企业财务管理是整个企业管理的一个组成部分，它是企业在特定的环境下，根据财经法规制度，按照财务管理的科学原则，组织企业的财务活动，处理财务关系，以价值管理为主要形式的经济管理活动。

1. 企业财务活动

财务活动是以现金收支为主的资金收支活动的总称。企业的财务活动包括以下几方面：

（1）筹资引起的财务活动；
（2）投资引起的财务活动；

（3）运营引起的财务活动；

（4）分配引起的财务活动；

（5）产权管理引起的财务活动；

（6）内部转移价格管理引起的财务活动；

（7）财务管理监控引起的财务活动等。

2. 企业的财务关系

财务关系是指企业在组织财务活动中与企业内外各方关系人的经济关系。企业的筹资、投资、运营、分配等各项活动都体现了企业各方面的经营经济关系。这些财务关系包括以下方面：

（1）企业与外部投资人之间的财务关系；

（2）企业同其债权人之间的财务关系；

（3）企业同其被投资单位之间的财务关系；

（4）企业同其债务人之间的财务关系；

（5）企业内部各成员企业之间的财务关系；

（6）企业与职工之间的财务关系；

（7）企业与税务机关之间的财务关系；

（8）企业母公司与子公司等成员企业以及成员企业相互之间的财务关系。

3.1.2 风险

对风险的理解，国内外学术界迄今尚无统一的认识。代表性的观点主要有以下七种。

观点1：根据《韦氏新国际大辞典》（第三版）的解释，风险（risk）有两层含义：其一，易变化的特性或状态，缺乏肯定性，即不确定性（uncertainty）；其二，具有无常的、含糊的或未知性质的事物。

观点2：《辞海》（上海辞书出版社1989年版）对风险的解释，人们在生产建设和日常生活中遭遇可能导致人身伤亡、财产受损及其他经济损失的自然灾害、意外事故和其他不测事件的可能性。

观点3：小阿瑟·威廉姆斯、理查德·M. 汉斯[①]将风险定义为，在给定情况下和特定时间内，那些可能发生的结果间的差异。这种差异越大，风险就越大。

观点4：风险指特定客观情况下，特定期间内，某一结果（outcome）发生之

---

① Willims, C. Arther and Heins, Rechard M., *Risk Management and Insurance* (*Six th Edition*), Mcgraw-Hill Book Company, (1989).

可能差异程度而言，亦即指实际结果与预期结果之变动程度而言，变动程度越大，风险却越大；反之，则越小。

观点 5：风险是指某一不利事件将会发生的概率。[①]

观点 6：风险是引起损失的不确定性。

观点 7：风险是指人们在事先能够肯定采取某种行动所有可能的后果，以及每种后果出现的可能性的状况。

不同的看法，都基于不同的理解[②]、在不同程度上对风险的含义作了阐述。其共性在于它们都将风险与事件的结果及其发生的可能性[③]联系起来。

笔者通过分析认为：

（1）风险是由于未来事项的不确定性导致一个组织或机构发生不利事件，并使其遭受损失的可能性。

（2）风险特征是风险本质及其发生规律的表现。风险一般具有以下特征：

第一，不确定性。客观条件的不断变化以及人们对未来环境认识的不充分性，导致人们对未来事件结果不能完全确定。风险是各种不确定因素的伴随物。不确定性决定了风险的特定出现只是一种可能，这种可能要变为现实还有赖于相关条件。

第二，概率可预测性。风险是由各种不确定性因素综合作用的结果，但人们可以通过经验和历史数据的分析来判断不确定性发生的概率。概率可预测性为风险控制提供了量化的依据。

第三，决策相关性。风险的发生是与行为决策密切相关的，不同的决策导致不同的策略行为和管理手段，从而导致不同的风险结果。

3.1.3　财务风险

企业的财务管理是一种微观经济活动，它是在一定环境下进行的。由于经济环境的可变性，公司财务管理几乎都是在某种程度的不确定状态下进行的。从财务角度看，各种风险因素最终都会集中地体现到财务上来，从而使公司财务管理的方方面面呈现出可变性或不稳定性（反映到主观上即不确定性）。关于风险的定义，理论界有两种观点。

[①] Brigham, Eugene F. and Gapenski, Louis C., *Intermediate Financial Management* (*Second Edition*), The Dryden Press, (1987)。这种观点在美国财务管理界也比较流行。

[②] 其分歧主要有三个焦点。第一，在风险与不确定性的关系上，观点 3、观点 4 认为二者含义不同；观点 1、观点 6、观点 7 认为二者有相同的含义。第二，风险与损失或不利因素的关系。第三，风险的属性，是一种状态还是一种结果，抑或是一种可能性。

[③] 与风险相联系的另一个概念是不确定性。不确定性是指人们在事先只知道采取某种行动所有可能的后果，但不知道它们出现的可能性，或者两者均不知道，而只能对两者作些粗略估计的状况。

1. 狭义的财务风险

狭义的财务风险纯粹是由于使用财务杠杆造成的。西方财务教科书通常将公司财务管理的财务风险划分为两部分：财务风险和经营风险。财务风险是由于使用负债融资而带来的风险，经营风险是由于使用经营杠杆导致的公司息前税前收益的变动。

关于财务风险和经营风险的定义与界定都是就公司财务管理的营运环境因素及财务结构本身的可变性与不确定性所引起的公司财务状况（如偿债能力）和财务活动结果（如股东收益、EBIT）的可变性和不稳定性而言的。

2. 广义的财务风险

广义的财务风险是企业由于受经营环境及各种难以预计或无法控制的因素影响，在一定时期内实际的财务收益与预期财务收益发生偏离，从而蒙受损失的可能性。它是从企业财务管理活动全过程、从财务管理的整体观念透视财务本质来界定的。广义的财务风险贯穿于企业各个财务环节，是各种风险因素在财务上的集中体现。

本书认为：财务风险是企业在财务管理活动过程中，由于各种难以预料或控制的因素的存在，使其实际结果和预期结果发生背离，进而产生损失的可能性。企业的财务风险可以分为内部风险和外部风险，具体包括：融资风险、投资风险、收益分配风险、税务筹划风险、市场风险、信用风险、利率风险和汇率风险等。

3.1.4　财务风险管理

风险管理①（risk management）开始得到系统的关注与研究始于20世纪60年代。最早对风险管理做出较为确切定义的学者是美国人威廉姆斯和汉斯，他们在1964年合著的《风险管理与保险》（*Risk Management and Insurance*）中指出："风险管理是通过对风险的识别、衡量和控制而以最小的成本使风险所致损失达到最低程度的管理方法。"② 克里斯蒂（James C. Cristy, 1975）认为，风险管理是企业或组织为控制偶然损失的风险，以保全获利能力和资产所做的一切努力。进入20世纪80年代，班尼斯特（Bannister J. E.）和鲍卡特（Bawcutt P. A.）在他们的著作《实践风险管理》（*Practical Risk Management*）（1981）中将风险管理定义为：应对威胁企业资产和收益的风险进行识别、测定和经济的控制。该定义强调对威胁企业

---

① 卓志：《风险管理理论研究》，中国金融出版社2006年版，第22～24页。
② 何文炯：《风险管理》，中国财政经济出版社2005年版，第16～17页。

"资产和收益"的风险的管理。普雷切特（S. Travls Pritchett，1962）认为风险管理是一个组织或个人用以降低风险的负面影响的决策过程。而特里斯曼（James S. Trieschmann，2002）、古斯特夫森（Sandra G. Gus tavson，2002）和霍伊特（Robert E. Hoyt，2002）等人强调风险管理是用来系统管理纯粹风险暴露的过程。同样将风险管理强调为过程的学者还有康斯坦斯·M·卢瑟亚特（Constance M. Luthardt，2003）和巴里·D·史密斯（Barry D. Smith，2003），他们认为风险管理是指制定并执行处理损失风险决策的过程。它包括识别损失风险，以及随后使用各种技术消除、控制、转移那些风险或为那些风险融资。

进入20世纪90年代以来，面对风险的发展与变化，不少学者从新的高度、更加整体化的层面关注与发展风险管理及其思想。1998年，美国当代风险管理与保险学权威之一斯凯柏（Skipper，1999）教授，在《国际风险与保险》（*International Risk and Insurance*）中阐述：风险管理是指各个经济单位通过对风险的识别、估测、评价和处理，以最小的成本获得最大安全保障的一种管理活动。他在书中指出，传统的风险管理主要涉及那些只有损失而没有获利可能性的情况，而现代的风险管理则针对企业的所有风险进行整体性管理，这种方法包括所有可能存在的结果，既有损失机会，又有获利可能。

在中国，现代风险管理是20世纪60年代后期传到我国台湾地区的，而传入内地则是改革开放以后的事情了。中国台湾地区著名的风险管理学者宋明哲（2009）将风险管理定义为：为了建构风险与回应风险所采用的各类监控方法与过程的统称。该定义适用于财务性风险管理或危害性风险管理领域。中国内地学者刘金章、王晓炜等人认为风险管理是经济单位、个人及社会识别、衡量、处置、避免、转移风险的组织管理过程。魏迎宁（2003）主编的《简明保险辞典》中指出，风险管理是指各经济单位通过风险识别、风险估测、风险评价，并在此基础上优化组合各种风险管理技术，对风险实施有效的控制、妥善处理风险所致损失的后果，期望达到以最小的成本获得最大安全保障的目标。陈秉正（2002）认为：风险管理是通过对风险进行识别、衡量和控制，以最小的成本使风险损失达到最低的管理活动。可见，中国内地学者侧重于对风险进行整体性管理。

笔者认为企业财务风险管理是一个复杂的系统，本书基于系统理论的思想，运用马克思实践方法论，借鉴COSO《企业风险管理——整体框架》的成果，构建了三层五要素的企业财务风险管理框架[1]。通过实施框架，防范、减少财务风险损失，合理保证财务风险管理目标。

---

[1] 详见第4章。

3.2 企业财务风险管理的理论基础

3.2.1 现代企业财务理论风险管理的基本思想

20世纪50年代以来,以马柯维茨（Harry M. Markowitz）的资产组合理论为代表的现代企业投资理论和以米勒—莫迪利亚尼（merton miller-france modigliani）的MM定理为代表的现代企业融资理论的出现,为现代企业财务理论的发展奠立了坚实基础。之后,经过几十年的发展和完善,逐步建立了一套完整的理论体系,主要包括：现代资产组合理论、资本资产定价模型（capital asset pricing model, CAPM）和资本结构理论。这三大理论共同构成了现代企业投资与融资决策的最重要依据。

现代资产组合理论、资本资产定价理论和资本结构理论"都是实证性质的理论"[1]。这些理论以不确定性分析为基础,以不确定性条件下企业价值最大化为目标函数,通过运用一般市场均衡分析的技术手段,建立企业投资和融资行为中风险—收益、风险—价格、风险—价值的量化关系,从而揭示企业资金使用与资金来源两个方面的风险管理策略。三大理论财务风险管理的基本思想是：

1. 现代资产组合理论提出资产有效组合是分散财务风险的有效途径

传统的投资理论认为,具有较大风险的资产,即收益的高度不确定性,必然要求对应于高风险的高回报。现代资产组合理论表明,资产风险的决定性因素不是单项独立资产的风险,而是各项资产对整个证券组合所构成的风险。[2] 任何投资决策和对风险收益的衡量[3]应该从资产组合而不是单一资产的角度出发；任何一个资产组合,只要其资产收益的相关性不强（即相关系数 ρ 小于1）,便能通过多元化效应起到分散风险的作用。该理论提出了通过对各种资产（包括风险资产和无风险资产）风险——回报特征的分析来进行资产组合选择的途径：投资者的风险偏好可以由无风险资产和最优风险资产组合的搭配比例来满足,最优风险资产组合则可以通过有效边界及资本配置线的切点来确定。这一资产选择的过程实质上就是一个在不确定性条件下的风险资产管理过程,其管理风险的方法是运用资产多样化原理,通过投资多样化将风险在保证一定收益的前提下降到最低,同时使风险偏好不

---

[1] 陈小悦：《对会计实证研究方法的认识》,载于《会计研究》1997年第7期。
[2] 瑞典皇家科学院阿萨·林德贝克教授在《为了他们在金融经济学理论方面的开创性工作》演说中的评论。
[3] 资产组合理论从企业（个人）投资角度出发,建立了以均值——方差（标准差）来衡量风险大小的标准,这一将数理统计引入风险分析过程中的方法,使得风险管理有了量化。

同的投资者在投资效用上得到最大的满足。该理论还指出，假定投资者要回避风险，仅仅以价值低估为标准建立的证券组合就不一定能达到分散风险的效果；建立投资组合的原则应该是在投资者预期效用最大化的条件下，确定该组合预期收益的方差与风险的比值。

2. 资本资产定价理论建立的风险收益定量关系是风险资产定价的基础

资产组合理论将单个资产的风险属性纳入整个资产组合中加以认识，并用相关系数 ρ 作为判断风险特点的初步标准。然而，当资产以不同的方式组合时，单个资产的风险衡量就无法统一。CAPM 和 APT（arbitrage pricing model）作为建立在资产组合理论基础上的资产定价理论，找到了一个反映资产风险水平的基本指标：β 系数[1]，即资产收益与市场收益协方差的标准化值。CAPM 认为，风险可以划分为系统性风险和非系统性风险，非系统性风险可以通过分散投资来消除；任何资产的不可分散化风险都可以用 β 描述，β 系数反映了资产对于市场组合风险作用的大小；投资的风险补偿与该资产的 β 系数和市场组合的风险回报成正比例关系，资产或组合的预期收益率等于无风险利率加风险升水，风险升水等于风险数量与风险市场价格的乘积。可见，CAPM 将系统性风险作为唯一的定价对象，并将风险与预期收益联系起来，反映了收益与风险成正比的基本投资规律。不过，CAPM 是在许多严格的假设条件下得出的。为了避开 CAPM 模型许多严格的假设并适宜更宽松的条件，APT 则运用多因素模型和套利活动驱使市场走向均衡的原理，得出了与 CAPM 相似的均衡资产市场的定价模型。该模型同样以 β 系数作为衡量资产风险水平的基本指标，但 β 不再是资产收益与市场收益协方差的标准化值，而是资产收益对某种因素变动的反映。该模型将 CAPM 的资产风险因素由单一因素扩展到多因素，并用因素变动来预期收益变动影响。[2]

在 CAPM 和 APT 以预期收益为基准对风险资产的实体价值进行定价的基础上，OPT（option pricing theory）则以资产的现时价格为依据，从套利原理出发，提出了对期权合约（证券买卖权）和其他许多具有期权性质的金融产品[3]进行定价的途

---

[1] CAPM 已成为现代金融市场价格理论的支柱，而 β 系数则成为金融市场和投资决策分析的标准。

[2] CAPM、APT 都是以收益变动作为定价的基础，针对资产的系统性风险，揭示风险资产收益与市场收益或其他资产收益之间的相互关系，建立起在不确定性条件下风险资产定价的理论标准。由于 CAPM、APT 提供了一种决定预期收益的理论，因而它建立了一种资产的现时价格与该资产预期的未来收益的定量关系。而与 CAPM 相比，APT 具有更能准确度量期望收益或者资产风险收益的能力。

[3] 作为现代创新金融工具的期权，一方面为金融风险管理带来了新的有力工具；另一方面也成为金融风险管理和控制的重要对象。期权的风险不仅在于资产流动是否发生，而且在于发生的时间以及资产的数量不确定，与即期风险和远期风险相比，期权的不确定性更强，报酬结构的非线性特征更明显，因而使得人们控制与把握风险的难度也更大。OPT 第一次量化了期权风险与价格的关系，使得投资者对运用期权对冲风险的成本有了方便合理的估价，从而建立了风险控制的基准，并对其风险属性有了更全面的认识和把握。

径。在确定风险成本的过程中，BOPM 模型和 Black-Scholes 模型分别给出了确定一个合理的对冲比率的定量关系。对冲比率的确定过程实质上就是一个风险管理的过程。投资者利用对冲风险的性质和对冲比率，通过各种复杂的复合技术设计出各种不同的金融工具与资产组合，使其未来的偿付（pay-off）在规模、时间和风险，甚至纳税等方面的模式（Pattern）能充分地满足投资者独有的偏好，从而使现代风险管理相对于传统的多样化降低风险的方法有了很大的发展，成为能为投资者量身定做的风险管理工具[①]（陈忠阳，2001）。

3. 资本结构理论表明企业价值最大化是由最优资本结构决定的[②]

资本结构理论的基本论题始终围绕着两个方面：一是假设企业以市场价值最大化为目标，债务和股权两种融资工具是否可以替代；二是如果不能替代，应该如何确定两者之间的最优比例关系。米勒和莫迪利亚尼开创性的贡献就在于他们在一系列的假设条件下，运用新古典经济学一般市场均衡的分析方法回答了第一个问题，认为企业市场价值最大化在满足诸多条件时与融资工具的选择无关。而之后的几十年，人们以放宽米勒和莫迪利亚尼（1958）的严格假设为前提进行了与其结论相反的探讨，从强调负债的避税效应到与破产成本权衡，建立了决定债务与股权比例的不同标准，从而从税收、破产成本等不同角度回答了第二个问题。而从企业的投资政策、融资决策方面看，资本结构理论实质上揭示了在假设企业未来净现金流量不变的条件下，净收益在股东和债权人之间的不同分配给企业价值带来的影响，或者说是在以企业价值最大化为目标函数的前提下，如何通过资金来源配置实现风险的有效防范。

从总体上看，资本结构理论可以归纳为两条定理：处理资本结构和市场价值的关系；理清企业红利政策与市场价值的关系。这两条定理表明，当股东自己能够利用资本市场进行风险—收益组合时，企业没有必要让自己的决策迎合不同股东的风险评价，企业只要使资本价值最大化就能最好地保护股东的利益。[③] 当企业以资本价值最大化作为自己的目标时，增加债务融资是最好的途径：一方面，因为负债的要求报酬率较低，资金来源的成本低；另一方面，因为负债具有抵税增值功能。但由于财务拮据成本的作用和影响，负债利息费用的增加加大了企业丧失偿债能力的

[①] OPT 不仅为直接的期权合约提供了定价的方法，也为许多具有期权性质的其他金融产品价值和风险的衡量提供了重要的参考。例如，认股权证、可转换债券、抵押贷款等，都隐含有期权的性质，因而有时被称为隐含期权（embedded option）。如果运用期权定价模型，可以对这些金融产品的价值进行更准确的衡量。因此，无论从理论上还是实践中，OPT 都极大地推动了衍生金融工具市场和现代金融风险管理的发展。

[②] 现代金融投资理论从风险与收益、风险与价格的关系中讨论了在既定风险偏好条件下企业或个人的最优投资行为。资本结构理论则以资产组合理论为前提，讨论了如何通过融资工具的运用实现企业市场价值最大化，并在对最优融资工具运用的讨论中揭示了风险防范策略和债务杠杆极限。

[③] 参见阿萨·林德贝克《新左派政治经济学》（张自庄、赵人伟译），商务印书馆 1981 年版。

可能性，因而过度负债势必加大企业的财务风险。为了防范企业的财务风险，企业必须将负债限定在一个合适的界限内，通过负债避税利益与破产成本的权衡确定最优财务杠杆，以保证价值最大化条件下的风险最小化。所以，资本结构理论从资金来源的角度讨论了企业价值最大化条件下的风险最小化组合，它是企业财务风险管理十分重要的理论，三大企业财务理论都适用于企业财务风险管理。

3.2.2 经济学理论

1. 委托代理理论

委托代理理论[①]是由威尔森（Wilson，1969）、罗斯（Ross，1973）、霍姆斯特姆（Holmstrom，1979）以及格罗斯曼和哈特（Grossman and Hart，1983）等人开创的，其应用模型分析主要解决委托代理关系中的信息不对称问题。

委托代理关系，是委托人为了实现其最佳利益，委托代理人通过一定的活动来完成这一期望利益。在委托代理关系下，委托人和代理人之间的利益并非完全一致，他们之间有着不同的效用函数。由于他们都是理性人，都努力使自己的效用达到最大化，当代理人与委托人的目标不一致时，代理人会采取对自己最有利的行动。因为代理人的行动直接对委托人的利益产生影响，即对于委托人而言，代理人的行为具有外部性。所以，在这种情形下，代理人的行为就可能对委托人造成损害，从而导致代理问题的产生。

在委托代理关系中，如果委托人与代理人之间仅存在目标不一致，而委托人能够观察代理人的所有行动和自然状态本身时，委托人则可以通过观察到的情况对代理人进行惩罚或激励，使代理人在其行为背离委托人时得到的利益小于因此受到惩罚所带来的损失，以此避免这种背离发生。但事实上，在委托代理关系中存在着信息的不对称，即代理人拥有私人信息，而委托人不拥有私人信息。委托人只能观察到代理人工作结果及行为的一部分，并根据所观察到的情况设计激励约束合同。但结果本身除受代理人行为的影响外，还受外生变量的影响，这就使代理人行为背离委托人的利益成为可能。

2. 信息不对称理论

以赫伯特·西蒙和肯尼思·阿罗为代表的一批欧美经济学家在20世纪60年代

---

① 代理理论就是研究代理关系和解决代理冲突的理论，它对现代企业财务理论的发展具有重要的参考价值。用代理理论一方面可以正确处理股东、债权人与经理之间以及公司内部之间的代理关系，建立适当的公司治理机制；另一方面可以解决企业资本结构的选择和风险偏好问题。委托代理理论从不同于传统微观经济学的角度分析企业内部、企业之间的委托代理关系，它在解释组织现象时，优于一般的微观经济学。

率先对"充分信息假定"提出质疑,指出不确定性是经济行为的基本特征之一,抉择策略和行为后果并不存在一一对应的关系。70年代以来,乔治·斯蒂格勒、威廉·维克里、詹姆斯·米尔利斯等人对这一问题做了进一步研究,形成了不对称信息经济学产生和发展的基础。20世纪70年代兴起的微观信息经济学主要研究在不确定、不对称信息条件下如何寻求一种契约和制度安排来规范当事者双方的经济行为,又称为信息理论或契约理论。此时,非对称信息理论的一些主要概念也开始被引入财务学界,形成了以信息不对称理论为中心的新资本结构理论以及巴塔恰亚(1979)和米勒与洛克(1985)的股利的信号假说。

信息不对称理论对西方财务理论的发展产生了重要影响。一方面,在公司财务理论的研究中,考虑了在不对称信息情况下,如何建立和运用激励和监督机制、信号传递机制的问题;另一方面,借鉴不对称信息的分析方法,财务学者从代理理论与信号理论两个角度加深了对有效资本市场理论、资本结构理论和股利理论等问题的研究。

信息不对称产生逆向选择和背德问题。逆向选择是指在信息不对称条件下,交易中的信息弱势方在不知情的情况下做出了不利于自己的选择。其直接后果就是信息弱势方只有退出交易才是最优的选择。因此,逆向选择也称为"不利选择"。最著名的逆向选择模型[①]是1970年阿克洛夫(Akerlof)在经济学季刊上发表的开创性文章——《次品市场:质量、不确定性和市场机制》(*The Market for "lemons": Quality Uncertainty and the Market Mechanism*)中提出的。

3. 委托代理理论和信息不对称理论在企业财务风险管理中的应用

在配置和运用资源过程中,企业内部由于两权分离和分层管理形成了多层的委托代理关系,由于人的私利性很容易造成代理人背叛委托人,这种背叛主要表现在侵吞委托人的财物、对委托人进行信息欺诈以及违背委托人所确定的各种行为规则。当代理人进行这些行为时,会导致使委托人遭受损失、难以为继,甚至破产的财务风险。所以对代理人的这些行为进行控制,这就是进行风险管理。在配置和运用资源的过程中,企业由于分工分权管理形成了多个决策与执行主体,这些决策与

[①] 假设某商品有两种质量:优质品和劣质品。它们各占比例为 λ 和 $1-\lambda$。买方在购买时无法判断商品的质量,不老实的卖方却想以次充好。每个买方对两种质量的商品都有共同的估价为:W^L 和 W^H;每个卖方对两种质量的商品也都有共同的估价:V^L 和 V^H。当然有:$V^L < W^L$、$V^L < V^H$。如果市场很规范,两种商品分别在两个市场各有各的标价,那么只要 $V^L < W^L$、$V^H < W^H$,劣质品定价在 V^L 和 W^L 之间,优质品定价在 V^H 和 W^H 之间,买卖双方就能很快成交,各得其所。如果市场很不规范,两种商品被混为一谈,而市场中对该类商品只能有一个定价,那么买方对该类商品的合理定价将为两种商品的平均值:$\lambda W^L + (1-\lambda) W^H$。这时,劣质商品持有者一般会因为有 $V^L <$ 平均值,较容易地把劣质商品卖了高价;而优质商品持有者很可能会遇到 $V^H >$ 平均值的情况,这时他们就会退出市场,结果市场上会逐渐只留下卖高价的劣质商品。这就是所谓的"逆向选择"。

执行主体是否能真正做到科学决策、有效执行，必然直接影响企业的战略选择和经营效率，从而直接影响企业的收益。从理论和实践的角度看，由于人的有限理性以及事物的复杂性，使得决策难以完全科学，执行难以完全充分有效，这必然导致企业经营和财务风险的发生，及致企业陷于破产。既然在企业中存在背德和非理性两种风险，所以企业必须对这两种风险进行有效的控制。从理论上说，只有把风险降至零的状态才是最理想的，但是任何风险控制都将发生成本，且并非任何因风险控制而发生的成本都是有效的，这就使得企业必须在风险控制成本与风险控制效益之间做出权衡，权衡的结果是当风险控制成本高于风险控制效益时，企业就会选择回避风险（回避风险也就是不作为，不作为也就无收益，无收益也就无成本），或者允许一定程度的风险发生（这是风险承受度形成的理论基础）。[1]

3.2.3 系统论原理

1. 系统论的主要内容

一般系统论是美籍奥地利学者贝塔朗菲为代表的科学家20世纪40年代创立的。[2] 系统论是研究系统的模式、性能、行为和规律的一门科学，它为人们认识各种系统的组成、结构、性能、行为和发展规律提供了一般方法论的指导。

系统论的核心理念是：（1）系统论强调元素间的相互联系、相互作用及系统的整体性，也就是说系统不是诸多部分无组织的拼合物，而是由各部分组织而成的统一的整体；（2）系统是由元素集和关系集决定的，元素间的相互关系与元素本身一样重要，不可忽略；（3）系统内不存在独立于相互关系的孤立部分（或孤立元）。

系统论给人们提供了一种科学的思维方法，即系统思维方法。系统思维，就是把研究对象作为一个系统整体进行思考、研究。它同传统的思维方法有很大区别，其特征主要表现为系统思维的多维性、目的性、相关性和优化性。

2. 企业财务风险管理中的系统思维

系统论的思想和方法是企业财务风险管理的主要理论思想和方法，表现在：

（1）整体性原则。整体性是指系统所体现出来的完整性，即系统是由各组成元素相互联系、相互作用所形成的一个有机整体，系统的各组成元素是不可缺少、不可分割的，否则就不能构成一个完整的系统。整体性原则要求在企业财务风险管理过程中，要从整体出发，建立企业财务风险管理框架。框架中的管理要素不可缺少、不可分割，有机构成一个系统，该系统具有最大的整体功能，提高企业财务风

---

[1] 谢志华：《内部控制、公司治理、风险管理：关系与整合》，载于《会计研究》2007年第10期。
[2] 参见（奥）L. 贝塔朗菲：《一般系统论》（秋同等译），社会科学出版社1987年版。

险管理的效益和效率。

（2）目的性原则。目的性是指任何系统的存在都是有目的的，即通过系统功能的发挥而实现某种目的，而系统功能的发挥又与系统的组成及结构有很大关系。企业财务风险管理框架是一个系统，也要完成控制目标。首先，我们从企业的环境分析出发，利用 SWOT 法分析企业的机会和威胁、优势和劣势，然后制定企业的战略选择，制定战略目标。在战略目标统驭下，考虑企业使命和风险承受度，确定企业财务风险管理的目标。然后以目标为导向，制订实现目标设计和实施方案，形成实现目标的决心与行为。

（3）整体优化原则。整体优化是指系统的整体性能是否最优会受到系统组成元素及元素间关系变化的影响，若想发挥系统的最优性能，就需根据环境的变化不断调整系统组成元素及元素间的关系，从而达到优化系统整体性能的目的。系统的整体优化原则要求在企业财务风险管理过程中，我们能够根据企业财务风险管理的环境改变框架的管理要素或内容，以保证企业财务风险管理的效率和效果，实现企业价值最大化。

3.2.4 马克思实践方法论

马克思主义的实践方法论认为，实践是人们有目的地改造客观世界的物质活动。实践主体和实践客体的关系对实践的性质与结果有着举足轻重的影响，深入研究这种关系，可以促进理论和实务的发展。

王世定（1997）认为，会计是一种实践活动，会计主体和客体是由它们在会计实践中的地位与作用决定的。一般而言，作为会计实践主体的人是能动的、主导的方面，主体通过自己的活动决定主客体相互作用的性质。但这种能动性不是随意的，它还受到客体的制约和限制。不理解客体的一般性和特殊性，也就无法做好会计工作。[①] 会计实践的客体：对社会再生产过程不应仅理解为物质或价值的运动过程，其中还包括人的因素，如投资者、债权人、经营者、生产者等。在会计实践中，这部分人也是实践的客体，同样受到主体的影响和控制。换句话说，会计不仅影响和控制社会再生产的物质方面，它还影响和控制处于社会再生产各阶段中人的思想与行为，使它们进一步对再生产过程施加影响。[②]

基于马克思的实践方法论，借鉴会计主体和客体关系，本书认为，企业财务风险管理作为一种管理实践活动，其主体是有意识、有创造性的人，这些人处在股东大会、董事会、监事会、经理层、部门和具体的岗位中，在财务风险控制中由于职

[①] 王世定：《我的会计观——关于会计理论的探索》，人民出版社 1996 年版，第 13 页。
[②] 同上，第 12 页。

权与责任不同承担不同的管理责任,是财务风险管理的责任主体。责任主体是企业财务风险管理框架中不可或缺的管理要素。同时,把产生财务风险的人和人的活动作为企业财务风险管理的客体。

3.2.5 控制论原理

1. 控制论的基本内容

维纳把控制定义为:"关于在动物和机器中控制和通信的科学",并把它作为《控制论》这本书的副标题。① 我们归纳控制论的基本原理有:(1)控制反馈原理和反馈方法;(2)可能性空间和可控原理;(3)目的、行为相似性原理和功能模拟;(4)输入、输出原理和黑箱方法。

2. 控制论在企业财务风险管理中的应用

系统控制反馈原理和反馈方法在企业财务风险管理中的应用主要体现在:

(1)项目实施中的反馈机制:在企业财务风险管理过程中,需要建立反馈机制以便及时对该过程中出现的问题和情况进行调整。

(2)系统实施中的监控调整:我们还需要建立有效的监控调整机制来确保系统实施中需求变更的有效执行。

(3)企业财务风险管理系统的设计:企业财务风险管理系统可以把财务风险管理流程和控制规则嵌入到系统中,按照规则对收集或处理的信息做出反馈,以达到控制的目的。

3.2.6 不对称信息与博弈论

1. 不对称信息与博弈论

根据不对称信息理论,信息不对称性表现为:不对称发生的时间和不对称信息的内容。从不对称发生的时间上看:不对称性可能发生在当事人签约之前,称为事前不对称;也可能发生在当事人签约之后,称为事后不对称。事前不对称导致逆向选择行为;事后不对称导致道德风险。从不对称发生的内容上看:不对称性可能是指某些参与人的行动,也可能是指某些参与人的知识。行动不对称表现为隐藏行动;知识不对称表现为隐瞒知识和信息。当要针对这些不对称性采取相应的对策时,就形成了实际过程中的博弈行为。所以,从本质上讲,信息经济学是不对称信

---

① 刘纯:《控制论的意义及其在美、苏和中国的传播》,载于《科学文化评论》2008年第3期。

息博弈论在经济学上的应用（张维迎，2002）。

博弈论[1]（game theory），又名对策论，是研究两个（或以上）决策主体的存在相互影响和相互作用的决策行为以及这种决策的均衡问题。概括地讲，博弈论问题通常包含三个基本要素：参与人、战略空间和支付函数（pay off function）。

（1）参与人，即为决策主体，是由两个（或以上）自然人（或团体）组成，其目的是通过选择某种策略使自己获得的支付效用最大化。

（2）战略空间，是参与人各种可选策略所构成的集合，它规定了参与人如何对其他人的行动做出反应，因而代表着参与者的"相机行动方案"（contingent action plan）。在实际分析中，战略空间的确定不仅要考虑参与人实际的可选战略，还要考虑博弈分析的方便与否。

（3）支付函数，是指每个参与人在各种策略组合情况下所能得到的收益或所受到的损失，它不仅取决于自己的策略选择，而且取决于所有其他参与人的策略选择。

这三个基本要素共同构成了博弈规则最根本的内容。

博弈行为根据有无约束力的条款、参与人行为的先后顺序及信息的充分程度可以划分为不同类型：合作博弈和非合作博弈、静态博弈和动态博弈、完全信息博弈和不完全信息博弈。在非合作博弈[2]的前提下，如果将信息和行为先后顺序结合起来，可以得到四种不同类型的博弈：完全信息静态博弈、完全信息动态博弈、不完全信息静态博弈和不完全信息动态博弈。其对应的不同均衡概念如表3.1所示。

表3.1　　　　　　　博弈的类型及对应的均衡概念[2]

行动顺序 信息	静态	动态
完全信息	完全信息静态博弈： 纳什均衡（纳什，1950~1951）	完全信息动态博弈： 子博弈精炼纳什均衡（泽尔滕，1965）
不完全信息	不完全信息静态博弈： 贝叶斯纳什均衡（海萨尼，1967~1968）	不完全信息动态博弈： 精炼贝叶斯纳什均衡（泽尔滕，1965；Kreps-Wilson，1982；Fudenberg-Tirole，1991）

资料来源：张维迎，《博弈论与信息经济学》，上海三联出版社2002年版，第7页。

---

[1]　一般认为，博弈论起始于1944年冯·诺伊曼（Von Neumann）和摩根斯坦（Morgenstern）的合著《经济行为和博弈论》。不过，当时的博弈论仅以合作博弈为核心。直到20世纪50年代纳什（Nash，1950）提出的纳什均衡（nash equilibrium）解决了非合作博弈的一般求解问题时，博弈论才成为一门真正的科学。20世纪60年代后，泽尔滕（Selten，1965）又将动态分析、海萨尼（Harsanyi，1967）将不完全信息分别引入博弈研究中，从而进一步完善了博弈论的理论框架。

[2]　在现实世界中，由于合作博弈更多强调的是团体理性和公平效率，因此其应用受到局限；而非合作博弈可以从个体理性出发，在一个较大的战略空间中，以个体利益最大化为目标进行自由选择，因此其应用具有更广阔的前景。

四种不同类型博弈根本的应用价值在于求解它的均衡解。纳什均衡①是一个关于完全信息静态博弈的均衡解。完全信息动态博弈、不完全信息静态博弈和不完全信息动态博弈的均衡解,都是在纳什均衡分析基础之上进行的。

纳什均衡是经过反复剔除严格劣战略后仅剩的战略组合来得到均衡解②。然而,现实中存在的问题是,通过重复剔除严格劣战略并不经常会只剩下唯一的战略组合,而是"至少存在一个纳什均衡"(纳什,1950),还可能包含着不可置信威胁战略的纳什均衡。为了剔除可能包含的不可置信威胁战略的纳什均衡,泽尔滕(1965)提出了四种均衡中最为严格的精炼贝叶斯纳什均衡③,以进一步强化存在不完全信息和动态过程的纳什均衡,从而给出不完全信息动态博弈结果的一个合理预测(张维迎,2002)。

从纳什均衡到精炼贝叶斯纳什均衡,完成了一个从完全信息静态博弈到不完全信息动态博弈求解过程的升级。这一过程从简单到复杂,从静态到动态,通过不断引入更为严格的限制条件强化原有的均衡概念以获得更为现实的预测结果,从而实现存在决策互动条件下的决策最优。

2. 集团企业财务风险控制的博弈特征

博弈论是关于决策行为的理论,是指存在着另一个(或以上)决策主体影响

---

① 纳什均衡:在 n 个参与人的标准式博弈 $G = \{S_1, \cdots, S_n; u_1, \cdots, u_n\}$ 中,如果战略组合 $\{s_1^*, \cdots, s_n^*\}$ 满足对每一个参与人 i,s_i^* 是(至少不劣于)他针对其他 $n-1$ 个参与人所选战略 $\{s_1^*, \cdots, s_{i-1}^*, s_{i+1}^*, \cdots, s_n^*\}$ 的最优反应战略,则称战略组合 $\{s_1^*, \cdots, s_n^*\}$ 是该博弈的一个纳什均衡。即:$u_j\{s_1^*, \cdots, s_{i-1}^*, s_i^*, s_{i+1}^*, \cdots, s_n^*\} \geq u_i\{s_1^*, \cdots, s_{i-1}^*, s_i', s_{i+1}^*, \cdots, s_n^*\}$。

对所有 S_i 中的 s_i 都成立,亦即 s_i^* 是以下最优化问题的解:

$Max u_i\{s_1^*, \cdots, s_{i-1}^*, s_i^*, s_{i+1}^*, \cdots, s_n^*\}$

② 这一结果可以概括为:如果用重复剔除严格劣战略的方法把除战略 $\{s_1^*, \cdots, s_n^*\}$ 外所有的战略组合都剔除掉,则该所存战略组合就是此博弈唯一的纳什均衡。

③ 精炼贝叶斯纳什均衡是贝叶斯均衡、子博弈精炼纳什均衡和贝叶斯推断的结合,它要求:(1)在每一个信息集上,决策者必须有一个定义在属于该信息集的所有决策结上的概率分布(信念);(2)给定该信息集上的概率分布和其他参与人的后续战略,参与人的行动必须是最优的;(3)每一个参与人根据贝叶斯法则和均衡战略修正后验概率。假定:有 n 个参与人,参与人 i 的类型是 $t_i \in T_i$,t_i 是参与人 i 的私人信息,$p_i(t_{-i}|t_i)$ 是属于类型 t_i 的参与人 i 认为其他 $n-1$ 个参与人属于 t_{-i} 的先验概率。令 S_i 是 i 的战略空间,$s_i \in S_i$ 是一个特定的战略(依赖于类型 t_i),$a_{-i}^h = (a_1^h, \cdots, a_{i-1}^h, a_{i+1}^h, \cdots, a_n^h)$ 是在第 h 个信息集上参与人 i 观测到的其他 $n-1$ 个参与人的行动组合,它是战略组合 $s_{-i} = (s_1, \cdots, s_{i-1}, s_{i+1}, \cdots, s_n)$ 的一部分(即 s_{-i} 规定的行动),$\hat{p}_i(t_{-i}|a_{-i}^h)$ 是在观测到 a_{-i}^h 的情况下参与人 i 认为其他 $n-1$ 个参与人属于类型 t_{-i} 的后验概率,$\hat{p}_i$ 是所有后验概率 $\hat{p}_i(t_{-i}|a_{-i}^h)$ 的集合,$u_i(s_i, s_{-i}, t_i)$ 是 i 的效用函数。则精炼贝叶斯纳什均衡为:一个战略组合 $s^*(t) = (s_1^*(t_1), \cdots, s_n^*(t_n))$ 和一个后验概率组合 $\hat{p} = (\hat{p}_1, \cdots, \hat{p}_n)$,满足:(1)对于所有参与人 i,在每一个信息集 h,$s_i^*(s_{-i}, t_i) \in \arg\max \sum \hat{p}_i(t_{-i}|a_{-i}^h) u_i(s_i, s_{-i}, t_i)$;(2)$\hat{p}_i(t_{-i}|a_{-i}^h)$ 是使用贝叶斯法则从先验概率 $p_i(t_{-i}|t_i)$ 观测到的 a_{-i}^h 和最优战略 s_{-i}^* 得到。可见,如果参与人的战略要成为一个精炼贝叶斯纳什均衡,则他们不仅必须是整个博弈的贝叶斯纳什均衡,还必须是其中每一个后续博弈的贝叶斯纳什均衡。

前提下的决策者最优决策的理论。集团企业财务风险控制是分层的，每一层控制者和被控制者作为经济人都在谋求自身效用最大化，控制是一个博弈的过程。其基本特征是：博弈中的每个决策主体都有非常明确的目标——最大化自己的收益（支付函数）。由于博弈一方的收益不仅取决于自己所选择的策略，还依赖于其他博弈方所选择的策略，因此，博弈一方收益最大化的决策是针对其他博弈方的每个策略而得出的自己的最佳对策，即自己所有的可选策略中可与其他博弈方的策略相配合而使自己得益最大的一种策略。

这一理论在集团企业于产权管理环节母公司购买子公司财务风险控制中有着广泛的应用价值。一是因为购买子公司财务风险控制本身就是一个由一系列决策行为构成的决策系统，系统中的每一个决策行为从来就不只是一个决策主体在起作用，而是由购买方和被购买方两方通过不断讨价还价，最终达成一致的妥协。一方的决策显然要受另一方的影响，任何单方面的决策都不可能取得购买的成功。二是因为在购买过程中，双方都十分明确自己的目标，例如，购买方期望以最低的成本完成交易，被购买方期望以最高的价格出售，从而实现各自的收益最大化。反向的利益驱动促使着双方都试图尽可能多地占有和获取对方的信息而保留自己的信息，以此加重谈判的筹码。为了使购买能按预期目标如期进行，购买双方的筹码就必须保持在一个合理的范围内，一方的出价必须考虑到另一方的兑价；一方的条件必须考虑另一方的要求；一方的决策最优的同时也必须是另一方的决策最优。这样，购买过程就成为不对称信息条件下双方博弈的过程。不完全信息条件下的博弈实际上是两个或更多的人（自然人或团体）在追求他们各自的利益，而没有人能支配结果的一种竞争局势（蔡报纯、康伟，2002）。这一竞争局势在购买中表现为购买方和被购买方在利益及风险分配上的冲突①。

---

① 假设 A 为购买方，B 为目标公司，那么在整个购买过程中 A 与 B 的冲突集中在两个方面：一是定价；二是支付方式和条件。当定价和支付方式涉及 A 与 B 不同层面的利益及风险分配时，博弈就会在定价和支付两个层面进行。

假设 B 的真实价值为 V_b，当前的市场价值为 V_b^1，A 以 B 的市场价值 V_b^1 为基准出价 P（含费用）购买 B。当 $V_b = V_b^1$ 时，则 A 得到的购买纯收益为 $V_b^1 - P$，这时 $V_b^1 - P = V_b - P$；当 $V_b^1 > V_b$ 时，则 A 得到的购买纯收益为 $V_b - P$，这时 $V_b - P < V_b^1 - P$；当 $V_b^1 < V_b$ 时，则 A 得到的购买纯收益为 $V_b - P$，这时 $V_b - P > V_b^1 - P$。然而，由于 B 最了解自己的真实价值 V_b，在追求自身利益最大化为目标的前提下，B 不可能让 $V_b - P > V_b^1 - P$ 的情况发生，因此，对于 A 来说只存在两种情况：$V_b^1 - P = V_b - P$ 或者 $V_b - P < V_b^1 - P$。事实上，当 $V_b - P < V_b^1 - P$ 时，A 就会面临着不同程度的风险，而且 P 越大，风险就越大。假设 A 是一个风险厌恶者，那么，A 回避风险的关键是要获取有关 B 的真实价值 V_b 的信息，以此作为讨价还价从而降低 P 的依据——这就涉及定价层面的博弈。另外，A 也可以通过股票支付的方式让 B 承担一部分价值不真实的损失——这就涉及支付层面的博弈。但无论是定价层面的博弈还是支付层面的博弈，B 总是比 A 拥有更多的信息，因而，A 比 B 总是面临更多的风险。用信息经济学的话来说，B 拥有私人信息而处于信息优势，称为"代理人"（agent）；A 不拥有私人信息而处于信息劣势，称为"委托人"（principal），A 与 B 之间存在着委托代理关系。当然，在完成购买交易的过程中，购买方 A 不只是处于委托人的地位，还要处于代理人的地位，因为在购买融资时，相对于出资方，购买方作为融资方拥有更多的私人信息——这就涉及购买方的融资博弈。

不完全信息是导致购买方产生购买风险的一个最主要原因。社会劳动分工和专业化生产导致了行业信息差别及专业信息差别（王向荣，2004）。信息差别的存在使得某些参与人拥有信息而另一些参与人不拥有信息，称之为不对称信息（asymmetric information）。不对称信息导致参与人收益—风险分配不对称，信息劣势方始终比信息优势方获得较少的收益却承担更多的风险。在集团企业购买子公司过程中，由于购买方相对于被购买方处于信息劣势位置，因此将比被购买方得到较少的收益而面临更多的风险。那么，购买方如何才能获取有关被购买方的真实信息，从而做出相应的对策以减少风险呢？本书认为，一个十分重要的途径就是利用信号博弈。

3.2.7 其他理论

1. 企业预警理论

企业预警理论主要包括：危机管理理论、策略震撼管理理论、企业逆境管理理论和企业诊断理论。企业预警理论对企业财务风险管理有很好的指导作用，构成财务预警系统管理理论的基础理论。企业财务风险管理是非常复杂的，仅仅靠责任主体进行风险控制的程序方法，不可能达到企业财务风险管理目标，建立财务预警系统是企业财务风险管理的关键环节之一。

2. 工程科学理论

工程科学是一门综合性的科学，是以大型的复杂的系统为研究对象并有目的地对其进行研究、设计、管理与改进，以期达到总体最优效果。工程科学贯穿以下思想：

（1）是解决工程活动全过程的技术；
（2）适用于所有需要组织管理的领域，具有普遍的适用性；
（3）强调它在改造世界的作用和效果。

工程学思考和处理问题采用的方法论[①]要求在实施任何一个工程项目中都要按照一定的实施步骤和规范有计划、分阶段地进行。工程科学为促进社会进步和科学发展，起到巨大的推动作用。

[①] 以霍尔于1969年提出的"三维结构体系"为代表。"三维结构体系"是以问题为起点，以整个系统为研究对象，其核心内容是分析优化，主要强调定量分析的方法，具有较为严谨的逻辑过程，是一个由时间维、逻辑维和知识维组成的立体跨学科体系，三维结构强调目标明确、核心内容最优化，并且主张现实问题大都可以归纳为工程学问题。在工程的各个阶段和环节必须以其基本方法为基础，均需运用分析、评价及综合三种基本方法，主要体现在系统分析、设计与综合评价三方面。

在企业财务风险管理框架中，开展企业财务管理信息化是保障体系中非常重要的子要素。开展企业财务管理信息化实现业务流、管理流、信息流等多流合一；提供一个IT环境；丰富财务风险管理手段。企业财务管理信息化是一个系统工程，在开发、使用和维护该系统过程中使用工程科学实施及管理的概念、方法、模式与技术。企业财务管理信息化为财务风险管理提供方便的同时，也增加了一些和信息、信息系统有关的风险，为了保证实现企业财务管理信息系统的管理目标，就需要对企业财务管理信息化各阶段进行风险管理。

3. 集成理论

集成作为一种普遍的活动，广泛存在于自然科学和社会科学的活动之中。集成是活动过程和结果，同时也是一种方法。集成突出强调集成主体的目的性、组织性和行为性。因此，集成的思想及方法被广泛用于构造复杂系统与解决复杂系统的效率问题。

系统集成理论和实践意义就在于它能够最大限度地提高系统的有机构成以及系统的效率、完整性和灵活性等，简化系统的复杂性，并最终为企业提供一套切实可行的完整的解决方案。

按照集成理论，我们在企业财务风险管理研究中有目的、有意识地比较、选择和优化控制目标、责任主体、程序方法、保障体系及管理基础等集成要素，发挥集成要素优势，集成后的框架使财务风险管理的效率与效果得以保证，实现企业财务风险管理的目标。

开展企业财务管理信息化是规避、防范和控制财务风险的重要手段之一，也是企业财务风险管理框架中重要的保障体系之一。企业财务管理信息化的发展都体现了一种"集成"的管理思想。企业财务管理信息化应用划分为技术层次的集成、信息系统资源的集成和业务层次的集成三个层次。

3.3 模型预警方法

模型预警方法主要包括多指标综合监控模型预警方法、线性函数模型预警方法和其他模型预警方法等。

3.3.1 多指标综合监控模型预警方法

财务预警系统管理综合监控模型预警方法的实施程序为：建立总目标分解的层次结构模型—指标转换方法—指标定值的方法—指标权重系数的确定方法—多指标

综合监控模型的测度及评价方法。

（1）建立总目标分解的层次结构模型。在明确评价目标的基础上，建立总目标分解的层次结构模型。层次结构模型一般分为三层，即总目标层—准则层—指标层。例如，企业要建立以 ROE 为总目标的杜邦分析层次结构模型。

（2）指标转换方法。指标转换及定值方法亦称无量纲化。指标分为两大类：一是定性指标，二是定量指标。

3.3.2 线性函数模型预警方法

1. Z 计分模型

Z 计分模型由美国爱德华·阿尔曼在 20 世纪 60 年代中期提出，用以计量企业破产的可能性。其判别函数为：

$$Z = 0.717X_1 + 0.847X_2 + 3.11X_3 + 0.42X_4 + 0.999X_5$$

其中：Z 为财务状况恶化程度的概率值；X_1 为净营运资金/资产总额；X_2 为留存收益/资产总额；X_3 为息税前利润/资产总额；X_4 为股本的市价/负债账面值；X_5 为销售收入/资产总额。

Z 值应在 1.81~2.99 之间，等于 2.675 时居中。如果企业的 Z 值大于 2.675，表明企业的财务状况良好；如果 Z 值小于 1.81，则企业存在很大的破产风险；如果 Z 值在 1.81~2.675 之间，称之为"灰色地带"，这个区间的企业财务极不稳定。

2. 企业经营指标风险评价

20 世纪 70 年代，日本也利用与阿尔曼模型相类似的分析方法研究开发企业业绩评价及风险估计的方法。日本开发银行调查部选择了东京证券交易所 310 家上市公司作为研究对象，分为优良企业和不良企业两组，建立了利用经营指标进行企业风险评价的破产模型，进行了财务困境预测。其判别函数为：

$$Z = 2.1X_1 + 1.6X_2 - 1.7X_3 - 1.7X_4 + 2.3X_5 + 2.5X_6$$

其中，X_1 表示销售额增长率；X_2 为总资本利润率；X_3 为他人资本分配率；X_4 为资产负债率；X_5 为流动比率；X_6 为粗附加值生产率（为折旧费、人工成本、利息及利税之和与销售额之比）。

模型中 X_3 和 X_4 的系数是负数，表明盈利分配率和资产负债率越小，判别函数的值越大，则风险越小。判别函数的 Z 值越大，企业越是"优秀"；相反，则是"不良"的象征；若 Z 处在 0~10 的数值内，定位为可疑地带，即灰色区域，企业存在财务隐患；Z 值大于 10，企业财务状况良好；小于 0，表明企业存在严重的财务危机，在短期内极易出现破产。

3. F 分数模型

$$F = -0.1774 + 1.1091X_1 + 0.1074X_2 + 1.9271X_3 + 0.0302X_4 + 0.4961X_5$$

其中，$F = 0.0274$，为分界点。

$X_1 = （期末流动资产 - 期末流动负债）/期末总资产$

$X_2 = 期末留存收益/期末总资产$

$X_3 = （税后利润 + 折旧）/平均总负债$

$X_4 = 期末股东权益的市场价值/期末总负债$

$X_5 = （税后净利 + 利息 + 折旧）/平均总资产$

F 分数模型的临界点为 0.0274；若某一特定的 F 分数低于 0.0274，则将被预测为破产公司；反之，若 F 分数高于 0.0274，则公司将被预测为继续生存公司。

第4章

企业财务风险分析

本章针对本书的研究对象——企业财务风险进行系统研究。笔者从企业财务风险系统的界定开始,分析企业财务风险的种类、描述企业财务风险的特征、诠释企业财务风险的成因,为企业财务风险管理框架的构建奠定基础,分析路径如图 4.1 所示。

```
┌─────────────────────────────────────────────────┐
│              企业财务风险的成因                  │
└─────────────────────────────────────────────────┘
                        ↑
┌─────────────────────────────────────────────────┐  ┌────┐
│ 企业财务  产权管理风险、融资风险、投资风险、资金营运风险、战略│  │企业│
│ 风险种类  风险、市场风险、信用风险、汇率风险、利率风险……    │  │财务│
└─────────────────────────────────────────────────┘  │风险│
                        ↑                            │ 的 │
┌─────────────────────────────────────────────────┐  │特征│
│              企业财务风险系统                    │  └────┘
└─────────────────────────────────────────────────┘
```

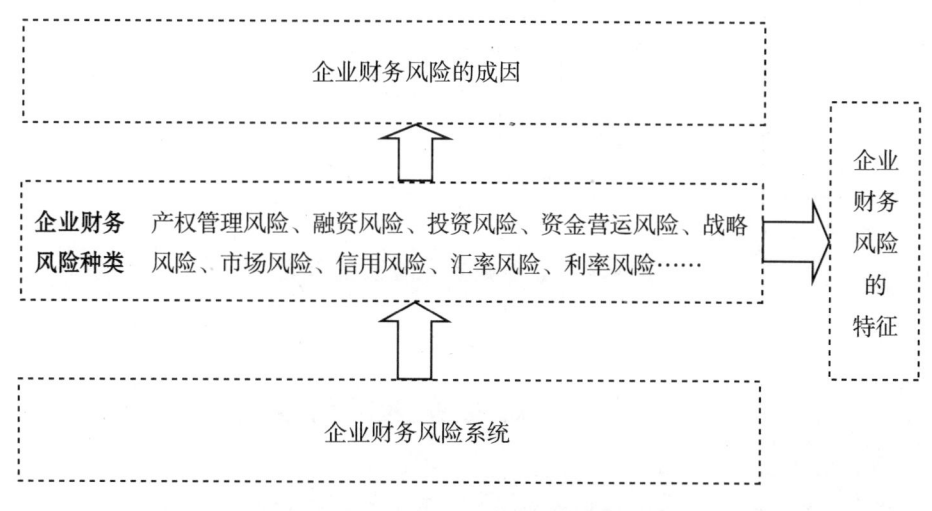

图 4.1 企业财务风险分析路径示意

4.1 企业财务风险系统

按照系统论的观点,企业财务风险是一个系统,既然是一个系统,它包含了有关的所有要素,而且有边界。

按照企业财务风险的概念,描述企业财务风险的图形应该是三维的。一维表示企业总体层面、部门层面、业务单位、子公司等管理层次；另一维表示融资管理、投资管理以及财务监控等财务管理活动；第三维表示实际结果和预期结果之间的偏离程度。我们用 X 轴表示企业总体层面、部门层面、业务单位、子公司等管理层次，Y 轴表示财务管理活动，Z 轴表示实际结果和预期结果之间的偏离程度的倒数，建立三维坐标体系，如图 4.2 所示。那么，企业所有的财务风险就"容纳"在图中的立方体内。也就是说，图中的立方体界定了企业财务风险系统，所以我们称其为企业财务风险系统图。

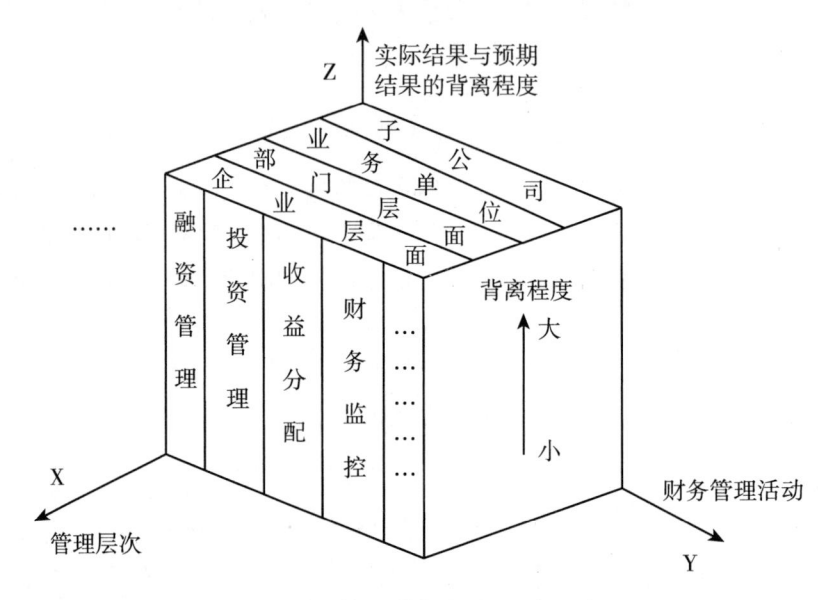

图 4.2 企业财务风险系统示意

4.2 企业财务风险种类

财务风险来自于企业的财务管理活动，企业的财务风险和其他风险相互影响、共同作用，可能会让企业陷入财务困境，无法实现财务管理目标，循环下去会威胁到企业的持续经营。前已述及，财务风险是企业在财务管理活动过程中，由于各种难以预料或控制的因素存在，使其实际结果和预期结果发生背离，进而产生损失的可能性。因此，我们按照产生财务风险因素的来源，将企业各种各样的财务风险分为内部财务风险和外部财务风险。前者包括战略风险、融资风险、投资风险、营运风险、利润分配风险和税务筹划风险等；后者包括市场风险、流动性风险、信用风险、汇率风险和利率风险等。

4.2.1 内部财务风险

1. 战略风险

战略风险是指企业在追求短期目标和长期发展目标的系统化管理过程中，不适当的未来发展规划和战略决策可能威胁企业未来发展的潜在风险。严格地讲，战略风险不属于财务风险，但是战略风险最终总会发展到财务风险，而且对财务风险的影响较大，因此我们在分析财务风险时，也同时分析战略风险。

在实际操作过程中，战略风险管理可以被理解为双重含义。一是企业发展战略的风险管理。针对企业外部环境和内部可利用资源，系统识别及评估企业既定的战略目标、发展规划与实施方案是否存在潜在风险，并采取科学的决策方法或风险管理措施来避免或者降低风险。二是从战略性的角度管理企业的各类风险。在进行信用风险、市场风险以及其他风险管理过程中，从长期的、战略的角度充分准备、准确预期未来可能发生的意外事件或不确定性，将各类风险的潜在损失控制在可接受范围内，确保企业的平稳运行和发展。

2. 融资风险

融资风险是企业在融资决策与执行决策中出现失误，给财务方面带来困难和意外负担，甚至产生资不抵债的可能性。随着金融市场体系的不断发展、完善，企业的融资渠道呈现多元化趋势。概括起来融资方式主要有债务融资和股权融资两种。债务融资受固定利息负担和债务期限结构等因素的影响，若企业经营管理不善或投资决策失误，则可能产生举债融资风险；在股权融资过程中，当企业投资报酬率下降，因而不能满足投资者的收益目标时，投资者可能就会丧失对企业的投资信心，转而抛售公司股票，从而造成企业股价下跌。同时，也可能会使企业再融资的难度加大，导致融资成本上升。特别是当经营出现问题时，企业极易成为竞争对手的收购对象。

3. 投资风险

企业投资风险是企业投资后，由于内外部诸多不确定因素的影响，使投入资金的实际使用效果偏离预期结果，存在投资报酬率达不到预期财务目标的可能性。投资是企业财务活动的重要环节，企业对内（包括内部项目投资和企业内部企业之间的相互投资）、对外项目（包括外直接投资和间接投资）投资是非常普遍的。对内、对外项目投资均存在一定的投资风险。

根据企业的投资内容归类分析，投资风险主要包括对外投资风险、企业内部项目投资风险等。企业对外投资风险是由于不确定因素的存在，导致企业对外投资活动的收益与预期目标出现不利差异的可能性。包括企业将资金直接投放于被投资企业的生产经营性资产（包括现金、实物资产、无形资产等）、债券和股票上产生的风险。

企业的对外投资风险和内部项目投资风险受到外部市场环境、被投资企业经营情况等不确定性因素的影响，存在对外直接投资风险、证券投资风险和项目投资风险。

4. 资金营运风险

企业资金营运风险是企业在流动资金管理过程中，由于内外不确定因素的存在使得营运环节的资金流动在时间和金额上出现不同步，造成实际收益与预期收益发生偏离的可能性。由于对企业的生产经营成果影响比较大的资产主要是流动资产，因此营运环节上的资金主要指流动资金，即投放在流动资产上的资金。流动资金主要包括现金、应收账款和存货等项目。相应地，资金营运风险主要指现金、应收账款和存货等管理方面存在的风险。由于在不同时点上，对现金、应收账款和存货等进行不同额度的资金投放，会承担不同的机会成本、持有成本、管理成本、短缺成本，因而面临着不同程度的风险损失的可能性。

5. 利润分配风险

利润分配风险是企业由于利润分配可能给企业整体价值和今后的生产经营活动带来不利影响的可能性。合理的利润分配政策能够调动投资者和企业经营者的积极性，提高企业声誉，增强企业的盈利能力，对于股份制企业而言还会带来股价的上涨，为融资活动奠定良好的基础，带来风险收益；反之则可能带来风险损失。利润分配风险是由利润分配的形式、时间和余额而产生的，与盈利状况、偿债压力、再融资能力、利润分配政策选择等有很大关系。例如，如果企业采取不合理的分配政策，如单一的采取配股方式或不进行收益分配，又会使出资者的积极性受挫，降低企业的信誉，给企业带来风险。如果企业能够在合理的时间对利润以恰当的形式和金额对投资者进行分配，则会有助于企业整体价值的提升。

6. 税务筹划风险

税务筹划风险是企业税务筹划没能实现整体税负最低的可能性。税务筹划是纳税人在税法规定许可的范围内，通过对经营、投资和理财活动事先进行筹划及安排，从而取得节约税收成本的经济活动。目前税务筹划已经成为大多数企业风险战略和财务风险管理的研究对象及可以利用的极好的策略之一，它不单纯涉及节税问题，还可能由此引起企业组织架构、投资、营销手段和途径、成本管理与控制、利润目标的实现等方面一系列相应的反应。拥有国内、国际投资的企业都希望通过税务筹划在税种、税率上节税，提高企业整体利益。目前世界各国关于纳税方面的法规日臻完善，企业合理避税空间越来越小，如某些国家针对跨国公司通过转移定价偷逃税款现象制定了各种措施进行围追堵截，限制和打击不法操作。因此，企业在税务筹划时，应该全面系统地研究有关税收政策，有策略地予以实施，特别关注税务筹划风险，防止合理避税转变成偷逃税行为。

4.2.2 外部财务风险

1. 市场风险

市场风险是指因市场突变、人为分割、竞争加剧、通货膨胀或者紧缩、消费者购买力下降、原料采购供应等因事先没有预测到的因素，导致市场份额下降，或者出现反倾销、反垄断指控的风险等；或者由于市场方面的原因导致市场价格的不利变化，使企业发生损失的可能性。市场风险存在于企业的交易和非交易业务中。严格地讲，市场风险不属于财务风险，但是市场风险最终总会发展到财务风险，而且对财务风险的影响较大，所以，我们在分析财务风险时，也应该分析市场风险。

2. 流动性风险

流动性风险是指企业无力为负债的减少、资产的增加提供融资而造成损失或破产的风险。当企业流动性不足时，它无法以合理的成本迅速增加负债或变现资产获取足够的资金，从而影响其盈利水平，极端情况下会导致资不抵债。流动性风险包括资产流动性风险和负债流动性风险。资产流动性风险是指资产到期不能如期足额收回，进而无法满足到期负债的偿还和新的合理贷款及其他融资需求，从而给企业带来损失的风险。负债流动性风险是指企业过去筹集到的资金由于内外因素变动而发生不规则变动，对其产生冲击并引发相关损失的风险。

3. 信用风险

信用风险是企业在营销或担保等业务中，由于信息、考核指标等方面的原因，对顾客的信用水平判断以及信用管理上出现偏差，导致财务损失的可能性。信用风险的种类具体包括逾期拖欠、不能足额还本付息、坏账等。

信用是一种建立在信任基础上的能力，不用立即付款即可获取资金、物资、服务等的能力。这种能力受到一个条件的约束：收益方在其应允的时间期限内为所获得的资金、物资、服务而付款或还款，上述时间期限必须得到提供方的认可。在这种交易过程中，资金、物资和服务的提供一方永远存在一定程度的风险，这种风险即客户信用风险。①

4. 汇率风险

汇率风险是由于汇率变化引发企业损益变动的可能性。汇率是两种货币兑换的比率或者比价，即一国货币用另一国货币表示的市场价格，体现两种货币之间的互换关系。一般说来，企业在从事国际贸易、国外融资、国外投资的过程中，都面临着汇率风险。根据产生的原因，汇率风险大致可以分为外汇交易风险和外汇结构性风险两类。外汇交易风险主要来自两个方面：一是为客户提供外汇交易服务时，未能立即进行对冲的外汇敞口头寸；二是企业对外汇走势有某种预期而持有的外汇敞口头寸。外汇结构性风险是因为企业资产和负债以及资本之间币种的不匹配而产生的。

5. 利率风险

利率风险是由于利率变化引发损益变动的可能性。利率风险可分为利率变动风险、再融资风险等。企业借出或者借入资金，面临的一种风险就是利率风险。利率变化可能导致企业收到的利息低于预期或者企业支出的利息高于预期的结果；到期利率不变的金融资产在市场利率发生变化时其价值也发生变化。利率风险引起价格风险（一种物品价格发生变动的风险）或市场风险。利率风险对股票也有影响。股东收取的是股息，而不是利息。如果市场上的利率上调，股票价格和债券一样，也存在下跌的趋势。

4.3 企业财务风险特征

财务风险表现为企业在一定时期内实际的财务收益与预期收益发生偏离，从而蒙受损失的可能性。正确认识财务风险特征，有利于我们正确了解财务风险，以便更好地管理财务风险。

4.3.1 财务风险具有客观性和投机性

对于一般风险的分类，按照是否涉及决策者的主观心理感受，可以分为主观风险和客观风险；按照是否能给风险承担者带来收益，可以分为纯粹风险和投机风险。② 按照以上分类，企业财务风险属于客观风险、投机风险。之所以属于客观风

---

① 接玉芹：《制订信用政策　促进企业管理》，载于《市场周刊》（商务营销）2003年第6期。
② 史佳卉：《企业并购财务风险控制》，人民出版社2006年版，第27页。

险,是在于它不以人的主观意志为转移,不管人们是否承认或愿意接受,它都是客观存在的;之所以属于投机风险是由于它与收益相匹配,有风险必有收益。

4.3.2 综合与分散相结合

财务风险贯穿于整个资金运动过程中,是企业资金运动过程中各个环节风险的相互作用、相互影响,并在财务上的综合反应,所以财务风险具有综合性,企业要从全局综合考虑财务风险;同时,具体财务风险又分散于资金运动的不同环节,如融资、投资、回收以及分配等环节,每一个环节的风险具有不同的表现形式、不同的影响程度,甚至风险管理方式也有所区别,因而企业又需要考虑具体财务风险。财务风险具有综合与分散相结合的特征。

4.3.3 财务风险是可以管理的

财务风险是客观存在的,它不以人的意志为转移。在财务风险发生之前,我们可以通过客观存在的风险要素、可能产生的风险事件等,全部或在一定程度上认识和预见财务风险;并通过一些指标予以衡量及反应实际财务收益与预期财务收益发生偏离的程度。在识别和衡量财务风险的基础上,人们可以采取各种风险管理措施,预防、转移、分散或者接受财务风险,降低财务风险发生的可能性。例如,对于客户风险,企业可以通过开展信用调查以确定对每位客户的信用政策进行事前防范;通过编制账龄分析表,对于超过信用期较长的欠款客户及时修订原有的信用政策进行事中控制;通过采取催收方式或法律措施把客户信用风险降低到最小限度进行事后控制。财务风险不是一成不变的,在一定条件下会发生强弱的转化,也就是说随着管理科学的进步,企业经营者对某些财务风险的发生、发展的规律逐步掌握,风险控制能力逐步增强,财务风险具有可管理性。

4.3.4 企业财务风险具有"牛鞭效应"

对于较大规模的企业,由于控制链比较长,如果控制链中的成员企业彼此之间信息相对封闭,造成控制链上企业对所需信息的曲解会沿着下游向上游逐级放大;如果成员企业互相担保,财务风险会沿着下游向上游逐级放大;成员企业之间投资,杠杆效应会沿着下游向上游逐级放大。这种现象即所谓的"牛鞭效应"。"牛鞭效应"使曲解从一点微小的差异最终传递到源头时出现不可思议的放大。如果控制链更长,"牛鞭效应"就会越严重,财务风险就会越大。

4.3.5 企业财务风险具有系统性和动态性

企业财务风险虽然最终表现为价值量风险,但影响风险的因素却来自企业运行过程的各个方面,是系统因素综合导致的价值偏离,是企业各种财务风险在价值量上的反映。企业财务风险的系统特征决定了其动态性特征,因为影响风险的系统因素可能来自于企业运行的各个阶段和各个环节,伴随着企业运行进程而随时出现。

4.4 企业财务风险成因分析

财务风险作为一种经济上的风险现象,是市场经济条件下的客观产物。财务风险是在企业内因和外因多种因素共同作用下形成的,其中内因是最主要的。本书从企业组织内部、外部两个方面的风险因素分析企业财务风险的成因。

4.4.1 企业组织内部的风险因素

企业内部的风险因素是指存在于企业组织中的各种弊端、偏差、缺陷、失衡和失误等现象的总称。具体表现为:

1. 经营管理上的缺陷

经营管理是企业的命脉,经营管理的好坏直接决定企业的生死存亡。经营管理上的失误主要集中在以下几个方面。

(1) 主营业务萎缩。一般来说,企业主营业务较其他业务稳定性更强,因而主营业务是企业生存和发展的关键。然而,我国部分企业在多元化经营过程中,存在只注重外延性扩张,没有突出主营业务、主导产品的问题,表面上是多元化经营,实际上是一盘散沙。投资分散不但不能形成资金的合力,反而因此丧失了企业的核心竞争力。在企业利润、市场份额、核心竞争力等要素中,核心竞争力是保持企业竞争优势的最主要因素,企业之间的竞争归根到底是核心竞争力的竞争。没有核心竞争力,就没有持久的竞争优势,企业也就只能昙花一现。

【案例4-1】PT中浩在1992年发行A、B股及1993年配股后,快马加鞭地进入家具、化妆品、超纯水、房地产、通信等领域。尽管投资了众多企业,但它一直没有形成自己的优势企业或龙头企业,到2000年连续四年亏损,资不抵债,已于2001年4月23日宣布退市,成为中国证券市场上第一家退市公司。

【案例4-2】雅戈尔(600177)于1998年上市,是国内一家典型的由实业进军投资领域的企业，其早年创业期以服装、纺织业类业务起家，后期则大肆扩张房地产业务和金融投资业务。2000年前后，在股市和房市双双走牛的背景下，雅戈尔的地产业务与金融投资业务都取得了很好的收益。而当前，地产业务陷入泥潭，金融业务被套牢，曾经为其发展做出辉煌贡献的投资和地产两大业务接连出现问题，无奈之下雅戈尔考虑回归服装主业改变堪忧的现状。然而由于其早年重心过于偏重地产投资和股权投资，在一定程度上忽略了对主营业务的创新与发展，使得雅戈尔品牌消费群体过于单一，经营模式过于传统，品牌有些老化，一旦老化，想要重新树立品牌形象就会很难。同时品牌竞争愈加激烈，后起之秀西蒙、九牧王、金利来等品牌在市场综合占有率的显著提升，使得雅戈尔的回归之路更显艰难。

PT中浩退市的案例说明，企业没有围绕核心产品进行多元化经营，盲目多元化经营的直接后果就是新项目挤占优势主业的资金，使企业原有的竞争优势逐步丧失。

（2）非理性投资。目前国内企业存在一种倾向，即企业越大越好，跨的行业、地区越多越好。为了做大做强，企业往往不计成本、不择手段融资，不顾风险追求高速，非理性地投资；过于重视经营规模扩大、资本扩张以及销售额（量）的增长。实质上，企业规模只有与企业所拥有的资源及运用资源的能力相适应，才能发挥规模效应。

一个公司的快速增长很容易超过其管理能力，规模过大、增长过快很有可能成为企业的一大弱点。过度扩张很容易使企业很快走向衰败。在20世纪90年代中期的经济增长时期，一大批企业走上了过度扩张和过度多元化的道路，但正是由于规模扩张过度而走上了死亡的道路。其原因是，企业在扩张中，如果销售量和利润的增长不快，或者企业的现金流量不能跟上企业的增长时，接踵而来的债务就会很快将公司的现金耗尽。一旦销售达不到计划水平，就没有足够的现金来支付相关债务。另外，当企业的市场占有率过度扩张，而企业的生产能力跟不上时，也会给企业带来失败、破产的风险。

【案例4-3】 以生命健康产业为主业、以医药业为中心、以中药现代化为重点的三九集团，曾是国务院国有资产监督管理委员会直接管理的国有大型中央企业。其早在20世纪90年代中期，便开始了多元化之旅。1994~1998年"三九"完成了以"低成本"为主题的第一轮扩张，从1995到1997年年底，"三九"收购企业近50家，其中承债式收购几乎占了一半。1999年，依托有利政策，"三九"开始大规模地兼并收购活动。一般来说，企业的并购目标主要是与主业关联或互补的行业。然而，"三九"的多元化并购更多的是与医药业无关的产业。非医药行业项目的纷纷亏损，导致"三九"在非药业领域的扩张几乎无一成功。非医药行业的投入牵制了"三九"大量的人力、物力和财力。药厂只是众多子公司中的一个，有着90%的利润贡献却要支付其他子公司带来的债务和亏损成本。盲目无节制的大规模的兼并活动，使"三九"的负债率长期处于高位。在扩张之初，企业的负债率为19%，但到了1998年，负债率高达80%，到2002年年底，更是创纪录的达到了92%，债务总额191亿元，资产回报率仅为0.1%。多元化所消耗的资金给"三九"带来了越来越大的银行贷款缺口。从2002年开始，三九制药的母公司三九集团深陷债务泥潭。截至2003年年底，三九集团及其下属公司共欠银行98亿元，其中三九集团6.6亿元，三九药业34亿元，三九医药33亿元，另外两家三九集团旗下的上市公司——三九生化和三九发展为14亿多元。过度兼并和多元化经营使得三九集团规模急剧膨胀，并使之陷入困境，由于所欠银行贷款数额巨大，"三九"不得不在国资委的介入下寻求战略重组。

(3) 经营杠杆的负效应。根据财务理论，企业在经营过程中存在经营杠杆和财务杠杆。所谓经营杠杆是指企业的营业利润对销售额变动的敏感程度。企业在经营决策的过程中，对经营成本中固定成本的作用可以为企业带来经营杠杆效应。具体地说，当销售收入或销售量不断增长时，企业中一定量的固定成本可以带来企业利润的大幅上升，即所谓的经营杠杆效应；而当销售收入或者销售量下降时，企业中一定量的固定成本又可以使企业利润迅速下降，即所谓的经营杠杆风险。经营杠杆是一把"双刃剑"，正确利用可以带来杠杆收益，反之则会带来杠杆风险。因此，企业在追求杠杆收益时，一定要关注杠杆风险。

企业因经营杠杆引起财务风险的案例很多。在企业无法保证销售量的前提下，巨额的固定成本都会导致较高的经营杠杆风险。例如广告费。广告是企业将产品推向市场的重要途径，广告宣传已成为市场竞争的常用手段。适度的广告费支出可以为企业带来经营杠杆正效应，但不计成本的广告宣传、巨额的广告费投入则会为企业带来经营杠杆风险。

【案例4-4】中央电视台广告标王秦池酒厂的失败就是典型案例。1995年，"秦池"以6 666万元的价格第一次在泰斗级媒介——中央电视台夺取"标王"。广告的轰动效应使"秦池"一夜成名，并获取了产品的市场份额。"秦池"巧妙地获取和延续广告效果，并享受到了经营杠杆的积极作用。但当秦池以3.2亿元的天价再次成为1997年中央电视台的"标王"后，"秦池"为了在短时间内满足客户订单需求，收购散酒来勾兑并被新闻媒体披露，产品质量、信用在全国遭遇普遍质疑。1997年"秦池"销售收入未达到预期的15亿元，仅为6.5亿元，3.2亿元的广告费使其陷入财务危机。经营杠杆的效应使曾经辉煌一时的秦池模式成为转瞬即逝的泡沫。

(4) 财务杠杆的负效应。众所周知，企业在经营决策的过程中，适度举债可以为企业带来财务杠杆效应。因为企业的负债规模和利息水平一旦确定，与负债相关的支出也就相对固定。如果企业盈利水平提高，则每股收益就会增加；反之，如果企业盈利水平下降，而债权人收益不变，则每股收益就会减少。也就是说，由于投资风险的存在,举债过多既可能使企业股东获得更高的每股收益,也可能使企业股东权益减少,甚至会导致企业破产。

【案例 4-5】 韩国大宇集团的解散就是财务杠杆负面效应的结果。大宇集团在政府政策和银行信贷的支持下,走的是典型的负债经营之路。大宇集团试图通过大规模举债达到扩张的目的,最后实现"市场占有率至上"的目标。当 1997 年亚洲金融危机爆发后,大宇集团的危机就已经显现出来,但大宇集团为了增加销售额和出口,继续推行高负债的策略。最终由于其经营管理不善和资金周转困难,被韩国政府责令债券银行接管,大宇集团解散。

(5) 企业内部控制失灵。企业内部控制制度不完善,或者有内部控制制度但在实际业务活动中没有得到应有的执行,容易造成非程序化决策、权责不清、财务控制与监督弱化等。企业内部控制失灵,也会引发财务风险甚至导致财务危机。近几年来资本市场发生的很多重大违规事件,都与企业内部控制有关。

【案例 4-6】 2004 年 12 月 17 日,内蒙古自治区检察院对内蒙古伊利股份董事长郑俊怀等五名高管人员的经济问题正式进行立案调查,其主要原因是郑俊怀等人在 2000 年和 2001 年间未经董事会同意,先后挪用资金 1 590 万元和 1 400 万元,分别用于呼和浩特华世商贸有限公司和启元有限责任公司生产经营。事后得知:华世商贸有限公司是伊利公司的第五大股东,它是由郑俊怀等人以亲属名义注册的私人企业;而启元有限责任公司企业法人就是董事长郑俊怀。

【案例 4-7】 2004 年 11 月 30 日,创维数码董事局主席黄宏生,无视公司外部股东利益,绕开现有的董事会,私自将上市公司款项打入自己创办的企业,因涉嫌盗取公司资金 4 800 多万元被香港廉政公署拘捕。

【案例 4-8】 老牌上市公司四川长虹则折戟国际市场——因其合作伙伴美国 APEX 家电进口公司拖欠 4.6 亿美元的巨款而遭受巨大的坏账损失。虽然 APEX 公司是长虹在美国最大的合作伙伴,但是在确定信用政策时,长虹考虑坏账风险的策略是令人费解的。因为,长虹是在 APEX 公司拖欠国内多家公司巨款的情况下,还与其签订了巨额赊销合同,如果长虹具备有效的内部控制制度,这种情况或许不会发生。

【案例 4-9】 英国巴林银行的破产倒闭。1995 年 7 月 18 日,英国银行监督理事会经过 5 个月的调查得出结论:巴林银行问题的主要原因是"……最基本的内部控制机制的失灵"。

2. 企业制度上的缺陷:委托—代理制度下的信息不对称问题

委托—代理是一种企业制度,这种制度是伴随社会生产力的发展、企业的产生而产生,随着企业的发展而发展的。从资本主义的产生到现在,企业的发展经历了三个阶段。

第一阶段是业主制企业阶段。这个阶段企业的重要特点之一是企业仅有一个业主，企业的全部资产也就是业主的个人财产。企业由业主直接经营，企业内部没有形成现代的管理制度。因为在业主制企业阶段，企业实行所有权控制，基本不存在委托—代理问题。

第二阶段是合伙制企业阶段。这个阶段的主要特点是企业由少数几个人合伙建立，合伙人共同出资、共同经营、共享收益、共担风险，这个阶段出现了一定程度的委托—代理问题。在这个阶段，企业的主要经营者既是企业资产的所有者，也对其他出资人的资产进行代理，其他的出资人也参与企业的经营活动，但参与程度受到他在企业中所担任职务的限制。这时，对企业的控制就属于局部代理人控制。

第三阶段是公司制企业阶段。随着社会化大生产的发展，特别是机器工业的诞生，对企业规模提出了全新的要求，由此而产生了代表现代企业基本形式的公司制。公司制企业实行的是完全代理人控制，这里又分为两种情况：一种是有限责任公司的代理人控制；一种是股份有限公司的代理人控制。有限责任公司由多个出资人出资组成公司，而将公司委托给某一出资人或非出资人进行管理。其他出资人或在公司中担任一定职务或根本不担任任何职务，只是保留资产的剩余索取权。股份有限公司则是典型的完全代理人控制，众多股东出资组成企业，股东代表大会选举产生董事会，董事会聘任企业的总经理来管理企业，由总经理全权负责对企业资产进行经营和管理。

企业的委托—代理关系，不论是外部的，还是内部的，都存在信息不对称问题。比较委托人与代理人信息的拥有量，一般说来，代理人拥有更多的信息量。在企业的委托—代理关系中，代理人甚至还扮演着信息制作者和供应者的角色，从而使代理人成为信息供应者，而委托人则成为信息需求者。即使事先在委托人与代理人之间建立一种合同关系或协议关系，但由于委托人与代理人所追求目标的不一致性，委托人所追求的目标是企业价值最大化；代理人所追求的目标可能是更高的货币收益（如更高的薪金、奖金和津贴等），也可能是力图获得更多的非货币收益（如高职务消费等）。由此，委托人与代理人之间的利益冲突是不可避免的。在这种情况下，委托人希望获得真实、完整的信息，而代理人则尽可能不让委托人注意到那些有可能给自己带来不利后果的信息。代理人很可能会有意识地选择有利于自己的信息来提供给委托人，而忽略甚至隐瞒一些对自己不利的，但对于委托人却是极其重要的信息。这是造成委托人与代理人之间信息不对称的主观原因。除了主观原因外，现实中还有许多客观因素也使得委托人的信息需求不能得到最大的满足，因此，委托人与代理人之间存在着严重的信息不对称。

由于信息不对称问题的存在，代理人在签订合同时做出"逆向选择"[①] 或在履

---

① 逆向选择是指在建立委托代理关系之前，代理人就事先掌握了一些委托人所不知道的私人信息，代理人可以利用这一信息优势签订对自己有利的契约。

行契约时采取机会主义的"道德风险"①行为。代理人利用信息优势以牺牲委托人的利益为代价为自己谋利的行为可能存在,这就是委托—代理关系中的道德风险问题。在企业决策过程中,代理人可以比较容易地利用自己的"职务之便",采取一些机会主义行为,为自己谋取经济利益。从诸如产品定价、选择供应商、广告代理、销售渠道、投资和融资中牟取个人利益。在财务方面主要表现为:利用发布虚假财务信息,误导投资者和债权人财务决策,加大股东的投资风险;运用股东对经理人员日常财务经营决策不得干涉的要求,经理人员通过增加其在职消费或与其他人进行合谋以谋取自身利益而损害股东利益;或者因玩忽职守做出错误的财务决策,以损害公司的利益。委托—代理关系问题由此产生。

3. 企业治理上的缺陷:两权分离情况下的公司治理弱化

现代企业在两权分离的情况下,如何保持运营的高效率、如何处理股东与经理之间的利益分配关系成为最为关键的问题之一,该问题的核心是如何对公司的经理阶层进行有效的监督和控制,以便使经理人员朝着实现企业价值最大化这一目标开展经营活动。关于公司治理的讨论就是围绕上述问题展开的。公司治理一直是全球性的论题,全球不同国家的企业都在不同程度上存在着公司治理弱化问题,由于公司治理弱化,企业财务风险形成则变得不可避免。公司治理结构的优劣与效率高低已经成为公司竞争力的直接决定因素之一,良好的公司治理结构在财务上的表现很大程度上是健康的;而弱化的治理结构其财务表现是趋于恶化的,治理弱化是导致财务风险形成的重要因素之一。公司治理弱化具体表现为:

(1) 股东大会形式化。股东大会是股东主权的象征,是股东对公司进行控制的法定机构。实践中,股东大会存在被经营者架空或者被大股东把持的可能性,致使股东大会成为"走形式"。目前,尽管各国都从法律上维持了股东大会制度,然而无论是股权分散的英美国家,还是股权集中的欧洲大陆和亚洲国家,这种象征意义上的股东大会被进一步架空。

在美国,根据联邦交易委员会股东大会出席情况的调查表明②,股权分散的公司,股东大会完全流于形式,实际上被经营者操纵。在德国,由于所有权集中度非常高,小股东出席股东大会的比率很低,股东大会基本由大股东控制③。在日本,

---

① 道德风险是指从事经济活动的当事人一方(代理人)在最大限度地增进自身效用时做出不利于他人(委托人)的行为。
② 根据联邦交易委员会对每年股东大会出席情况的调查,在石油类公司中历次出席股东大会的平均还不到10人,标准石油公司的历次股东大会平均只有4人出席。出席股东大会最多的是泰克斯公司,有515名股东出席了一次股东大会。在英国,实际上只有不到1%的股东参加股东大会。
③ 出席股东大会的股东代表的股份平均为73%(1994),1997年德国股份指数公司平均只有63.05%表决权持有者出席,不少公司出席股东大会的股东所代表的股份在50%以下,如德国大众汽车公司、西门子公司、拜尔公司等。

根据有关专家对出席股东大会人数、出席形式和股东大会开会持续时间及提问人数的调查[1]，发现股东大会存在形式化的问题。

在中国，以国有上市公司为例，中国国有上市公司仍然具有国企的典型特色。而且股东被分为国有股股东、法人股股东和社会公众股股东。股权结构不合理[2]，且存在以下问题：大股东仍然是国有企业原来的上级主管部门或企业，对大股东负责实际上是对国有企业原来的上级行政主管部门或企业负责；持股主体是一种虚拟主体，对上市公司经营者的监督和约束缺乏内在动力，因此，中国国有上市公司股东大会既存在股东控制权弱化的问题，又存在行政干预过度的问题。"一股独大"，由于第一大股东拥有绝对控制权，股东大会成为实质上的"大股东会"，企业的经营决策完全由大股东控制。由此产生了很多如大股东掏空上市公司的现象。

【案例 4-10】在明星电力案中，原深圳明伦集团董事长周益明借虚增母公司及 7 个子公司的注册资本金 3 亿元，完成空手套白狼的资本运作。在不到 4 个月的时间里，通过庞大的交易资金流出，几乎顺利掏空上市公司。周益明在获取对上市公司绝对控制权的同时，将上市公司利益转移到大股东能控制的其他企业，以关联交易方式造成其他股东巨额损失。其因恶意对外投资、违规担保、虚假贸易以及违规拆借资金等，造成了上市公司资金损失 4.76 亿元。周益明成为中国资本市场上第一个以合同诈骗罪被判处无期徒刑的上市公司董事长兼大股东。

【案例 4-11】三九医药于 2000 年 3 月上市，实际募集资金 16.7 亿元。但截至 2001 年 5 月 31 日，三九医药大股东及关联方占用上市公司资金超过 25 亿元，占公司净资产的 96%。此外，公司还将一笔 11.4 亿元的定期存款存在关联单位深圳金融租赁有限公司供三九集团使用。这些行为严重侵占了广大中小投资者的利益，直接威胁到上市公司的资产安全。

中国上市公司中还有部分公司受到大股东巨额欠款的拖累。猴王股份公司、湘火炬、新疆屯河、合金投资等上市公司失败的案例表明，由于大股东控制企业的经营决策，在资金运营层面存在着较强的资金违规占用、违规担保等倾向，信息披露不真实、不及时、不完整，而且操作手段越来越隐蔽。由于在中国上市公司中还没有形成对控股股东有效的约束机制，保护中小股东权益的制度还没有完全建立，已

---

[1] 2005 年证券期货统计年鉴中的数据表明，从 20 世纪 30 年代末期到 80 年代中期出席股东大会的人数平均为 87.1 人，出席人数 40~80 人的公司占 51.7%。在 1984 年，以委托书和书面投票形式出席股东大会的股东占公司总数的 76.8%。在许多公司，只需用委托书和书面投票形式就能保证足够法定人数的 76.6%。在 1993 年，38 家大型公司中共有股东 244 724 名，实际出席股东大会的仅有 449 人，大会平均仅仅持续 48.42 分钟，会场上平均仅仅 1.61 人提问。股东大会的时间在 30 分钟以下的占 66.2%，60 分钟以下的占 88.4%，超过 2 小时的仅仅占 4.8%。

[2] 截至 2004 年 12 月 31 日，沪深股市发行的总股本已达 7 149.43 亿股，市价总值达 37 055.57 亿元，流通市值 11 689 亿元，其中有 4 516.84 亿的国家股、法人股，占股本总额的 63.17%，非流通股票市值高达 25 366.93 亿元，占市价总值的 68.45%。

有的制度得不到很好的实施等，给控制性大股东侵蚀财富提供了可乘之机。大股东不是努力搞好上市公司的生产经营以提高业绩，而是把上市公司当成"提款机"，想方设法掏空上市公司的资产，损害了公司价值（李增泉等，2005）。

（2）董事会空壳化与内部人控制问题比较突出。董事会居于公司治理的核心地位，人们对董事会控制权寄予莫大希望。然而实践中，有时董事会徒有虚名，甚至纯粹是走走过场而已，不能对公司经营者进行有效的控制和监督，甚至是对经营者感恩戴德、毕恭毕敬。董事会控制的空壳化、对公司控制不力，是导致许多公司很快夭折的主要原因之一。[1]

【案例4-12】美国安然公司管理人员蓄意欺诈，而公司董事会并未起到应有的监督作用。而近乎有全球发展趋势的独立董事制度，在安然事件中也扮演了极为尴尬的角色。安然公司的17名董事会成员中，除了董事会主席和首席执行官外，其余15名董事均为独立董事，其中审计委员会的7名委员全部由独立董事组成。即使如此，董事会也未能起到维护股东利益、监督经理层的作用。可见独立董事制度也面临着挑战。

在中国，多数上市公司是由原国有企业进行股份制改造而来的，这一特殊背景使上市公司存在大量不流通的国有股和法人股，并最终导致中国现行公司治理主要表现为内部人控制模式。在这种模式下，大股东和国有股东的代表基本控制了公司董事会，流通股股东在董事会的代表性不足，由大股东提名和实际控制的董事在董事会占据绝大多数，从而使得公司的经营决策权集中于少数关键人手中，董事会空壳化。当然，企业法人制度赋予了作为法定代表人的董事长与其他董事不同的法律地位，无疑也助长了这一趋势。2004年3～5月，上海证券交易所研究中心以问卷调研结合实地走访的形式，对沪市208家上市公司进行了调查。结果显示，流通股股东在董事会中的代表性普遍不足[2]。部分董事仍然将自己定位于政府官员，认为自己的首要目标是使政府或某些有任免权的官员满意，而不是代表所有者的利益；不少董事还存在知识和能力方面的缺陷，导致不能很好行使职权；董事会与管理层成员重合，经营管理层占据董事会的大多数席位，形成内部董事占优势的格局，管理层可以对自我表现进行评价，没有形成健全的、独立的董事会来保证公司的规范运作，自然不能形成董事会和经理层的制衡机制；监事会不仅机构设置不健全、不规范，而且由董事会控制，缺乏行使职权的独立性和权威性。其本身的监督职权有限，权力界定不充分，更不足以对董事会和经理层形成有效的监督。

---

[1] 朱亦琨：《公司治理论》，广东出版社1999年版，第358页。
[2] 调查结果显示，经第一大股东提名并当选的董事人数平均占董事会成员总数一半以上，经国有股东提名并当选的董事人数平均超过45%。不考虑独立董事，来自国有股东的董事平均占公司董事会成员的60%以上。而且，大约有40%的被调查公司没有制定较详细的董事选举程序和投票规则，选举过程由董事会（特别是董事长）和大股东操控。

内部人控制是现代公司制企业中普遍存在的现象，对处于经济转轨期间的中国，内部人控制问题尤其突出，企业的内部控制者拥有了无所不能的控制权。其主要原因在于：

第一，控制主体缺位。从理论上说，占支配地位的大股东拥有对公司的控制权，会比其他股东更有动力去监督和激励经营者，使得经营者的行为符合股东财富最大化的目标要求。然而，由于国有资本投资主体的不确定性，所有者权力往往被分散到各个不同的行政部门手中，而政府的目标常常并不与资产所有者的目标一致，不同的政府行政部门之间的目标也存在冲突，加上政府的特殊身份，使得政府对企业的控制表现为行政上的"超强控制"和产权上的"超弱控制"。经营者与政府博弈的结果是经营者利用政府产权上的"超弱控制"，形成事实上的内部人控制状况；同时又利用政府行政上的"超强控制"推脱责任，转嫁自己的风险（彭韶兵、邢精平，2005）。

第二，国有资产的剩余控制权和剩余索取权不统一。在事实上的内部人控制状况下，由于缺乏剩余索取的刺激，内部人的工作努力程度大打折扣，资本投资的效率比较低；同时，内部人利用事实上的控制权谋取自身利益，损害所有者、公司和相关者的利益。

第三，资本市场不健全，无法对经营者形成有效约束。中国目前的资本市场主要功能是融资，还不是完全的产权市场。上市公司流通股在总股本中所占比例较小的情况下，公司代理权的竞争和敌意收购，无法对经理进行有效约束。

（3）信息不对称加大了逆向选择和道德风险。由于现代企业普遍存在的所有权与经营权的分离，使得企业内部出现了委托代理链条，由于委托者和代理人之间信息不对称，因此，存在着逆向选择和道德风险问题。为了减少管理层的道德风险，股东或董事会采取了各种监督和激励机制。其中，监督主要是各种制衡机制；激励则主要是各种薪酬制度。但管理层并没有向股东所预期的那样兼顾股东和他们自己的利益，而是更多地选择使其自身效用最大化的行为举措。简言之，管理层的价值取向可能是自身利益最大化，并随着一些公司的管理层违规腐败事件的曝光，公众对公司管理人员的信任越来越低。

以大家公认为拥有非常完善的公司治理机制的美国为例，20世纪80年代中后期，巨额的联邦财政赤字和贸易赤字、低下的投资率和劳动生产率，以及与日本、德国日益加剧的贸易摩擦等，严重困扰着美国经济，美国经济在世界经济中的相对地位下降。而与美国经济不景气、大量公司亏损甚至倒闭形成鲜明对比的是，美国大公司经理阶层的收入却不断攀升，日益膨胀，并没有因经济增长乏力而有所下降。据统计，美国大公司经理阶层收入的增加与公司绩效之间缺乏正相关性。

在美国，为了协调所有者和经理层之间的利益差异，较为普遍地实施了各种形式的股票期权制度。但具有讽刺意味的是，经过多年为解决利益差异问题而大量发放股票期权后,这种差异却变得比以往更加突出了。如今,上市公司的高级管理人员往往是公司中最大的个人持股者,董事会成员也可能拥有相同的股份。从理论上讲,这种所有权状况应该使管理人员、董事会成员和股东利益一致起来。但事与愿违:不管是实际持有股票还是拥有股票期权,许多管理者和董事会成员都认识到,他们的个人财富与公司的股票价格息息相关,因此维持股票价格便成为公司的价值取向。投资者和管理者一起陷入了狂热,从而导致了 20 世纪 90 年代后期出现了"非理性的繁荣"①,首席执行官滥用本来并不起眼的股票期权掌握了巨大的财富。经理层为了维持与公司实际经营状况相脱离的高收入,不惜通过做假账来粉饰公司业绩,实现预订的薪酬奖励计划。

在中国,公司治理中同样存在管理层的道德风险问题。在 2005 年披露的被证监会处罚的 247 家上市公司中,有 102 家公司被处罚的原因是:财务报表披露内容虚假;高级管理人员转移公司资金、挪用公款,甚至携巨款出逃给公司造成重大损失。同时,由于市场经济发展不成熟、法律法规不健全,外部治理也未发挥应有的作用。具体表现在:

第一,市场监控方面,股票市场尤其是公司控制权市场还很不规范。股票市场人为分割,并且具有典型的"政策市"特征,股价运行严重脱离上市公司基本面,不能发挥评价和约束经营者的作用。控制权市场由于国有股和法人股的存在,市场化的控制权转移很难发生,进一步丧失了股票市场的治理功能。经理市场基本没有形成,国有上市公司的经营者主要是行政任命,董事会任命只是形式上的。经营者的非市场选择一方面导致经营者素质偏低、专业结构不合理;另一方面难以形成有效的激励和约束机制。

第二,证券监管机构的监控方面,由于中国核准制的上市制度不同于美国、西欧的成熟资本市场的注册制证券发行方法,是由主管机关和中介机构而不是投资者对上市公司进行鉴别和定价,上市公司的质量在发行时就没能很好地把关。又由于上市公司的很大一部分是国有资产,上市公司亏损是国有资产流失,上市公司破产是国有资产严重流失,退市机制也难以顺利推行。

第三,利益相关者监控方面,目前,银行等相关利益监督者对上市公司的监控比较软弱。

第四,法律法规监控方面缺乏力度,突出表现之一就是信息披露不规范、证券市场上的虚假报表事件层出不穷。公司内部治理的弱化,加上外部治理不得力,是财务风险形成的主要原因。从琼民源、银广夏、蓝田股份、世纪星源、麦科特的造假案件可以看出,虽然多数案件中的造假手段比较拙劣,但之所以能够发生的关键

---

① 2001 年,大公司首席执行官的收入相当于普通工厂工人的 411 倍,在上个 10 年中,普通员工的工资增加了 36%,而首席执行官的薪金上升了 340%,达到了 1 100 万美元。

原因就在于中介机构没有充分发挥其应有的监督作用。

4. 财务管理本身的缺陷

财务管理作为一门管理学科,其本身具有很大的局限性,表现在:

(1) 财务理论、方法建立在假设基础之上。一些重要的财务理论、方法都是建立在一些假设基础之上的,这些假设与现实存在一定的差距,是对不确定的客观经济环境所做的一种估计,可以说这些理论、方法本身都面临着一定的风险。随着社会经济日趋复杂,财务管理的对象不断扩展,财务理论对一些经济现象规律的把握还有一定的局限性。同时,会计信息作为财务管理依据的主要信息来源也不是完美无缺的,其依据的一些假设有时是不成立的。

(2) 财务主体的局限性,导致决策风险。作为从事财务管理工作的财务主体的局限性,主要表现在主观认识的局限性上,并由此导致各项决策风险。西蒙(1947)认为:企业的一切管理工作都是决策。而决策和风险是联系在一起的,只要某项活动的未来结果有两种或两种以上,就存在风险。决策恰恰是对若干个方案进行评价并做出最优选择的行为。企业在进行财务决策时,面对自然和经济运动规律的不规则性、财务活动的复杂性,财务人员由于受到自身经验和能力的局限,不可能完全准确地预见客观经济活动的变化,因而做到完全正确的决策是十分困难的,决策略有偏差,就有可能招致风险。

(3) 企业内部财务关系混乱。企业内部财务关系混乱是企业产生财务风险的又一重要原因,企业与其内部各部门之间及企业与上级企业之间,在资金管理及使用、利益分配等方面若存在权责不明、管理混乱的现象,必然造成资金使用效率低下或资金流失,资金的安全性、完整性无法得到保证,最终不可避免地出现财务危机。

4.4.2 企业组织外部的风险因素

企业组织外部的风险因素主要是指企业组织所处环境的不确定性因素。主要包括自然环境、政治环境、经济环境等,各种环境的变化对企业来说具有不确定性,可能会给企业带来财务风险。

1. 自然环境的不确定性

自然界的运动发展过程所呈现出的不规则变化趋势,是人们无法预知和控制的。自然灾害等不可抗力事件的发生会给企业的流动资产、固定资产带来损耗或毁损的风险。例如,2008年5月12日的汶川大地震给当地企业造成了巨大的财务损失,这正是自然界存在的不可测环境因素。

2. 政治环境的不确定性

政治因素的变化，各种政治力量、政治观点的对抗以及地区和民族冲突都可能引起政府更迭、动乱、战争、罢工等，其后果可能给企业带来财务风险。例如，战争原因引起世界原油价格上涨，进而导致成品油价格上涨，由此运输企业必然增加营运成本，减少利润，无法实现预期的财务收益。

3. 经济环境的不确定性

国家经济环境的变化主要包括产业结构、国民生产总值增长状况、经济周期的波动、国际收支与汇率、利率、通货膨胀与就业、工资水平等诸多方面。以通货膨胀为例，通货膨胀最直接的表现形式就是物价上涨，而物价上涨又直接影响着企业财务活动的各个环节。物价上涨时，企业在资本市场、金融市场上的融资成本就会上升，其融资难度也会加大，由此带来融资风险；同时也会由于原材料价格、工资水平提高而引起企业经营成本上升，经营绩效下降，财务状况恶化。此外，当国家出现严重通货膨胀时，政府往往采取紧缩银根、减少货币投放，提高利率或中央银行再贴现利率及法定存款准备率等货币政策来抑制通货膨胀。在紧缩的货币政策成功降低通货膨胀的同时，也会引起经济衰退，进而会对企业财务状况产生较大影响，为企业带来财务风险。

第5章

企业财务风险管理框架

本章阐述了企业财务风险管理的概念、功能和内容，分析了企业财务风险管理框架的概念、框架构建的必要性和构建原则，诠释了框架的构成要素以及每个要素包含的内容。

5.1 企业财务风险管理

5.1.1 什么是企业财务风险管理

关于企业财务风险管理的概念，国内外许多学者有不同的表述。本书经过分析认为，企业财务风险管理是指企业为应对和改变所面临的各种财务风险状况而事先采取的一系列管理措施及行为。这些措施及行为包括：如何识别企业是否面临财务风险，评估这些财务风险对企业所造成经济损失的大小及影响程度；由此决定企业采取何种风险管理策略，是风险自留还是风险转移；如何预先防范可能出现的财务风险；一旦财务发生风险，如何控制风险的不良后果及如何降低风险损失等。

前已述及，任何企业在其生存与发展过程中，都会面临来自企业内部和外部的各种财务风险。财务风险的存在是客观的、不可回避的；企业财务风险发生的时间、地点及其概率是不确定的；财务风险一旦产生，必然带来或大或小的经济损失，这些经济损失对企业也许是可以承受的，也可能是致命的。因此，企业对待财务风险的态度应是采取积极的风险管理策略，而不应是消极对待、简单回避和无所作为。在日趋变化、剧烈波动的现实社会及经济环境中，企业风险管理能力尤其是对财务风险的管理能力已成为企业生存发展的核心能力之一。从某种意义上来说，企业管理的实质就是管理和控制财务风险。

5.1.2 企业财务风险管理的意义

1. 提高企业及整个社会资源的配置效率

在现实的社会经济运行系统中,企业是实体经济的载体及基本单元,也是市场配置资源的主体。企业的经营状况及资源配置效率的高低,从根本上决定了整个社会经济系统资源配置的水平。而有效的企业财务风险管理对提高社会经济系统资源配置的效率有着多方面的影响。这是因为,在整个经济系统中,企业既是资源的所有者、使用者,也是所有风险的最终承担者。从经济理论上来讲,由于风险的客观存在以及企业的风险态度、风险偏好,会影响企业投资决策的选择及投资决策的有效性。尤其是企业过度而消极的风险回避态度,可能使企业丧失很多潜在的,甚至较大的投资及盈利机会,从而降低企业投资回报,进而降低整个社会的资源配置效率。而企业通过采取积极主动而有效的风险管理,并通过对风险的预先防范、转移及分散,有助于鼓励企业进行可控制风险范围之内的经营行为及风险投资,从而促进企业及整个社会投资活动与消费活动的高效运行。

此外,实施有效的企业财务风险管理可以提高企业自身的核心竞争力和抵御财务风险的能力,从而可以降低企业遇到风险时出现剧烈波动和冲击;实施有效的企业财务风险管理可以通过风险承担和风险的资源配置,实现资源的最优分配并提高整个社会经济系统的运行效率。

2. 增加股东价值

目前,中国国有企业中(国有独资及国有控股企业仍占有较大比重),最大的股东是国家,其他股东所占股权比例较小,即使是在已经发行股票的上市公司中,国有股仍占有较大比重。从企业的本质及企业的最终目标来看,企业经营管理的目标是实现股东价值的最大化。即在国有独资企业或以国有股为主要股东的国有企业中,其一切经营活动均是围绕增加国家作为大股东和其他股权持有者的企业价值来进行的。从企业进行财务风险管理的实践来看,有效的财务风险管理可以通过降低投资风险,提高投资者信心,降低财务风险损失及企业财务危机成本等途径来提高股东的价值。这从股东价值与企业未来预期净现金流的现值两者之间的关系可以体现出来:

$$V = \sum \frac{E(NCF_{jt})}{1+r_{jt}} \tag{5.1}$$

式(5.1)中,V_j 为第 j 个企业的股东价值;$E(NCF_{jt})$ 为企业未来各时期的预期现金流;r_{jt} 为贴现率。而贴现率 r_{jt} 等于无风险收益率 r_D 加上风险回报率 r_S:

$$r_{jt} = r_D + r_S \tag{5.2}$$

式（5.2）表明，增加股东价值有两个途径：一是降低未来现金流的贴现率 r_{jt}；二是增加企业未来的预期现金流。而企业有效的财务风险管理可以通过对贴现率 r_{jt} 和企业未来预期现金流的影响来达到增加股东价值的目的。因为，如果企业进行有效的财务风险管理，那么企业未来现金流的波动性就会降低，企业的投资风险可能减少，因此，式（5.2）中投资者要求的风险回报 r_S 就会下降，贴现率 r_{jt} 就会减小，从而企业的股东价值 V_j 就会相应增加。

无数企业财务风险管理的案例也充分证明了这一点。例如：企业在产品经营中采用多元化经营分散市场风险；在资本市场采用不同的投资组合来降低股市投资风险；在项目投资中，采用多种风险控制手段来降低投资风险；在期货和金融衍生产品市场交易中，采用套期保值和对冲等手段来降低其交易风险等。

3. 降低企业财务危机成本

企业无论是因为市场风险、自然灾害风险还是经营决策风险等原因，陷入财务困境或出现财务危机时，如果不能采取有效措施及时扭转这种不利状况，就有可能因财务现金支付困难而无法清偿到期债务，从而导致破产或被其他收购方兼并重组，这将会给企业带来巨额损失，进而引起企业资产大幅缩水，股东价值下降。一般而言，企业财务危机所带来的损失及成本可以分为两部分：第一部分为直接损失或直接成本，即企业因财务风险而产生的资产直接账面损失，以及进入破产清算程序或被兼并收购时，在法律、会计等中介机构专业服务方面所发生的费用支出；第二部分为许多不可预见并难以从财务账面反映的间接损失或间接成本。例如：当企业陷入财务危机时，有可能引起人心涣散，企业高层管理人员以及专业技术骨干、管理骨干另谋高就，由此导致企业内部管理混乱而使生产经营活动出现较大幅度的波动，诱发经济效益下滑；与企业正常合作的客户或原材料供应厂家可能会因企业出现财务危机而中断合作关系，从而使企业经营活动雪上加霜；银行或其他金融机构也可能因企业的财务危机而停止对企业提供贷款或其他融资支持；在某些情况下，如企业对财务危机应对不当，甚至有可能使这些间接损失超过其直接损失。

与此相对应的是，如果企业采取有效的财务风险管理措施，则有可能降低财务危机所造成的直接损失及间接损失，并明显降低企业因财务风险而发生破产或被其他企业收购兼并的概率，从而减少企业财务危机的预期成本。根据进行财务风险管理及未进行财务风险管理两种企业所做的比较分析表明，凡是采取了有效财务风险管理措施和手段的企业，其发生财务危机的概率明显要低得多，如图5.1所示。

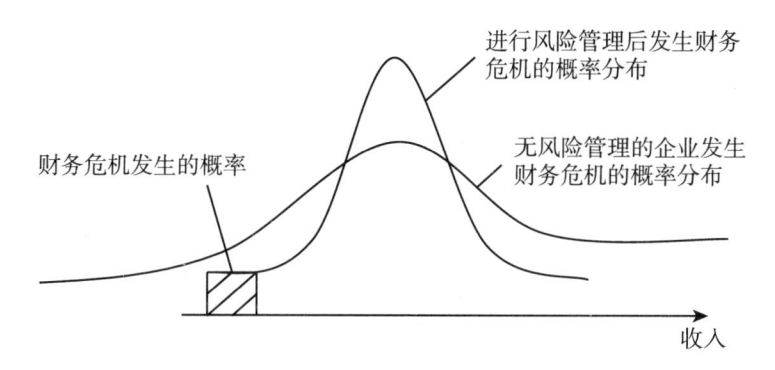

图 5.1 风险管理对企业财务危机发生概率的影响示意

5.1.3 企业财务风险管理流程

对企业财务风险的管理是通过合理的管理流程来实现的，企业财务风险管理流程包括收集风险管理初始信息、进行风险评估、制定风险管理策略、提出和实施风险管理解决方案，以及风险管理的监督与改进等步骤或者程序，如图5.2所示。

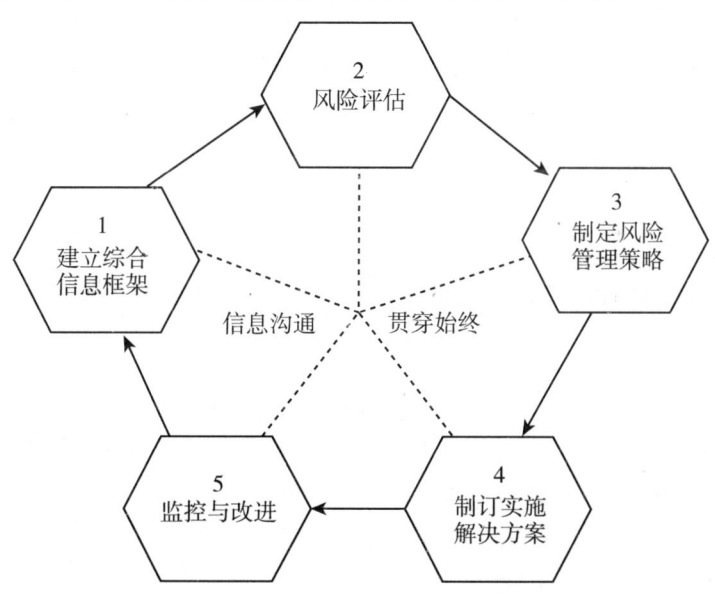

图 5.2 风险管理基本流程

全面风险管理流程中的第一步是收集风险管理初始信息。初始信息的收集要求广泛、全面，只要是与本企业风险和风险管理相关的内部或外部信息、历史数据或未来预测信息、正面资料抑或反面案例都要悉数收集。应把收集初始信息的职责分工落实到各相关职能部门和业务单位，如市场风险的收集交给市场部、财务风险的收集交给财务部门等。《中央企业全面风险管理指引》（以下简称《指引》）特别强调，在收集初始信息时，应广泛收集国内外企业由于风险失控导致企业蒙受损失的案例，以期对企业有一定的警示作用。

全面风险管理流程的第二步是风险评估。风险评估包括风险辨识、风险分析、风险评价三个步骤，在风险评估过程中可以引入大量定性和定量的科学方法。企业应通过对风险管理信息实行动态管理，定期或不定期实施风险辨识、分析、评价，可以对新的风险和原有风险的变化重新评估，进而调整风险管理策略。

全面风险管理流程的第三步是制定风险管理策略。根据《指引》的精神，企业在制定风险管理策略时，首先要根据不同业务特点统一确定风险偏好和风险承受度，再据此确定风险的预警线并综合考虑风险管理所需的人力及财力资源配置原则，最后采取相应对策。

全面风险管理流程的第四步是提出和实施风险管理解决方案。企业应根据风险管理策略，针对各类风险或每一项重大风险制订风险管理解决方案，并规定了方案一般应包括的具体内容。其中特别强调了企业制订风险解决的内控方案及其制度内控时应包括的内容。

全面风险管理流程的第五步是风险管理的监督与改进。企业应以重大风险、重大事件和重大决策、重要管理及业务流程为重点，对风险管理前四个流程的实施情况进行监督，并采用压力测试、穿行测试等方法对风险管理的有效性进行检验，其目的是根据变化情况和存在的缺陷及时加以改进。

需要注意的是，信息与沟通贯穿于风险管理流程的始终，以保证风险管理相关信息及时传递到相关人员，为风险管理提供正确的依据。

5.2 企业财务风险管理框架概念

以上分析说明，企业管理财务风险是通过以财务风险的识别、财务风险的度量（包括测量与评估）、财务风险的应对（包括控制与化解）等为主要内容的管理流程来实现的，但由于企业财务风险种类多、来源广、管理复杂。仅仅从流程管理的角度对企业财务风险进行识别、度量、管理，疏通管理流程，不一定能达到管理财务风险的目标，企业必须构建一个包括责任主体、财务风险管理流程，以及保证管理流程能够实施的保障体系的框架来管理企业财务风险。

5.2.1 构建企业财务风险框架的必要性

1. 企业财务风险管理框架的内涵

（1）框架的含义。框架（framework）一词按照美国传统词典（*American Heritage*

Dictionary)的解释是"支撑或围住其他物体的结构,尤指用作建筑物之基础的支撑骨架;一种基本结构"。"框架"对土木工程、软件工程等不同的学科,含义有所区别,但"框架就是一组协同工作的类,它们为特定类型软件构筑了一个可重用的设计。框架是针对特定的问题领域的,包括了一组的抽象概念,这些抽象概念来源于问题领域。"①

以上对框架的定义不难看出,"结构"(structure)一词着实反映了框架的本质。ANSI – IEEE – Std – 1193 – 1994 对结构的定义是:一个系统的基本组织,表现为系统的组件、组件之间的相互关系、组件和环境之间的相互关系以及设计和进化的原则。结构包括一组部件以及部件之间的联系。② 结构是由各种各样的单元组成的,而单元有大有小,由组成单元的结构、单元之间的关系,以及制约这些单位的设计和随着时间演进的一些动态的原则指南构成的。③ "结构"在应用开发中也扮演了重要角色。一个相当复杂的应用包含了如此之多不断变化的细枝部分,以致人们无法把握它们的复杂关系。而"结构"帮助我们将这些不断变化的细枝部分,组织成易于理解的少数几个主要部分。

通过以上分析,本书认为:框架是在特定环境下,为达成一定目标,把系统内相互联系、功能完备的要素及要素之间关系整合而成的一种结构表述。框架具有以下特征:

- 框架专注于特定领域,具备完善的功能,以推动企业实现特定目标为立足点,着力于一个特定领域解决方案的完整表达。
- 框架要解决的最重要的一个问题是技术整合问题。
- 从结构上说,框架内部是高内聚的。
- 框架封装了处理流程的控制逻辑。
- 框架是清晰的、简洁的、一致的。"清晰"指框架的结构是清晰的、框架的层次是清晰明朗的、框架中各个要素职责是清晰明确的。"简洁"指框架中没有无关紧要或多余的元素,而且各个要素职责目标是非常集中的,这正是"高内聚、低耦合"设计原则的体现。"一致"通常体现在命名的规则一致、含义一致,以及组件的装配方式和使用方式一致等。框架的使用者在熟悉了框架的一部分后,会非常容易地理解框架的另一部分。
- 框架是轻量的。框架的功能是完备的,但所必需的内容和功能尽可能是非冗余的。

(2)企业财务风险管理框架的内涵。结合前面讨论的企业财务风险管理和框架的含义,本书认为企业财务风险管理框架的内涵是:在一定环境下,为了完成企

---

①② 吴继军、王家海:《框架在提高软件质量中的作用》,载于《中国数据通信》2005 年第 6 期。
③ http://industry.ccidnet.com/art/884/20080320/1396833 – 4.html

业财务风险管理的目标而建立的相互联系、功能完备、要素完整、联系紧密的要素及要素之间关系整合而成的一种结构表述。框架的结构是分层的,包括目标层、管理层和基础层。框架的要素包括管理目标、责任主体、程序方法、保障体系和管理基础。管理要素可细分为子要素,例如:程序方法这一管理要素由风险识别、风险度量、风险应对和管理评价等子要素组成;保障体系这一管理要素包括完善风险管理的内部控制机制、开展信息化、建立财务预警系统、健全内部管理制度和审计等子要素。

2. 构建企业财务风险管理框架的意义

(1) 通过框架,我们容易理解企业财务风险管理系统的功能、结构和边界。

(2) 我们可以站在系统角度,从整体审视企业财务风险管理,清晰框架内的组成要素及要素之间的影响关系。

(3) 框架使得我们的系统在有所支撑的同时,也给出了限制。因为当我们确定了框架之后,就必须在这个框架的限制之内来构建我们的管理体系。这样,我们会更加专注于目标的达成、功能的完备和内容的充实。

(4) 框架可以把复杂的企业财务风险管理系统结构化,降低理解系统难度,便于我们分析和掌握。

5.2.2 构建框架应遵循的原则

系统论的思想是指导企业财务风险管理的主要理论。系统论强调整体性原则,企业财务风险管理是一个系统,系统是由各组成要素相互联系、相互作用所形成的一个有机整体,系统的各组成要素是不可缺少、不可分割的;系统论强调目的性原则,企业财务风险管理系统通过系统功能的发挥而实现财务风险管理的目标,而系统功能的发挥又与系统的组成及结构有很大关系;系统论强调整体优化原则,企业财务风险管理系统整体性能是否最优会受到该系统组成管理要素及要素间关系变化的影响,若想发挥系统的最优性能,就需要根据环境的变化不断调整系统组成管理要素及管理要素间的关系,从而达到优化企业财务风险管理系统整体性能的目的。

企业财务风险管理要运用马克思实践方法论。按照马克思实践方法论,企业财务风险管理是一项管理实践,实践主体和实践客体的关系对实践的性质和结果有着举足轻重的影响。[①] 主体和客体是由它们在会计实践中的地位和作用来决定的。一

---

① 王世定:《我的会计观——关于会计理论的探索》,人民出版社1996年版,第12页。

般而言，作为实践主体的人是能动的、主导的方面，主体通过自己的活动决定主客体相互作用的性质。但这种能动性不是随意的，它还受到客体的制约和限制。[①] 企业财务风险管理的主体（本书称之为责任主体）分析企业财务风险（客体之一）的特征，进行财务风险管理活动，通过保障体系才能发挥能动性，实现管理企业财务风险的目标。

COSO 于 2004 年 9 月正式颁布了《企业风险管理——整体框架》。新框架凸显风险管理，内容充实，更具指导性：第一，丰富内部管理内涵，提出了风险偏好、风险承受度等概念，使企业风险管理的定义更具体、更明确；第二，拓展了内部管理目标；第三，扩展了内部管理要素；第四，突出强调了董事会在企业内部管理和风险管理中应扮演的重要角色的作用，要求董事会将主要精力放在风险管理上，而不是所有细节管理上。2004COSO – ERM 框架的目标、要素、层面之间的关系为一个三维结构的框架。

基于以上系统理论的思想，运用马克思实践方法论，借鉴 COSO《企业风险管理——框架》的成果，本书确立构建企业财务风险管理框架的总体思路是：借鉴企业财务风险管理理论，参考财务风险管理范例，遵循财务风险管理法规，结合企业财务管理实际，构建整体的、完备的、动态的、可控的财务风险管理框架，框架需要定期进行评价，并根据环境、业务变化定期修改。

企业财务风险管理框架的构建要遵循以下原则。

1. 整体性

企业财务风险管理非常复杂。站在系统的角度，构建的框架必须尽可能包括所有重要的管理要素。各管理要素必须有机构成一个整体才能发挥应有的效用。这就要求各管理子系统的具体管理目标必须服从于整体管理系统的整体目标。框架的构建必须做到管理要素齐全、点点相连、环环相扣、彼此沟通，真正成为一个健全完善、运转灵活的系统网络。系统的设计思想在企业财务风险管理框架构建中非常重要。每一个要素的构建都要站在管理系统的高度来进行，同时研究管理程序对其他业务的衔接，解决冲突。

2. 完备性

框架的完备性来自于管理对象的宽泛性。财务风险的内容非常广泛。首先，财务风险发生的原因、表现形式、影响力是复杂的；其次，财务风险形成的过程是复杂的，尤其是在企业层面、部门层面、业务层面，资金运动的过程比较复

---

① 王世定：《我的会计观——关于会计理论的探索》，人民出版社 1996 年版，第 13 页。

杂，在每个环节都可能存在一定的风险；最后，在企业的融资、投资、收益分配、产权管理、内部转移价格等运行环节都可能产生财务风险。所以，框架的管理要素尽可能包括所有子要素，责任主体要包括所有的财务风险管理参与者，程序方法包括风险识别、风险度量、风险管理和管理评价等，保障体系要健全，遵循完备性原则。

3. 动态性

动态性是指构建的框架不是一成不变的。框架管理的对象——财务风险在一定条件下会发生强弱转化，也就是说财务风险是相对于不同的经营者及其抗风险能力而言的，并且随着管理思想、科学技术的进步，人类认识、改造和征服自然能力增强，对某些财务风险发生、发展的规律逐步掌握，我们认识财务风险、防范财务风险的能力越来越强。尤其是以计算机技术为代表的现代科学技术的发展，人们管理风险的方式、方法日益多样，管理能力进一步加强。建立的框架要有动态性，以适应企业财务风险变化的环境。

4. 可控性

可控性指我们构建的框架是可以随着环境而变化、调整、优化，是适应环境的，可控性是构建框架的重要原则。可控性原则要求我们能够根据企业财务风险管理的环境变化及时改变框架的管理要素或内容。目前，企业财务风险管理面临的环境发生着非常迅速、异常巨大的变化，这对企业财务风险管理提出了新的要求。企业要根据环境变化及时调整战略选择和目标，明确财务风险管理责任主体、完善程序方法、健全保障体系、优化管理基础，合理保证企业财务风险管理的效率和效果，实现企业财务风险管理的目标。

5.3 框架结构

在框架构建原则指导下，本书基于系统理论思想，运用马克思实践方法论，借鉴 COSO《企业风险管理——整体框架》成果，构建企业财务风险管理框架。

5.3.1 框架图

企业财务风险管理框架由"三层五要素"构成，"三层"包括目标层、管理层和基础层；"五要素"包括管理目标、责任主体、程序方法、保障体系和管理基础

（如图5.3所示）。

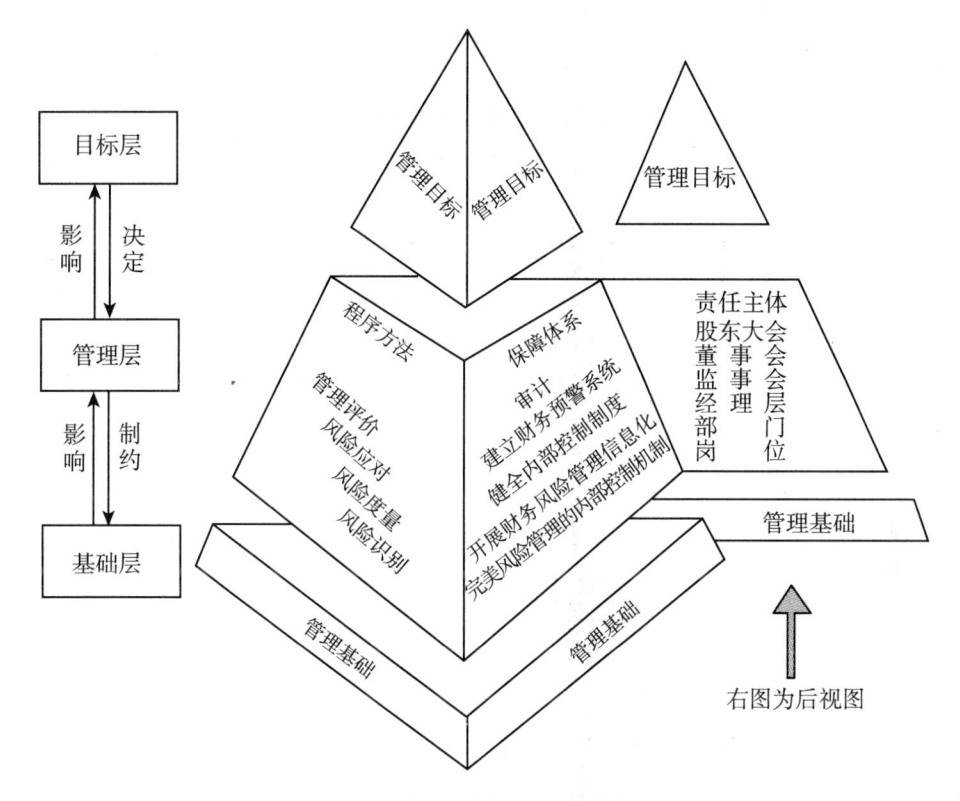

图5.3 企业财务风险管理框架

5.3.2 框架要素分析

在框架的三层结构中，目标层描述企业财务风险管理的目标。目标层对管理层有导向和统驭作用，直接决定管理层的内容和性质。管理层是框架的主体，它描述企业财务风险控制的责任主体、程序方法和保障体系。管理层对目标层有影响作用，管理层要素作用的发挥程度直接影响了财务风险管理目标的实现程度，同时管理层对基础层有制约作用。基础层描述企业财务风险管理的内部环境，在受管理层制约的同时对管理层有影响作用，它直接影响管理层管理财务风险的效果。

在框架的五要素中，管理目标是企业通过财务风险管理达到的目标。管理目标是企业通过环境分析，制定战略选择，在确定企业战略目标的基础上，考虑了企业使命和风险承受度后制定的。责任主体是企业财务风险管理程序方法的实施者或者参与者。企业财务风险管理的责任主体包括：股东大会、董事会、监事会、经理层、部门和岗位等。程序方法是企业财务风险管理的基本程序和方法，是规范的财务风险管理基本流程。企业财务风险管理的程序方法应该包括风险识别、风险度量、风险应对和管理评价。保障体系是保证各责任主体按照企业财务风险管理流程来实施管理的程序方法得以落实的制度、机制和手段。建立健全有效的保障体系为企业实现财务风险管理目标提供合理保证。本书构建的保障体系包括：完善风险管理的内部控制系统、开展信息化、建立财务预警系统、健全内部管理制度和审计等。

构建企业财务风险管理框架是本书的创新点之一，本书第5~7章将讨论框架中的核心内容，第8章还通过一个完整案例及其剖析验证企业财务风险管理框架的有效性和适用性。

第6章

框架的目标层

本章阐述框架目标层的概念和意义，分析目标层的确立原则，诠释目标层的确立步骤和具体内容。

6.1 目标层概述

6.1.1 目标层的含义

在金字塔形企业财务风险管理框架中，目标层位于金字塔的顶端。目标层描述企业财务风险管理的目标（以下简称"管理目标"），管理目标对管理层有导向和统驭作用。从企业财务风险管理的角度看，管理目标是分层的，分为企业层面、部门层面和业务层面，每一层面因责任主体的权责及在财务风险管理中的角色不同而有不同的具体目标，但每一个具体目标都是企业财务风险管理的子目标，都是为企业财务风险管理的整体目标服务。

6.1.2 建立目标层的重要意义

前已述及，目标层决定了框架内部的结构和管理要素的组成。目标层决定管理层的内容及性质，并制约基础层的内容及性质。从风险管理的角度，风险是指不能实现目标的可能性，没有目标就没有风险，风险管理更无从谈起。具体地讲，目标层确立的管理目标有以下意义。

1. 财务风险管理目标是企业财务风险管理的方向

企业财务风险管理系统是以目标为导向建立的，确立了管理目标，责任主体进行财务风险管理的程序方法就有了方向。由于企业管理是分层的，企业财务风险管理的目标也是分层的，财务风险管理的目标从上到下层层分解；处于不同管理层次的责任主体在自己的权责范围内保证各自财务风险管理的目标，从下到上层层保证。以期合理保证企业财务风险管理的整体目标。

2. 财务风险管理目标是财务风险管理纠偏的标杆

在企业财务风险管理过程中，责任主体会从不同的角度，按照自己在财务风险管理中的角色，通过一定的方法，将风险管理的效果和管理目标进行对比。一旦管理的效果和确立的管理目标有偏差，会采取措施纠正风险管理过程中的弊端、不足及缺陷，使企业财务风险管理沿着既定的目标进行。管理目标是财务风险管理纠偏的标杆。

3. 财务风险管理目标是企业财务风险管理评价的依据

企业在财务风险过程中会定期、不定期地对财务风险管理的绩效进行评价，评价的依据就是企业确定的目标。没有管理目标，企业财务风险管理评价就没有了依据。当然，企业层面、部门层面及业务层面评价的依据是按照权责分解的目标，因此依据各不相同，但归根结底是为企业财务风险管理的整体目标服务的。

6.2 构建目标层的基本原则

企业财务风险管理的目标是由战略目标统驭的，和企业财务管理目标一致，同时考虑企业使命和风险承受度而制定的。所以构建目标层时，要遵循以下基本原则。

6.2.1 环境分析起点原则

构建风险管理目标层时，从企业财务风险管理的社会环境和任务环境分析开始。按照系统理论思想，既然企业财务风险管理框架是一个系统，它就有边界，边界外面就是环境。财务风险管理是在一定环境下进行的，财务风险管理活动具有主动适应环境并受环境影响的双重特性。

按照系统理论的目的性原则，企业财务风险管理系统是有其管理目标的，管理目标在构建框架中起导向作用。众所周知，企业财务风险管理的目标是受企业战略目标统驭的，制定战略目标是在环境分析的基础上进行的。

企业只有进行环境分析，才能知晓企业面临的机会和威胁，以及企业自身的优势与劣势；然后利用环境造成的机会，回避环境造成的威胁，发挥自身优势，回避自身劣势，选择战略组合，制定战略目标。既然构建框架应首先明确管理目标，管理目标的明确以企业战略目标为统驭，制定战略目标以环境分析为基础。所以，企业构建目标层，确立管理目标时，以环境分析为起点。

6.2.2 目标保持一致原则

目标一致原则是指企业财务风险管理的目标和企业财务管理的目标保持一致。企业财务风险管理是企业财务管理内容的一部分，它们的目标是一致的，企业财务风险管理的目标是企业财务管理目标的具体化。研究企业财务风险管理的目标需要分析企业财务管理的目标。

随着企业面临环境的变化，企业不同发展阶段，或者其他导致公司财务状况发生变化的因素产生，企业财务管理的目标也会发生变化，此时企业财务风险管理的目标也要发生变化，以保持两者目标的一致性。

因此构建目标层管理目标时，要分析企业财务管理的目标。

6.2.3 借鉴国际惯例原则

借鉴国际惯例原则是指确立企业财务风险管理的目标时，借鉴国际上先进的、科学的、普遍认可的管理思想和成果。COSO 于 2004 年 9 月正式颁布了《企业风险管理——整体框架》，该框架的出台被认为是企业风险管理的新的里程碑。新框架凸显风险管理，内容更充实、更具指导性。它丰富了内部控制内涵，提出了风险偏好、风险承受度等概念；拓展了内部控制目标，即从原来"三目标"（经营的效果和效率、财务报告的可靠性、相关法律法规的循性）拓展到"内部的和外部的""财务的和非财务的报告"，还提出了一类新的目标——战略目标。

ERM（enterprise risk management）的三维框架理论[①]在企业财务风险管理实践中具有重要指导意义，我们确立企业风险管理目标层管理目标时，要借鉴《企业风险管理——整体框架》的成果。

6.3 目标的确立和具体内容

6.3.1 目标的确立

1. 企业环境分析

企业作为一个系统，总是在一定环境下运行的。企业的环境分为外部环境和内

---

① 见第 1 章文献回顾部分内容。

部环境，外部环境又可细分为社会环境和任务环境①。

（1）财务风险管理的社会环境。企业财务风险管理的社会环境，是对企业财务风险管理活动有重要影响的宏观方面的条件和因素的集合，主要包括政治、经济、社会文化、技术以及法律、法规等因素。社会环境的变化一般对所有企业的财务风险管理活动均产生影响，但由于企业自身条件不同，对其造成影响的程度和正、负效应也不同，所以应结合企业的特点分析社会环境对其财务风险管理的影响。

第一，政治环境。稳定的政治环境是经济发展的基本保障，当前我国政治稳定，为企业的发展提供了有利条件。需要注意的是，政治环境的形成离不开经济因素，虽然政治环境给企业财务风险管理提供了基础性的保障和指导目标，但在大多数情况下，它对企业财务风险管理的影响是间接的，只有通过与经济因素的相互作用才能表现出来。

第二，经济环境。经济环境对企业财务风险管理的影响是直接、显著的。从内容上来分，包括经济周期、经济发展水平、经济体制以及一些具体经济因素（如通货膨胀率、利率、汇率、财税政策、产业政策等），进行跨国经营的企业还涉及国际经济环境。

第三，金融环境。在构成经济环境的众多因素中，金融因素对企业财务风险管理产生的影响极大。金融环境包括金融市场、金融政策、金融体制等。

第四，法律环境。企业财务风险管理的法律环境主要是指影响企业财务风险管理的各种法律因素。国家对企业进行干预主要通过行政、经济和法律这三种手段。随着市场经济的建立，行政手段会越来越少，而经济干预和法律干预会增多，特别是法律手段会进一步加强。因此，企业作为市场经济的主体，其财务风险管理行为必然受到法律规范的约束。只有充分认知法律环境，才能在法律允许的范围内更好地进行财务风险管理活动，避免违法、违规行为的产生，同时可以利用法律手段来维护企业的利益。

第五，社会文化环境。社会文化环境包括教育、科学、文学、艺术、卫生、体育等，范围极其广泛，内容极其丰富。财务风险管理作为企业经营管理的一个组成部分，必然受到社会文化环境的影响，其中教育与科学对它的影响是直接的、显著的。

（2）财务风险管理任务环境。任务环境可以认为是企业运行的行业背景，主要包括影响公司和受公司影响的要素（如竞争环境、市场环境和生产环境）或者组织（如政府、地方社区、供应商、竞争者、客户、信贷者、雇员与工会、特殊利益群体以及商业联盟等）。

---

① 具体见第7章相关内容。

第一，竞争环境。包括行业内竞争者、替代品的威胁、潜在进入者、供方砍价能力、买方砍价能力等。

第二，市场环境。每个企业所面临的市场都是不同的，在不同的市场环境下，要选择不同的财务风险管理策略。

第三，生产环境。每个企业的生产环境互不相同，生产环境对企业财务风险管理有重大影响。

任务环境的变化一般只对特定的企业财务风险管理产生影响，不同企业所面临的任务环境不同。简言之，企业的任务环境可以认为是企业运行的行业背景，行业分析就是对企业运行的任务环境的主要因素进行的深入研究与分析。

内部环境是对财务风险管理框架有重要影响的微观方面的各种因素，如企业组织形式、生产状况、产品销售市场状况、资源供应情况、企业管理水平、企业历史、管理人员素质、主要负责人性格等。

本书经过认真分析认为，环境分析中的"环境"是在构建企业财务风险管理框架时，对其有影响的各种因素的总称，主要指社会环境和任务环境。

(3) 环境变化对企业财务风险管理的影响。目前，企业的环境发生着非常迅速、异常巨大的变化。"我们熟悉的东西有一些快要闲起来了，我们不熟悉的东西正在强迫我们去做"①。构建企业财务风险管理框架时必须分析环境的变化以及变化对企业的影响。在此，我们重点分析经济环境、金融环境和技术环境变化以及对企业财务风险管理的影响。

第一，经济环境的变化及其影响。21世纪，以纳米技术、基因技术和信息技术为核心的高科技技术革命正在推动人类进入一个新的文明时代——新经济时代②，在世界技术进步与各国开放政策的推动下，经济全球化进程逐步加快，成为世界经济发展的主流，加剧了企业的激烈竞争，并日益呈现出新的特征。

经济环境的变化在给企业提供快速发展机会的同时，增加了企业的财务风险，对企业的财务风险管理也增加了难度，同时，提出了企业的财务风险管理的要求。

第二，金融环境的变迁及其影响。众所周知，在经济全球化过程中，金融全球化已经成为改变企业业务的关键性力量，在某种意义上，未来是金融时代。电子货币成为企业网络交易市场的主要结算工具，它可以每天24小时在全球外汇市场上进行交易，并且大大降低企业的流通费用和交易成本。网上银行——银企互联的建立和普及也为网络经济的正常运转提供了安全、可靠的金融保证。金融全球化使企业的产权管理、融资方式和渠道、投资管理、运营和利益分配等有了更多的选择机

---

① 王世定：《我的会计观——关于会计理论的探索》，人民出版社1996年版，第12页。
② 新经济这一概念是1996年12月31日由美国《商业周刊》首次提出的。新经济是以知识为基础，以信息技术为主导，以人力资源和知识资源为主要的推动因素，以创新为核心，以世界为舞台，由高科技所驱动，使企业可持续发展的一种经济。

会和方式,极大提升了企业的价值。

金融环境的变迁,信息技术和信息化基础上的金融全球化,使金融危机具有突发性和全球性,破坏力更强,这增加了企业财务风险。

第三,技术环境的变革及其影响。以计算机技术为代表的信息技术和通信技术正在取消时间与空间的概念,形成全球单一的电子市场,企业的资源配置、产品的销售等都在世界范围内进行,企业相互之间与企业内部合作和重组也跨越了国界。网络的迅速延伸及扩展,使得我们的物理世界变成一个"地球村",世界经济成为一个资源共享、高速运转、多元发展的模式;同时信息技术和通信技术也改变了人们的工作与生活方式,改变了企业的运作和管理方式。

企业技术环境的变革给现代企业创造了很多机遇,同时也带来了前所未有的财务风险。

从以上分析不难看出,环境的变化增加了企业财务风险的种类,提高了财务风险管理难度,对企业财务风险管理提出了新的要求。

(4) 环境分析方法。我们在对企业财务风险管理环境进行分析时,可以采用 SWOT (strengths, weaknesses, opportunities, threats) 分析法。SWOT 分析法就是分析企业面临社会环境,识别机会 (strengths,简称 O) 与威胁 (threats,简称 T);企业行业分析,识别优势 (strengths,简称 S) 和劣势 (weaknesses,简称 W),列于 SWOT 矩阵结构中(如表 6.1 所示)。通过相互之间的匹配,得出以下几种可供选择的竞争战略。运用外部、内部要素评价 (factors evaluation) 矩阵,可以对公司主要优势与劣势进行全面综合的评价。

表 6.1　　　　　　　　　　企业 SWOT 矩阵分析

外部环境 \ 内部环境	优势(S)	劣势(W)
机会(O)	SO(发挥 S,利用 O)	WO(克服 W,利用 O)
威胁(T)	ST(发挥 S,回避 T)	WT(克服 W,回避 T)

企业进行环境分析,以此来利用外部环境造成的机会回避威胁、选择战略组合、制定战略目标。然后结合企业的战略目标、企业使命和财务风险承受度等制订企业财务风险管理的目标。

2. 企业财务管理目标分析

企业财务风险管理的目标和企业财务管理的目标是一致的。研究企业财务风险管理的目标需要分析企业财务管理的目标。

随着财务管理环境的变化,企业财务管理的目标也不断演进。企业财务活动的目标经历了传统财务管理目标和现代财务管理目标两个阶段。传统财务管理目标包括：产值最大化、利润最大化、每股利润最大化等；现代企业财务管理目标包括：股东财富最大化、企业价值最大化、相关人利益最大化等。企业的财务活动是以目标为导向的，这些财务目标在提出当时确实推动了企业的持续发展。

（1）传统财务管理目标。产值最大化是与计划经济环境相适应的。在传统的集权管理模式下，企业的财产所有权和经营管理权高度集中，企业的主要任务是执行国家下达的产值目标，企业负责人的职务升迁、职工利益分配的数额均由计划产值指标的完成程度来决定，这就决定了企业必然要把完成总产值作为其财务管理目标。产值最大化目标的缺陷在于，只考虑产出量，却没有考虑产品的效用；只考虑产出，不考虑投入。显然不符合现代企业的具体环境。[①]

利润最大化[②]是改革开放后提出的企业财务管理目标，当时为搞活国有企业，采取放权让利、承包经营等经营模式，财务管理目标发生了变化。同期提出的改进的目标还包括每股利润最大化。与利润最大化目标相比，每股利润最大化目标消除了企业的规模因素，因而显得更为合理。在自主经营、自负盈亏的约束下，国有企业必须考虑持续经营，必须考虑支出和收入的平衡。因此，利润最大化与产值最大化有明显进步。但是利润最大化的目标没有考虑企业规模、风险、资金成本和货币时间价值，并且随着承包经营制度的弊端尽显，利润最大化目标也成为财务管理目标的历史记忆。

（2）现代财务管理目标。股东财富最大化是我国资本市场迅速发展以及西方财务管理理念引进相结合的产物。在美国，由于其发达的资本市场，为股东创造价值成为很多上市公司的宣传口号。股东财富最大化目标的优点是考虑了风险因素和货币时间价值，因为风险高低及货币时间价值都可以通过股票价格反映出来。[③] 此外，由于股票市场能够对公司追求长期价值最大化的行为做出及时反应，如对科研开发等方面的投入做出正面反应，该目标还能够克服企业在追求利润上的短期行为。股东财富最大化目标的出现推动了财务管理目标理论的不断发展，但这个财务目标仍然具有片面性。股东财富最大化目标只强调了股东利益，没有考虑其他相关者的利益。特别是当其他方取得了控制权，则股东利益至上就是不现实的结果。我们可以试想，如果公司陷入财务困境，债务无法偿还，企业管理层申请债务重组，或者企业申请破产保护，企业的财务目标就不是股东财富最大化，因为此时股东已经没有对企业的实质控制权。换句话讲，控制权已从企业的股东转移到了企业的债权人，债权人会议对企业有着最终的决策权，他们有权选择继续经营或者解散

[①] 朱开悉：《财务管理目标与企业财务核心能力》，载于《财经论丛》2001年第5期（总第90期）。

[②] 王化成认为，利润最大化是从西方借鉴的，在西方经济理论中利润最大化目标是根深蒂固的，西方许多经济学家都是以利润最大化这一概念分析和评价企业行为与业绩。

[③] 王化成：《论财务管理的目标》，载于《财务研究》1991年第3期。

清算。

企业价值最大化目标观认为企业价值包括股权价值和负债价值两大部分，当两者之和为最大时企业价值达到最大化。追求企业价值最大化显然能够使职业经理不仅重视股东的利益，还能够重视债权人的利益。相关人利益最大化的财务目标引入了企业相关人治理的经济学理论，认为企业是由股东、债权人，还包括了政府、员工以及社会等利益相关人共同治理的结果。该目标能使企业经理层考虑企业利益相关者的利益。

综上所述，本书认为企业财务管理的目标是追求企业价值最大化。

3.《企业风险管理——整体框架》框架目标的启示

(1)《企业风险管理——整体框架》框架目标。《企业风险管理——整体框架》四大目标：战略目标、营运目标、报告目标和遵循目标。基于营运及发展考虑，经过研究发现，该目标体系对现有资源控制保护不够。因此笔者认为，结合《企业风险管理——整体框架》的四大目标，应该加上资产安全相关内容的目标。

第一，战略目标。战略目标是高层次的目标，它与企业的使命相协调，反映了管理者就企业如何努力为它的利益相关者创造价值所做出的选择。在考虑实现战略目标的备选方式时，管理者要识别与一系列战略选择相关联的风险，并考虑它们的影响。

第二，报告目标。此类目标与报告的可靠性有关，包括内部和外部报告。可靠的报告为管理者提供适合其既定目标的准确而完整的信息，支持管理者的决策以及对企业活动和业绩的监控。

第三，营运及资产安全目标。此类目标与企业经营的有效性和效率有关，包括业绩与盈利目标以及保护资源不受损失，需要反映企业运营所处的特定的经营、行业及经济环境，同时保证企业现有的各项资产安全完整，使生产循环顺利进行，企业价值真实完整。

第四，遵循目标。此类目标与符合相关法律法规有关。适用的法律法规确定了最低的行为准则，企业应将其纳入遵循目标之中。一个企业的合规记录可能会对它在社会和市场上的声誉产生极大的正面或负面影响。

(2)《企业风险管理——整体框架》框架目标的启示。《企业风险管理——整体框架》的目标为确立企业财务风险管理的目标提供了借鉴。

第一，目标的确立与分解。根据企业确定的任务或预期，管理者制定企业的战略目标，选择战略并确定其他与之相关的目标，在企业内层层分解和落实。管理者必须首先确定企业的目标，才能够确定对目标的实现有潜在影响的事项。而企业风险管理就是提供给企业管理者一个适当的过程，既能够帮助制定企业的目标，又能够将目标与企业的任务或预期联系在一起，并且保证制定的目标与企业的风险偏好相一致。

第二，风险管理框架对于目标实现提供合理的保证。对于目标的实现，企业风险管理框架只提供合理的保证，而且，对于不同的目标，所提供合理保证的内容也不尽相同。对于报告目标和遵循目标来讲，因为有关报告的可靠性和符合法律、法规的目标在企业主体的控制范围之内，所以可以期望企业风险管理为实现这些目标提供保证。但是，对于战略目标和营运目标的实现并不完全在企业控制范围内。由于外部事项的发生超出了它的控制范围，如政府的变动、自然灾害等，一旦它们发生就采用一项权变计划来处理。但是这种计划只能缓解外部事项的影响，不能确保目标的实现。对于战略和营运目标，企业风险管理能够合理保证相关管理者及时获悉企业实现这些目标的进展状况。

第三，风险偏好与风险承受程度。针对企业目标实现过程中所面临的风险，企业依据资源优势和战略选择风险应对方式，同时根据自身风险承受能力决定是否采取相应行动。

风险偏好是指企业在实现其目标的过程中愿意接受的风险的数量，这个概念是建立在风险承受度的基础之上的。风险偏好与企业的战略直接相关，企业在制定战略时，应考虑将该战略的既定收益与企业的风险偏好结合起来，以使企业的管理者在所能承受的风险偏好之内选择适应的战略。

风险承受度是指在企业目标实现过程中对差异的可接受程度，是企业在风险偏好的基础上设定的对相关目标实现过程中所出现差异的可容忍限度。在确定各目标的风险承受度时，企业应考虑相关目标的重要性，并将其与企业风险偏好联系起来。

综合以上分析，本书认为，企业财务风险管理的目标是分层的，包括企业层面、部门层面和业务层面。每一层面的目标不同，但目标从上到下层层分解，从下到上层层保证。企业财务风险管理的目标总体上可分为战略目标和战术目标两个层次。战略目标给出了财务风险管理应该达到的整体目标；战术目标是各个具体控制对象实际中应该达到的目标。

6.3.2 目标的具体内容

企业财务风险管理目标的内容可以概括为以下四个方面。

1. 财物安全

在企业经营管理过程中，各责任主体必然会占用一部分财物。这些财物有可能被这些责任主体私吞、侵占；另外由于种种不确定性、信息不对称等原因，可能使企业各责任主体不能发挥其财产物资的效用。所以保证财物的安全、完整，并确保有效使用成为财务风险管理的最基本的目标。

2. 信息真实

在企业内部分层管理而形成委托代理关系的条件下，受托人必须向委托人报告受托责任的履行情况，但是受托人为了隐瞒受托责任的履行情况可能制造虚假信息，所以保证财务信息的真实就成为财务风险管理的另一个基本目标。财务信息的真实性包括：正确性、可靠性、相关性和完整性等方面。

3. 行为合规

在企业内部分层分权管理的条件下，为了协同整个企业的行为，有关管理当局会制定各种法规制度，但分层分权各所属责任主体有可能违反这些制度。所以保证企业各责任主体的行为合规，从而保证财务管理决策的贯彻执行和财务活动的协调、有序和高效，就成为财务风险管理的又一个基本目标。

以上三个目标能否最终实现是保证企业财务活动正常运转的前提条件。

4. 经营有效

企业财物安全、信息真实、行为合规的最终目的是提高企业的经营效率，实现企业整体价值的最大化。但是企业各责任主体有可能非理性决策和执行，导致经营效率低下，所以保证各责任主体理性决策和执行，提高经营效率，就成为财务风险管理的最高目标。这一目标能否最终实现是保证企业有效运转的前提条件。

第7章

框架的管理层

本章系统阐述了框架管理层的内涵以及建立管理层的意义,分析了建立管理层应遵循的原则,并对管理层管理要素的相关内容进行了系统研究。

7.1 管理层概述

7.1.1 管理层的含义

管理层是企业财务风险管理框架的主体部分,管理层包括责任主体、程序方法和保障体系三项管理要素。前已述及,责任主体是企业财务风险管理程序方法的实施者或者参与者,程序方法是企业财务风险管理的基本程序和方法,是规范的财务风险管理基本流程,保障体系是保证责任主体财务风险管理程序方法得以落实的制度、机制和手段。也就是说,管理层着重解决的是谁对企业财务风险进行管理、财务风险管理流程是怎么样的,以及如何保证财务风险管理的效率和效果三个问题。管理层的内容及管理效果直接决定财务风险目标的实现程度。

7.1.2 建立管理层的意义

1. 明确各责任主体在财务风险管理中的角色

责任主体是企业财务风险管理实践活动的主体,是企业财务风险管理的实施者和参与者。责任主体处于股东大会、董事会、监事会、总经理、部门和岗位等不同的管理层次,按照各自权责,承担财务风险管理相应的责任。明确责任主体,便于企业中的每一名责任者清楚自己的角色,明确自己在企业财务风险管理中的地位和作用,自觉地进行财务风险管理活动。

2. 程序方法便于疏通财务风险管理流程

程序方法是企业财务风险管理的基本程序和方法，是规范的财务风险管理基本流程。建立程序方法便于企业有关人员按照风险识别、风险度量、风险应对和管理评价的步骤，疏通财务风险管理流程。按照工程科学的思想，既然是流程，每一个阶段有每一个阶段的目标、任务和方法，一个阶段的任务完成了、目标实现了，才能进入下一个阶段。一言以蔽之，程序方法便于明确财务风险管理流程。

3. 保障体系有效保证财务风险管理目标的实现

保障体系是保证责任主体财务风险管理程序方法得以落实的制度、机制和手段。建立健全有效的保障体系，为企业实现财务风险管理目标提供有效保证。企业财务风险来源广、种类多、管理复杂，仅仅通过疏通管理流程，不可能达到责任主体财务风险管理的目标。所以我们必须健全保障体系，通过完善企业财务风险管理控制系统，开展信息化，建立财务预警系统，健全内部控制制度、审计等措施，提高财务风险管理的效果，有效保证企业财务风险管理目标的实现。

7.2 构建原则

框架管理层的建立要遵循以下原则：

7.2.1 科学性原则

管理层的建立应遵循科学性原则。按照马克思实践方法论，企业财务风险管理是一项实践活动，该实践活动的主体即企业财务风险管理的责任主体是所有活动的核心——人。企业财务风险管理的目标不是针对物和事，而是针对人。从目前所论及的有关规定看，财务风险管理的目标大多定位于物和事。事实上，财务风险是企业经营管理过程中存在的客观现象，其存在与否人们不可改变，既然如此，重要的是人们要认识、识别财务风险并对其发生的可能性及引起要素进行有效的管理。既然人们可以通过自身的行为识别与管理财务风险，所以风险管理的最终目标就不是指向物和事而是人们的行为。就人的行为而言，在没有约束的条件下，有可能出现造假、私吞、违规等背德现象。在没有约束的条件下，除了背德，还可能出现不理性行为。不理性通常是由于风险管理者的能力缺失或者盲目（如经验主义、主观主义、教条主义等）所致。既然如此，财务风险管理的目标是管理人们的不理性行为。

7.2.2 全员性原则

企业财务风险管理必须是针对全员的。COSO 的《企业风险管理——整体框架》指出，全面风险管理是一个由企业的董事会、管理层和其他员工共同参与的过程。过去财务风险的管理对象更多的是关注企业高层和财务人员。实际上，企业的财务风险存在于企业运行的各个环节、各个要素、各个主体之中，正因为如此，财务风险管理具有全过程管理、全要素管理、全主体管理的特征。

根据以上原则，企业财务风险管理的责任主体包括：股东大会、董事会、监事会、经理层、部门和岗位。

7.2.3 全程性原则

财务风险管理要遵循全程性原则。在此我们应该注意，企业财务风险管理必须从风险发生的原因开始识别和管理。过去财务风险识别与管理更多的是关注风险发生的结果，实际上，风险管理应该更多地关注原因。在财务风险识别上，过去的财务风险管理往往是以企业的会计报表或业务经营数据作为财务风险识别的依据，而这些数据是企业经营活动的结果，这就使得财务风险识别停留在相对事后、相对笼统的状态。这主要是因为，会计报表以及业务经营数据作为结果数据是对过去事件的描述，同时这些数据已经经过会计核算体系以及业务核算体系的归纳、汇总，难以直接揭示产生风险的事件的性质。所以，为实现财务风险识别所需要的信息必须要由事后信息向事前、事中信息转换；要由抽象信息向具体信息转换；由结果信息向原因信息转换。财务风险产生于原因之中，而引起财务风险的原因都是具体而细节的。在财务风险管理上，必须实行源头管理、全程管理，而不仅仅是结果管理。在财务风险管理中强调关键管理点实质上就是指财务风险产生源头的关键因素，而在财务风险管理中特别强调全程管理，也是考虑到财务风险伴随着企业经营管理活动过程而产生。也就是说，企业经营管理的过程就是财务风险产生的过程，唯有全程财务风险管理才能使企业避免、降低或消除财务风险。

7.2.4 制衡性原则

本章基于集成理论，进行技术、信息和应用集成，开展信息化；基于危机理论、策略震撼理论、企业逆境理论和企业诊断理论等预警理论，选择预警模型和指标，建立预警系统；基于制衡方式，健全内部控制制度；按照审计即是财务风险第二道防线，又是第一道防线的思想，完善审计。以此来健全管理层的保障体系。

健全保障体系时要遵循制衡性原则。财务风险管理应更多地采用制衡方式，谈到财务风险管理，人们自然想到监督，监督成为财务风险管理的主要手段之一。但是监督存在天然的缺陷，就是无法解决谁来监督监督者的问题。从现代企业制度看，企业正在走一条建立制衡体系的路子。现代公司企业之所以要设立股东大会并用一股一票制进行决策，就是为了形成股权制衡；设立董事会并采用一人一票制进行决策，也是为了进行决策权的制衡；在员工层面，任何业务都必须至少经过两个或两个以上的平行部门，以及之上经过两个或两个以上的不同权利层次，也是为了各部门、各环节之间的相互制衡。企业的管理者通过设计有效的财务风险管理制度，使企业内部有可能造成财务风险的任何行为及其过程都存在相互制衡的局面。

7.3 要素分析

7.3.1 责任主体

前已述及，企业财务风险管理的责任主体主要包括股东大会、董事会、监事会、总经理、部门和岗位等。

1. 股东大会

股东大会是公司的最高权力机构，由出资者或其代表的股东组成。股东大会是资产所有者的代表，以维护股东权益为宗旨，保持对公司的最终控制权，无权干预公司的经营活动。股东大会的权力具体表现为：股东大会决定公司经营方针和投资计划；审批公司的年度预算方案和决算方案；审议批准公司的利润分配方案和弥补亏损方案；对公司增加或者减少注册资本作出决议；对发行公司债券以及公司合并、分立或解散等重大事宜做出决策；享有公司剩余收益分配权和配股方案的决策权等。[1] 股东大会站在所有者角度，通过有效管理所有者的财权[2]，对企业财务风险进行管理。

两权分离以后，股东大会享有所有权，授权经营者从事经营活动，授权监事会从事监督活动。股东大会的行为能力是企业财务风险管理的基础，但目前中国部分企业股东大会缺乏或者没有行为能力。如何才能使股东大会有行为能力？股东大会的行为能力通过行权能力来实现，股东大会的行权能力是由两个方面构成的：一是

---

[1] 杨淑娥：《产权制度与财权配置》，载于《当代经济科学》2003 年第 1 期。
[2] 从产权的内涵看，所有者的财权包括出资权、剩余管理权和剩余财产索取权，对公司重大财务战略决策权等。

代表有控制权的股东本身具有行权能力；二是代表有控制权的股东行为不能侵害其他股东利益。要使股东有行权能力的关键是让具有控制权的股东具有行权能力。这样不仅可以增加决策的集中度，从而提高决策效率，也可以减少决策成本。[①]

2. 董事会

董事会是企业的经营决策机构，是公司的法定代表。根据中国《公司法》有关规定，董事会由创立大会或股东大会选举产生，并代表股东利益，负责制定公司的战略决策并检查其执行情况。从财务管理的角度看，企业董事会位于公司内部财务管理体制的最高层，是公司的核心，同样是经营者财务监督体系的核心和最高层。董事会主要职责是：决定公司的经营计划和投资方案；决定公司内部管理机构的设置和基本管理制度；制订公司预决算方案；制订利润分配和亏损弥补方案；制订公司增减资本和发行债券方案；拟订公司合并、分立、解散的方案；决定公司的基本财务管理制度；决定公司的内部管理制度；决定公司内部财务管理机构的设置；决定公司的财务体制；聘任和解雇公司经理、财务负责人并决定其薪酬。

从董事会的职权来看，容易得出这样的结论：公司治理结构是以董事会为中心构建的，董事会对外代表公司进行各种主要活动，对内管理公司的财务和经营，只有董事会才能全方位负责财务决策与管理，从本质上决定公司的财务状况。从机制的角度分析，财务风险管理首先绝不只是财务部门的事情，也不只是企业经营者的职责，而是出资人对企业财务进行的综合的、全面的管理。一个健全的企业财务风险管理体系，实际上是完善的法人治理结构的体现。而财务风险管理的创新和深化也将促进现代企业制度的建立及公司治理结构的完善。董事会从行政者（或者是经营者）的角度，通过全方位负责财务决策有效性，对企业财务风险进行管理。

从财务风险管理角度，董事会[②]是企业的最高财务风险管理/决策机构，承担企业财务风险管理的最终责任。目前，中国有一些企业董事会功能弱化，增强董事会的功能是加强企业财务风险管理的重要措施之一。增强董事会的功能可以从以下方面入手：指派专业委员会（通常是最高风险控制委员会）负责拟订具体的财务风险管理政策和原则；增强董事会的独立性，董事会和总经理分设，增加独立董事比重，建立主要由独立董事组成的董事会下属的审计、提名、薪酬委员会；建立董事会自我评价系统；强化董事会的战略管理能力与责任，包括实现投资决策程序的

---

① 谢志华：《竞争的基础：制度选择——企业制度分析与构建》，中国发展出版社2003年版，第257页。
② 尤金·法码与迈克尔·詹森（Eugene F. Fama and Michael C. Jensen）把企业经营决策过程分为四个部分：起始（initiation）、批准（ratification）、执行（implementation）、监控（monitorin）。其中，"起始与执行"称为决策管理（decision management），"批准与监控"称为决策控制（decision control）。

合理化、推动和监督企业内部各个运作环节的制度建设及组织建设，使这些环节运作程序化、透明化、合理化；推动内部控制机制的制度化、合理化等。

3. 监事会

在公司最高管理当局的组织架构中，监事会是公司的司法者。监事会受权于股东大会，拥有监督权，从事监管活动。监事会的主要职责是：对公司董事、经理履行职责时违反法律、规章或公司章程的行为进行监督、防止和纠正他们滥用职权，损害公司利益。监事会成员由股东代表和一定比例的职工代表组成。监事会从司法者的角度履行监督职责，对企业财务风险进行管理。

众所周知，缺乏监督的权力极易被滥用。因此，设监事会是权力制衡的需要。监事会受所有者或股东委托，对经营者或其集体进行监督。在财务风险管理领域，监事会应当加强与董事会、内部审计、财务风险管理委员会和有关职能部门的联系，全面了解企业财务风险管理现状，跟踪监督董事会和高级管理层为完善内部控制所做的相关工作，检查和研究日常经营活动中是否存在违反既定财务风险管理政策及原则的行为。

目前，中国部分企业监事会功能弱化，存在内部人管理现象。主要原因在于：

（1）从制度安排上讲，监事会是对董事会和公司高管人员进行监督的机构，但是监事会只是被赋予了有限的监督权力，没有罢免董事的权利，缺乏足够的制约董事会行为的手段。

（2）实践中，监事会成员大多数由公司内部人员担任，在行政上置于总经理的领导之下，缺乏独立性，个别监事对职责不了解，甚至存在监事会主席向总经理定期汇报工作的尴尬现象。因此监事会的监督权通常流于形式。

（3）监事会内不懂企业经营管理、不懂国家法律法规、不懂财务管理制度的"三不懂"监事大有人在，致使监督职能弱化。

加强监事会的职权，完善监事会应从以下几个方面着手：监事会有权随时调阅公司账簿和会计记录，并有权要求相关负责人对提出的问题予以说明；监事会提议召开股东大会遭董事会拒绝时，有权在一定时期内自行召集；监事会或监事有权代表股东和公司起诉违法董事和高级管理人员；保持监事会的独立性；监事会应真正由股东大会选举产生，对股东大会负责，并保证监事会实质上和形式上的独立性；避免监事会成员的经济利益由管理当局掌握；严格监事的监督责任；当监事会疏于执行职务职责而给公司或者股东造成损失时，监事会成员应承担对公司和股东损害赔偿的连带责任；设立专职监事，更好地发挥监督作用。

4. 总经理

总经理及其班子是公司经营管理的最高执行层。从日常财务监督的组织、管理和实施过程看，总经理及其班子是经营者财务监督体系的重要领导者。他们作为出资者的受托经营管理者，要千方百计完成任期企业的整体目标，同时又要作为公司法人财产的日常经营管理者，维护企业法人财产所有者的利益。因此，总经理及其班子要代表出资者对下属企业的财务行为进行监督，从整体上维护企业整体利益和出资者利益，并接受出资者的监督。在公司日常经营管理中，总经理还要监督下属企业认真执行董事会的各项战略决策，协调内部职能部门之间在经营运行中的矛盾，调动下属职能部门的积极性。总经理除了全面掌管公司的生产经营活动外，财权上的配置有：（1）经由董事会授权进行日常财务决策，包括聘任或者解除副经理、财务负责人等事宜；（2）为董事会制订财务战略决策拟订方案；（3）负责实施董事会制订的财务战略方案（杨淑娥，2003）。总经理从公司经营管理最高执行者的角度，领导财务监督体系，同时代表出资者监督下属企业的财务行为，对企业财务风险进行管理。

总经理及其集体的主要职责是负责执行财务风险管理政策，指定财务风险管理的程序和操作规程，及时了解财务风险水平及其控制情况，并确保企业具备足够的人力、物力和恰当的组织结构、管理信息系统以及技术水平，来有效地识别、度量、控制财务风险，并定期或者不定期评价财务风险管理的效果和效率。总经理及其集体的支持和承诺是企业有效控制财务风险的基石，只有当高级管理层充分认识并积极利用财务风险管理的潜在盈利能力时，财务风险管理才能够对企业整体产生最大的收益。

5. 部门

从财务风险管理的角度分析，部门主要包括财务风险管理部门、内部审计部门等。

（1）财务风险管理部门。企业具备目标明确、结构清晰、职能完备、功能强大的财务风险管理部门已经成为企业现代化的标志。企业在建立和完善财务风险管理部门组织结构、控制职能的过程中，各级财务风险管理人员及相关人员需要具备很强的识别潜在财务风险的思维意识以及解释财务风险信息的知识能力，并辅以强有力的流程和信息技术支持。

建立有效的财务风险管理部门应当固守两个基本准则：财务风险管理部门必须具备高度独立性，以提供客观的财务风险管理策略；财务风险管理部门不具有或者只具有非常有限的财务风险管理策略执行权。[①] 实际操作中，企业的财务风险管理部门和财务风险管理委员会既要相互独立，又要互为支持，不能混为一谈，它们是合作分工的关系。合作分工的方式有利于保障企业财务风险管理和经营决策过程的

---

① 中国银行业从业人员资格认证办公室：《风险管理》，中国金融出版社2007年版，第50页。

独立性、客观性与准确性。国际先进银行的典型做法是，财务风险管理部门直接汇报给首席风险官、首席财务官、首席执行官。

财务经理从协调管理日常财务运作者的角度，一方面协调日常财务运作；另一方面对下属财务工作进行有效监督和管理，对企业财务风险进行管理。

（2）内部审计部门。内部审计作为一项独立、客观、公正的约束与评价机制，在企业财务风险管理中发挥重要作用。内部审计可以从风险识别、度量、控制、评价等阶段，审核企业财务风险管理的能力和效果，发现/报告潜在的重大财务风险，提出应对方案并监督财务风险措施的落实情况。内部审计应当定期对财务风险管理体系各个组成部分和环节的准确性、可靠性、充分性及有效性进行独立的审查与评价。内部审计机构从内部审计的角度，对企业财务风险进行管理。

6. 岗位

COSO《企业风险管理——整体框架》指出，风险管理是全员的，包括所有员工，企业财务风险管理也是全员参与的。首先，责任主体是企业财务风险管理实践活动的主体，是所有活动的核心——人；其次，企业财务风险来自于企业经营过程，经营过程由开发、设计、制造、营销、配送和售后服务等流程组成，每项流程由作业组成，每一作业都是由步骤来完成，每一个过程、流程、作业、步骤都是由岗位组成的，每个岗位都有各自的岗位职责和权限；最后，岗位是有不同的人——职工组成的，财务风险来自于这些人或者是这些人的活动。企业所有岗位能够实施或者参与财务风险管理的人，都是财务风险管理的责任主体，通过各自职责的履行情况，对企业财务风险进行管理。企业所有岗位都是财务风险管理的责任主体。

企业要建立良好组织结构，明确组织结构的岗位设置，设计和规范相关职位的责任、权利与利益，明确岗位员工的胜任条件及违规处理，来发挥企业各岗位人员进行财务风险管理的积极性。

7.3.2 程序方法

程序方法这一管理要素解决的问题是企业财务风险管理的程序和方法。根据全程性原则，本书认为，企业财务风险管理的程序方法主要包括：风险识别、风险度量、风险应对和管理评价。

1. 风险识别

（1）风险识别内容。风险识别就是识别源于企业内部或外部的影响企业财务战略实施或者目标实现的事故或事件。具体包括：企业存在哪些财务风险、哪些财务风险应予以考虑、引起财务风险的原因是什么、财务风险引起的后果及严重程度如何等。企业财务风险来源广、种类多、控制复杂，我们必须在管理目标的指导下首先确认给企业带来不利影响的因素，即识别企业可能面临的财务风险。

（2）财务风险识别的层级和信息渠道。企业应该从企业层面和业务层面分别建立财务风险识别系统。

第一，企业层面。企业管理层应该从多个方面获取信息，识别企业层面的财务风险。首先，企业可从法律顾问、外部审计师等专业机构获得有关企业层面财务风险方面的意见，分析后在年报中披露。披露内容包括：汇率风险、价格风险、行业风险等；其次，管理人员通过对企业所处的内外部环境进行分析，从而识别出可能存在的财务风险。

第二，业务层面。企业除了识别企业层面财务风险外，有关人员还应该识别业务层面的财务风险。企业可以采取必要措施管理业务层级的风险，有利于把企业层面财务风险维持在一个合理的、可接受的水平上。企业同样可以通过听取内部及外部供应商、客户等方面的意见，获取业务层面的财务风险信息。财务风险识别的层级和信息渠道如图 7.1 所示。

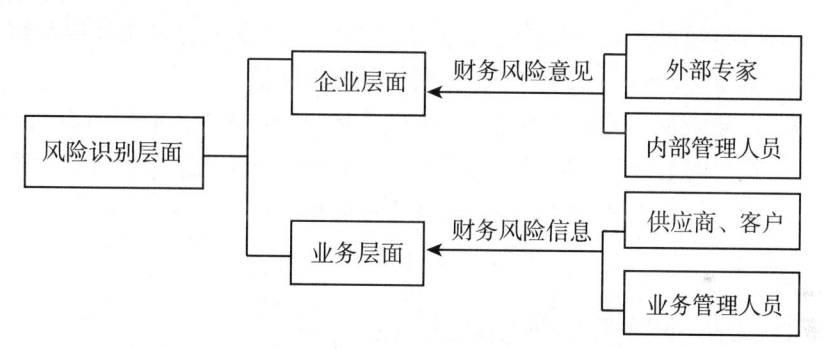

图 7.1　财务风险识别的层级和信息渠道

（3）风险识别方法。企业的财务风险并不都是显露在外的，未加识别或错误识别的风险会造成意料之外的财务损失。因此，提高财务风险识别的手段，收集、甄别相关信息，汇总、区分风险情形，积极预测财务风险十分必要。企业可用的财务风险识别方法主要有以下三种。

第一，政策分析法。针对政府有关部门出台的政策，识别其中对企业可能产生不利因素的方面或内容。例如，对所在国的货币政策、财政政策、金融政策进行分析，可以识别财务风险的可能来源。

第二，财务风险列举法。认真分析企业相关的财务报表、财务资料、管理流程、业务流程等资料，识别可能产生的财务风险。

第三，实地检测法。通过与实际操作人员的直接沟通，了解财务风险的客观实情及风险控制的成效，从而不断提高财务风险管理水平。

2. 风险度量

（1）风险度量的含义。企业在识别风险之后，必须进行风险度量，以衡量风险对企业实现目标的影响程度。企业，无论其规模、结构、性质或所属行业，在其内部的所有层面都可能面临财务风险。在实践中，没有把财务风险概率降为零的方法，所以企业管理者必须决定准备谨慎地承担多大的风险，并且努力使风险维持在这些层面内。风险度量就是分析和辨认财务风险发生的可能性，以及一旦发生其影响的程度。风险度量包括风险估计和风险评价两项内容。风险估计是对辨识出来的风险进行测量，其主要工作就是利用各种数量刻画工具估计和预测风险发生的概率及损失程度。风险评价是指按照规定的安全指标去衡量风险的程度，即在风险识别基础上，综合考虑损失频率、损失程度及风险因素，分析该风险的影响并与安全指标进行比较以确定系统风险等级的过程。其工作内容包括：确定风险是否需要处理、处理到什么程度、判断管理成本和效益对比、将风险分类排队、为风险管理决策做准备。

（2）风险度量的内容。风险度量主要从财务风险发生的可能性以及财务风险一旦发生其对企业目标实现的影响程度两个角度来度量。

第一，财务风险发生的可能性。可能性是指假定企业不采取任何措施影响经营管理过程，将会发生财务风险概率的大小。财务风险发生概率和财务风险性质关系如图7.2所示。财务风险发生概率的估计要考虑相关资产变现能力等因素。

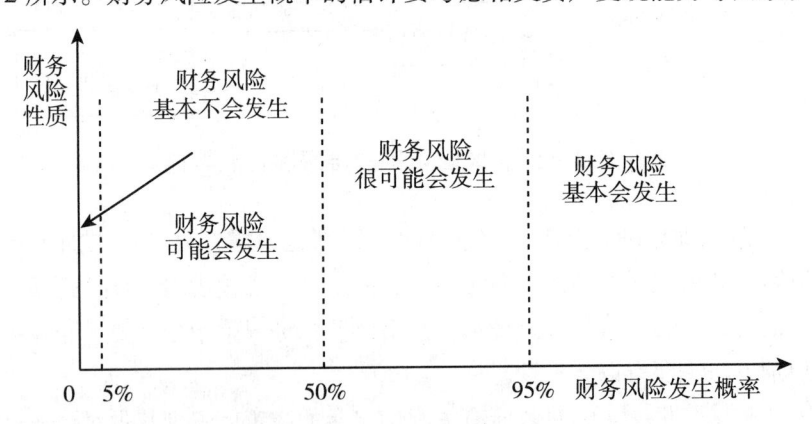

图7.2　财务风险发生概率和财务风险性质关系

第二，财务风险影响程度。财务风险影响程度主要指对目标实现的负面影响程度，影响程度一般分为大、小两类。影响程度大小是针对既定目标而言的，针对不同的目标，企业应采取不同的衡量标准。

（3）风险度量方法。风险度量方法主要包括定性和定量方法。定性分析方法可以采用问卷调查、集体讨论、专家咨询、情景分析、政策分析、行业标杆比较和管理层访谈等。定量方法可以采用统计推论（如集中趋势法）、计算机模拟（如蒙特卡罗分析法）、失效模式与分析法、事件树分析等。

（4）财务风险度量量度选择。企业财务风险的度量量度选择包括通用量度、β系数、残方差和其他量度等。

第一，企业风险度量的通用量度。

前已述及，企业的财务风险是不确定性因素和信息不对称性使价值预期与价值实现发生的偏离，这种偏离可以由两类参数描述：一是偏离的方向与大小，即均值—方差参数；二是各种偏离的可能程度，即概率参数。

用均值—方差参数来度量风险是20世纪50年代伴随着证券投资组合理论的兴起而发展起来的，它是现代金融投资理论发展的一个标志。均值—方差参数是建立在价值预期基础上的，具体包括方差 σ^2（或标准差 σ）和 β 值。

- 方差 σ^2（或标准差 σ）

标准差（standard variation）描述随机变量围绕其期望值的离散程度。

期望值是随机变量各种可能值以其出现的概率为权数计算的加权平均值。假定投资结果用收益率 $E(R)$ 来衡量，根据历史数据和经验的估计，已知每一收益率 R_i 出现的概率为 P_i，即 $E(R)$ 服从某种概率分布 P_i，则估计的期望收益率（平均收益率）为：

$$E(R) = \sum_{i=1}^{n} R_i P_i \tag{7.1}$$

方差 σ^2（或标准差 σ）衡量风险的思路是以各期收益的波动性（与均值的偏差）大小来代表风险。

对于一个随机变量而言，期望值只是它的两个重要数字（取值）特征之一，另一个是取值的离散程度。离散程度越大，风险越大；反之则越小。也就是说，如果投资者以期望收益率为依据进行决策，那么他正冒着得不到期望收益率的风险，即实际收益率与期望收益率会有偏差，偏差的大小为 $[R_i - E(R)]$。偏离的程度越大，投资者承担的风险也就越大。在数学上，这种偏离的程度用收益率的方差 σ^2 来度量，记为：

$$\sigma^2 = \sum_{i=1}^{n} [R_i - E(R)]^2 p_i \tag{7.2}$$

标准差 σ 为：

$$\sigma = \sqrt{\sum_{i=1}^{n} [R_i - E(R)]^2 p_i} \tag{7.3}$$

由式（7.2）和式（7.3）可以看出，方差 σ^2（或标准差 σ）是表示随机变量与期望值之间离散程度的一个量，这个量将实际收益率与期望收益率的正偏差（收益）和负偏差（损失）统一描述为风险，认为风险是一种变量的波动。从价值量上看，它包含了系统性和非系统性全部风险。

- 投资组合收益的标准差

标准差（σ）所描述的仅仅是单个随机变量 R 取值的离散程度，因而，它仅适合于度量单一选择的财务决策。而企业面对的往往是组合选择的财务决策。两个投资项目 A、B 或者 N 个（$N>2$）个投资项目，计算组合的风险（计算步骤和过程详见附录1），通过计算可以看出投资组合的风险介于投资项目 A、B 之间。

- 变化系数

变化系数（coefficient of variation，CV）是一个度量随机变量取值的离散程度的相对指标，其数学形式是标准差除以期望值所得的商：

$$CV = \sigma/E(R) \tag{7.4}$$

变化系数愈大，则风险愈大；反之则越小。

当两个项目的收益不同时，单凭它们的标准差可能做出错误的决策。采用变化系数 CV 则可以弥补标准差的这种局限性。

第二，β 系数。

企业对外的证券投资面临着系统风险和非系统风险，系统风险通常用 β 度量。β 系数被定义为各个资产的收益率与市场组合之间的相关性，计算公式如下：

$$\beta_j = COV(K_j, K_m) \div \rho_m^2 = r_{jm}\rho_j\rho_m \div \rho_m^2 = r_{jm}(\rho_j \div \rho_m) \tag{7.5}$$

其中，$COV(K_j, K_m)$ 是第 j 种证券的收益与市场组合收益之间的协方差。式（7.5）可以看出：一项证券资产 β 的大小取决于该资产与整个证券市场的相关性、它自身的标准差和整个市场的标准差。

- 单个、多个投资项目 β 的计算以及 β 与特征线的计算见附录1
- β 的适用范围和总风险构成

资本资产定价模型断言，β 或系统性风险是投资的期望收益的唯一决定因素[1]。夏普于1963年年初步发现的投资组合选择的单一指数模型明确解释了 β 系数只用于度量系统性风险。

夏普假设市场上所有证券都受到市场推动力这种单一因素的影响，对马科维兹模型进行改良[2]，推导出公式（推导过程见附录1）：

$$\sigma^2 = \beta_p^2 \sigma_m^2 + \sigma_{\varepsilon p}^2 \tag{7.6}$$

---

[1] 这一论断最早由夏普在1963年揭示。直到1978年，罗尔的一篇重要论文发表后，这个论断所涉及的内容才得到全部正确的评价。

[2] 马科维兹模型由于其大量、复杂的协方差或相关系数计算而遇到极难解决的可操作性问题。譬如，由于投资组合包含 N 种证券，其协方差共有 $N(N-1)/2$ 个，因而若包含500种证券，那么协方差要计算124 750项次；而投资组每做一次调整，就要再做一次同样大量的计算。这即使在计算机技术十分先进的今天也不是件容易的事情。因此，夏普对精错的马科维兹模型进行实用性改良，设计了单一指数模型。

其中包含的规律性关系,如图7.3所示。

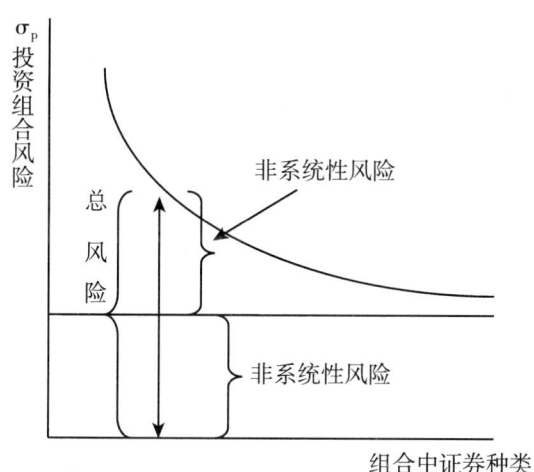

图7.3 组合证券种类和投资组合风险关系

图中可以看出总风险实质上分为两部分:系统性风险,即 $\beta_p^2 \sigma_m^2$,在单指数模型的假设条件下,它是由组合中各股票的风险共同作用产生的,因而不能由组合方法分散掉的那部分风险,因此也被称为不可分散风险;非系统性风险,即 $\sigma_{e,p}^2$,它是由于个别股票偏离特征线而产生的、可通过组合而分散掉的残方差,因而也被称为可分散风险。

现在,我们将公式(7.6)中的 β_p 和残方差 $\sigma_{e,p}^2$,代入公式(7.7),可得:

$$\sigma_p^2 = (\sum_{i=1}^{n} X_i \beta_i)^2 \sigma_m^2 + \sum_{i=1}^{n} X_i \sigma_{e,i}^2 \tag{7.7}$$

由此可见,β系数适合于度量有效资本市场中任一单项投资或投资组合的总风险,或者度量非有效资本市场中投资组合的总风险或单项投资的系统性风险。

第三,残方差。

残方差通常以 σ_e^2 表示,它描述了投资项目的收益偏离特征线的残差,单个、多个投资项目残方差的计算见附录1。

通过计算发现,它是由微观事件,即与个别企业或个别投资项目相关的事件度量,因而对于投资组合几乎没有什么影响。因此,残方差适合于度量个别企业特有的那部分财务风险,即非系统性风险。

第四,其他量度。

企业在风险度量或评估实务中,还经常运用各种财务指标作为财务风险的量度,往往用于财务风险的辅助度量。这些财务指标由于反映的内容不同因而在风险分析中有不同的适用性。

3. 风险应对

（1）财务风险应对的分类。针对财务风险管理的目标，企业财务风险管理应该采取不同的应对策略和方法。在识别及度量财务风险以后，企业应当根据风险的可能性与影响的效果，对风险的偏好和风险的承受度以及成本效益，选择合适的应对方案。在财务风险发生的概率和影响程度不同的情况下，企业应该采取的管理策略如图7.4所示。

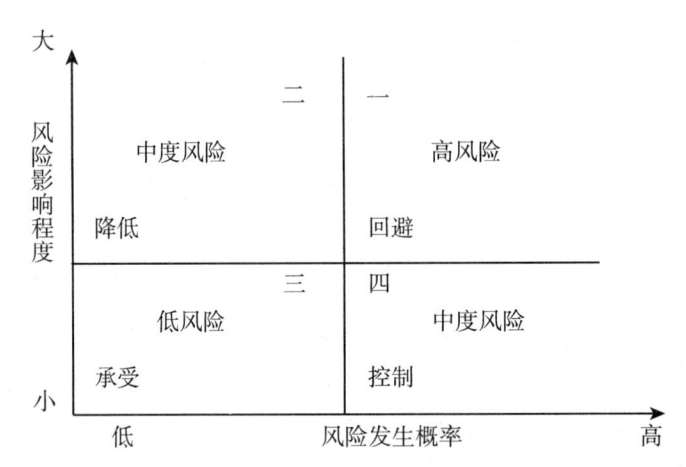

```
大
^
│风  │     二         │    一
│险  │   中度风险     │   高风险
│影  │                │
│响  │   降低         │   回避
│程  ├────────────────┼─────────────→
│度  │     三         │    四
│    │   低风险       │   中度风险
│    │                │
│    │   承受         │   控制
小  └────────────────┴─────────────→
    低         风险发生概率         高
```

图7.4　风险程度、发生概率和应对策略

我们根据财务风险发生的概率高低和影响程度大小，利用坐标图把财务风险划分为四个区域：一区为高风险区；二、四区为中度风险区；三区为低风险区。

三区是企业可以接受的财务风险。对于三区的低风险，是企业可以接受的风险，企业应该加强对这类事件及相关业务过程等风险因素的监控。

一区是避免发生的风险。对于一区的风险，企业应采取回避策略，严格限制，以防止卷入该类风险事件。

二、四区是积极控制的风险。对于二、四区的风险，企业应采取损失控制、风险分散和风险组合，积极实施改变风险特性的控制措施。

（2）风险管理的方法体系。财务风险应对的方法体系，一般由财务风险回避、财务风险降低、财务风险转移和财务风险承受等类型构成。

第一，财务风险回避。财务风险的回避方法，是指对于那些具有明显的不利后果或者难以识别和计量其风险的财务管理活动，采取主动放弃的方法规避潜在的财务风险。回避风险的途径主要有：

一是放弃某项财务计划或终止某项财务管理活动。例如在一项投贷决策中，如果对投资方案的经济可行性进行科学论证后，发现该方案包含无法预料的纯风险，就应当主动放弃该方案，寻找其他投资方案。

二是改变经营管理活动的性质。如某公司投资于军工产品的生产经营，时值和平时期且军工生产所需的原主材料价格变动较大，在此蕴含较大的下行经营风险的情况，转向民用产品的生产经营，从而在很大程度上规避了经营产生的财务风险。

财务风险回避方法有一定的局限性，但优点在于它的彻底性。即通过放弃某项财务计划或终止某项财务管理活动，从而往往可以彻底地避免该计划或活动中蕴含的财务风险，尤其是纯粹财务风险。

第二，财务风险降低。财务风险降低方法的目的在于减少财务风险发生的可能性或后果。根据现代投资组合理论，财务风险组合是降低财务风险的重要方法之一。企业可以根据投资项目之间的相关性，通过投资组合方法将资源配置（投放）到若干个精心选择的项目上去，从而达到分散财务风险的目的。财务风险组合方法的实质是在有效分散风险的同时最大限度地获取收益，达到优化资源配置的目的。

财务风险组合法一般适用于投资经营或国际贸易中，采用有效的多样化经营来达到分散投资风险和外汇风险的目的。科学地选择投资组合将使投资风险降至最低水平，最小可能降低为零。但有一个条件，即必须在市场上找到若干个（至少两个）合乎要求的投资项目。

实务中常见的风险降低的方法有：多样化经营、兼并与合并、货币组合等。

第三，财务风险的转移方法。是指将风险性资产或风险性活动，通过某种方式转移给其他经济实体或个人，从而消除或减少财务风险。

转移财务风险的方式很多，但一般不外乎三类：

第一类，通过风险性资产或活动本身向他人转移，以达到转移风险的目的。

第二类，转移风险本身。例如，对风险性资产购买财产保险，从而将该资产的风险转移给保险公司。

第三类，通过经济合同条款转移作为风险根源的经济责任，来达到转移风险的目的。

实务中常见的风险转移方法有：保险、国际信贷工具、远期外汇交易、货币和利率互换、协议转移等。

第四，风险接受。所谓企业财务风险接受，是指对于那些无法回避、又不能转移的财务风险，或者由于自身生产经营活动的需要而必须承担的风险，企业采取保留此种风险的方式，不采取任何对策，一切顺其自然，如果风险发生，则产生的风险损失由企业自行消化补偿。

企业采用财务风险接受方式，一般适用如下情况。

- 企业自身业务特点决定，为了获得某种风险收益，必须承担此种风险。即虽然某项经营业务有风险，但是对企业整体生产经营活动至关重要，不承担此种风险将影响其整体业务和发展。如企业不会因存在技术创新风险而停止技术开发和新产品开发；银行不会因贷款风险而放弃贷款业务等。

- 企业财务风险保留的费用低于其风险控制的成本。
- 企业面临较好的投资机会，而投资风险相对较小。
- 企业所面对的某种风险，其发生时最大的风险损失预期较小。
- 企业对某种财务风险具有充分的风险控制能力和风险管理手段。

企业财务风险保留作为风险管理手段之一，又同其他风险管理和风险管理手段同时存在、交叉并用。

在企业具体的财务风险管理实践中，采用何种风险管理手段，取决于企业所面临的风险类型及特点、企业的经济实力、风险管理水平、风险收益与风险损失的权衡等。

4. 管理评价

（1）持续评价。持续评价是在及时的基础下执行对环境的改变做出动态的反应，它存在于单位管理活动之中，能较快地辨识问题。持续评价的程度越高，其有效性就越强，则企业所需的个别评估就越少。为了能有效地做好持续评价，企业应采取以下措施：

1）维护、变更、监督和考评控制活动；

2）获得财务风险管理执行的证据；

3）获得财务风险管理执行的证据，是指企业员工在实施日常生产经营活动时，取得必要的、相关的证据证明财务风险管理系统发挥功能的程度；

4）内外信息印证；

5）会计记录与实物资产的核对；

6）外部审计建议的反馈；

7）管理层对财务风险管理执行的监督；

8）定期考核员工；

9）内部审计活动的有效性；

（2）个别评价。个别评价，需要注意以下几个方面。

第一，范围和频率。企业财务风险管理的范围和频率各不相同，取决于风险的重大性以及对企业经营管理的影响性，对于个别评估来讲，应在财务风险管理系统中选择适当的部分、合格的人员来进行评估，其范围、覆盖的深度和频率应满足企业财务风险管理需要。

第二，评价过程。评价财务风险管理效果本身就是一个过程，评估者必须了解涉及每个财务风险管理制度的组成要素，了解制度的实际运行情况与原设计有何不同，各种变更是否适当，进而比较设计与执行之间的差距，并确认控制制度对已定目标的达成是否能够提供合理保证。

- 组织测试人员开展测试前的培训，了解财务风险管理制度的构成要素、测试程序、方式和方法，以保证测试工作顺畅、有效；
- 测试人员通过现场调查及符合性测试等方法评估单位财务风险管理体系的运行情况；
- 测试人员将测试结果进行记录，编制测试结果报告及缺陷报告。

第三，评价方法。企业应派专人负责评价工作，制订评估价程序，选择适合的方式进行评价。

企业应编制书面的财务风险管理文档、政策手册、正式的组织结构图、职位描述、操作指示等，以支持企业财务风险管理有效的开展。对于财务风险管理制度的评估和测试结果，也应记入正式文档。

（3）报告缺陷。企业财务风险管理制度的缺陷可能从多个方面表现出来，包括：持续评价、个别评价及外部相关方提供。企业应时刻注意这些缺陷，保证财务风险管理制度的有效运行。

第一，报告发现的财务风险管理缺陷。内部缺陷的信息来源于企业内部和外部，企业应具有敏锐的嗅觉，及时发现并报告，以确保管理层及财务风险管理部门能够有效地整改、完善财务风险管理制度。

- 企业应制订缺陷报告管理制度，明确报告者的职责、报告的内容、报告缺陷的标准及报告程序；
- 相关的职能部门、单位定期或不定期地对企业财务风险管理执行情况进行自查及互查，对发现的问题进行记录并采取有效的整改措施；
- 企业汇集从外部获取的相关信息，分析、发现财务风险管理可能出现的缺陷，制定整改措施并监督该措施的执行情况；
- 审计部门每年进行常规的审计和财务风险管理专项审计，根据发现的问题，查找财务风险管理方面存在的缺陷，提出改进和加强管理的建议；
- 监管部门应通过信访受理，发现企业财务风险管理存在的问题，并做出有效整改。

第二，报告机制。员工发现财务风险管理的缺陷时，不仅要向该组织的相关负责人报告，同时还要向直接负责人至少高一级的主管报告，使其可采取有效的矫正活动。对于特殊或敏感的信息，企业应设置其他沟通渠道。

- 企业应制订重大、特大事件报告制度；
- 相关单位对在工作中发现的财务风险管理的问题或缺陷，及时以书面形式向其主管上级报告；
- 财务风险管理部门定期或不定期地汇报新出现的风险。

第三，整改措施实施的监督。识别出的缺陷和问题应得到及时改正，这个过程应受到管理部门的监督。

- 审计委员会对财务风险管理的调查结果和管理层的反馈进行研究分析；
- 管理层授权相关部门对发现的财务风险管理缺陷进行调查、分析，提出整改建议，采取纠正措施，并监督措施的执行情况；
- 监督管理部门通过实施信访机制，发现财务风险管理存在的缺陷和问题，进行适当的处理并实施改进措施；
- 企业发生重大及特大事故后，应配合相关部门的调查，落实事故调查报告中的处理意见和防范措施建议；
- 财务风险管理部门负责跟踪检查内外审计师提出的管理建议和财务风险管理整改建议的实施情况。

7.3.3 保障体系

企业财务风险管理框架的保障体系包括：建立全面风险管理内部控制系统、开展信息化、健全内部控制制度、健全预警系统、审计等。

1. 建立全面风险管理内部控制系统

（1）内部控制系统的内涵。企业全面风险管理内部控制系统是指企业内部企业层面、部门层面、业务层面等各管理层次之间，或者不同权责人员之间相互作用的过程和方式。内部控制机制可以通过规章等形式确定下来，为企业中所有相关人员共同遵守的规范，也可称之为协调机制。本书认为企业全面风险管理内部控制系统是指企业财务风险管理重要的保障体系之一。

（2）内部控制系统设计的原则。内控系统是全面风险管理的子系统，涉及的业务范围很广。内控设计的基本原则包括：

1）全面性：覆盖企业所有重要业务及管理流程和流程的全过程；
2）系统性：按统一原则制定，与风险策略一致；
3）合规性：符合国家有关法律法规；
4）成本效益：控制与收益平衡；
5）权力分离及相互制约：岗位之间相互制约，重要流程及决策不能由一个人完成；
6）可操作性：根据企业现有操作水平制定；
7）信息反馈：内部控制应有自我调节功能；
8）激励平衡：权责明确及奖惩结合；
9）包容性：不致因个别环节失灵导致全系统失灵。

（3）内部控制系统设计以流程为基础。

内部控制系统设计以流程为基础，因此，在建立内部控制系统时，首先要梳理现有的管理和业务流程。必要时，建立相关的流程。然后，针对重大风险所涉及的各种管理及业务流程，制定涵盖各个环节的全流程控制措施；对其他风险所涉及的业务流程，要把关键环节作为控制点，采取相应的控制措施。完善的流程包括完善的内部控制；设计内控的过程也是完善流程的过程。因此，涉及内部控制的过程一般会涉及流程的再造，加强现有流程的内控也是流程再造的一部分。

企业通过建立完善的内部控制系统，能够协调企业内部不同管理层次、不同权责人员首先建立财务风险管理流程，然后实施财务风险管理流程，最后控制关键环节。所以，企业财务风险管理内部控制系统的建立和实施可以有效保证财务风险管理目标的实现，是重要的保障体系之一。

2. 开展财务风险管理信息化

在当前世界经济一体化的大背景下，信息化已经成为企业提高市场竞争力和管理水平的重要手段和方式。随着信息化在实践中的迅速推进，信息化概念的内涵也逐步深化和丰富。关于信息化的内涵，杨周南（2005）认为：信息化中的"化"是指在某一特定的历史转变阶段，人类的社会生活发生全面的、根本性的变革过程。"化"的目的是变革与发展，它应该是一个过程性的转变。[①]"信息"一词应该隐含着两大方面的含义：信息技术及信息资源。

基于此，信息化可定义为：信息化就是指通过信息技术的广泛应用和信息资源的开发利用而达到的在社会各个领域产生变革发展的一个过程。关于企业财务风险管理信息化的内涵，我们可以基于信息化的概念进行理解。

企业财务风险管理是一个复杂的动态过程，财务风险信息在各业务单元的流动不完全是单向循环，其过程具有多向交互式、智能化的特点。财务风险管理信息系统正是联结企业各业务单元和关联市场的一条纽带，形成一个集中的信息平台，及时、广泛地采集所需要的大量财务风险信息，并对这些信息进行充分加工和分析，才能随时更新财务风险信息并及时做出分析与判断，以满足瞬息万变的市场及多样化的用户需求。

【案例 7-1】某商业银行财务风险管理信息系统方案如图 7.5 所示，该方案能够及时整合各种财务风险类别的信息和数据，提供卓越的财务风险分析功能，具有很强的备份和恢复能力。

企业可以自行开发或者购买财务风险模型和分析系统，但不论以何种方式，都必须将企业内部系统的数据信息及这些分析模型或者系统整合起来，通过对数据源进行财务风险分析和处理，最终使有价值的财务风险信息传递到最终用户手中。

[①] 丁海鹜：《结合客观实际，实施合适的信息化系统》，载于《CAD/CAM 与制造业信息化》2005 年第 6 期。

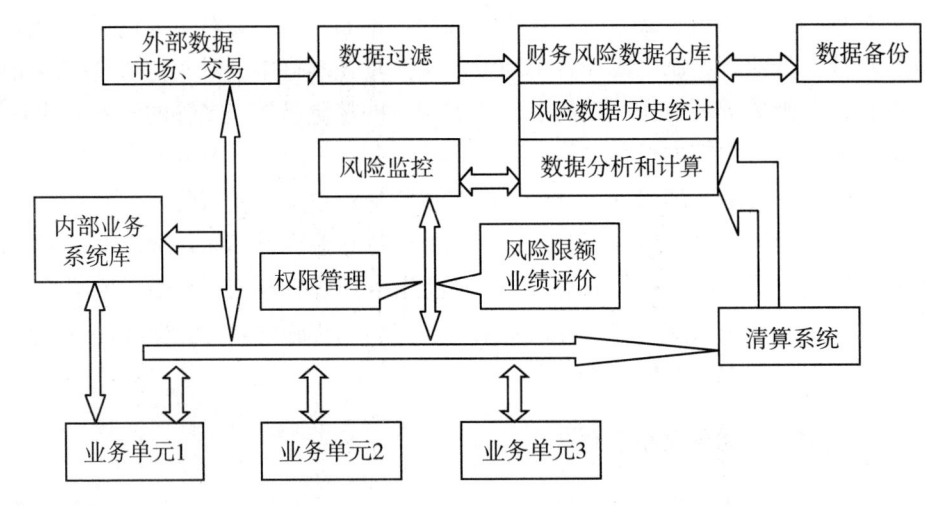

图 7.5　某商业银行财务风险管理信息系统方案示意

当然，尽管信息化也产生了一些与信息和信息系统相关的风险，这些风险对财务风险都是有影响的，有的甚至攸关企业存亡。但是，信息化改变了财务风险管理的内容和形式，为财务风险管理提供了新的方式与手段；信息化提供的集成环境，使财务风险数据处理更加便捷、迅速、准确；信息化在企业财务风险管理的多个环节都有较大的影响力。信息化为各责任主体实施财务风险管理流程提供了有力的数据处理保障和管理基础，是财务风险管理重要的保障体系之一。

3. 建立财务预警系统

（1）财务风险预警系统的内涵。所谓财务风险预警系统（advance warning system of financial risk），是指在财务风险发生之前，观察和捕捉各种资金运动的迹象，而对企业可能或将要面临的财务危机进行预测、预报，以采取适当的对策争取时间的财务分析管理系统。财务风险预警的实质是财务管理，如果企业不能对各种财务风险进行防范和规避，可能会对企业未来的发展造成不利。当然，如果风险没有受到制止，在企业，首先受到侵害的就是企业的财务管理活动，由此引发一系列的危机。

（2）如何建立财务风险预警系统。我们要遵循科学性、全面性、前瞻性和经济性原则建立财务风险预警系统。

第一，构建企业风险预警的指标体系。财务指标是企业财务运行的"晴雨表"，企业财务危机通过有关指标逐步显现。我们利用主要财务报表——资产负债表、损益表和现金流量表等包含的有关内容，构建合理、科学、有效的指标，对包括融资、投资和资金运营等财务风险进行预警，并就一些特殊风险提出防范管理措施。

一是融资风险预警指标体系。我们用反映偿债能力的相关指标：资产负债率、短期负债比率、速动比率、股东权益比率、负债权益比率、流动比率、现金比率、现金流入比与每股现金流量、超额负债比率[1]、逾期负债率、已获利息倍数等，对企业融资风险进行预警。

二是投资风险预警指标体系。我们从投资规模和投资效益两个方面指标对企业投资风险进行预警。投资规模主要包括投资规模比率、年投资增长率和追加投资款率[2]等预警指标。投资效益主要包括总资产报酬率、净资产收益率、主营业务资产销售率、经营性资产收益率、主营业务收益率、主营收入增长率、净收益营运指数等预警指标。

三是资金营运风险预警指标体系。资金营运风险主要包括：营业周期、应收账款周转率和应收账款平均回收期、坏账损失率和应收账款收现率、存货周转率和存货周转天数、现金周转天数、流动资产周转率、总资产周转率、营业现金流量指数、非付现成本占营业现金净流量比率、资金安全率与安全边际率等预警指标体系。

以上所选取的财务运行风险预警指标，分别从不同的侧面反映了其优劣变化对企业的影响程度，形成了一个立体的预警指标体系，企业可以根据出现风险的具体财务运行环节，做出风险预警。

第二，运用财务预警系统管理的线性函数模型。上述财务指标分别从不同的侧面反映了其变化对企业财务风险的影响程度，但如果我们在财务风险管理过程中将这些指标分别进行判断，分析结果可能产生矛盾，出现风险预警精度不够的情况，导致财务运行风险管理措施失当。因此我们应该运用多元线性预警模型，选择具有代表性的财务指标，从宏观角度来综合评估和预警企业财务运行风险（多变量分析模式构建预测财务危机或失败的线性模型见附录2）。

第三，把内在风险因素纳入财务风险预警系统。企业的财务风险是由内外因素综合作用的结果，因此企业管理当局在建立财务风险预警系统时，应把引起财务风险的内在因素：企业的核心竞争力、企业应变能力、企业整合能力、财务管理者个人因素等内在因素纳入预警系统。

良好的财务风险预警系统具有信息收集、预报危机、化解危机和预防类似危机再次发生等功能。从财务风险管理的角度讲，财务风险预警系统的主要任务是捕捉与传递财务风险信息，建立财务风险预警系统能够帮助企业及早发现问题，有效预防和规避财务风险。所以有效的财务风险预警系统是企业财务风险管理重要的保障体系之一。

---

[1] 张鸣、张艳、程淘：《企业财务预警研究前沿》，中国财政经济出版社2004年版，第68页。
[2] 同上，第85页。

4. 健全内部控制制度

不以规矩，不成方圆。健全内部控制制度体系对于企业财务风险管理是非常重要的。完善的内部控制制度体系，能够避免和消除管理上的一些漏洞，形成了各相关部门和人员的相关制约。

企业应该按照控制内容、业务类别和控制目标制定内部控制制度。例如关于会计核算和财务报告编制工作，企业应建立统一、规范的内部控制制度体系，使企业有关业务均在一套制度、规则下进行。在制度体系的建设过程中，企业应始终坚持以企业会计准则为指南，面向经济业务事项，既考虑资本市场监管要求，也体现企业内部管控需求；同时，为确保会计信息质量、提高会计统一核算的集中度，企业在制度体系设计过程中，尽可能地减少财务人员的具体会计判断，将会计判断、会计估计等判断事项尽可能多地由管理层来决定，并将其在制度体系中加以明确。为突出管理需求、强化内部控制，企业首先对会计报表体系进行了设计，再将其细化至会计科目。

【案例7-2】WG企业[①]在信息系统设计过程中，组织企业总部财务和相关业务骨干对经济活动各项业务、会计核算以及财务报告编制的各个环节进行分析，设置了由3个部分、9个制度构成的制度体系（如图7.6所示）。

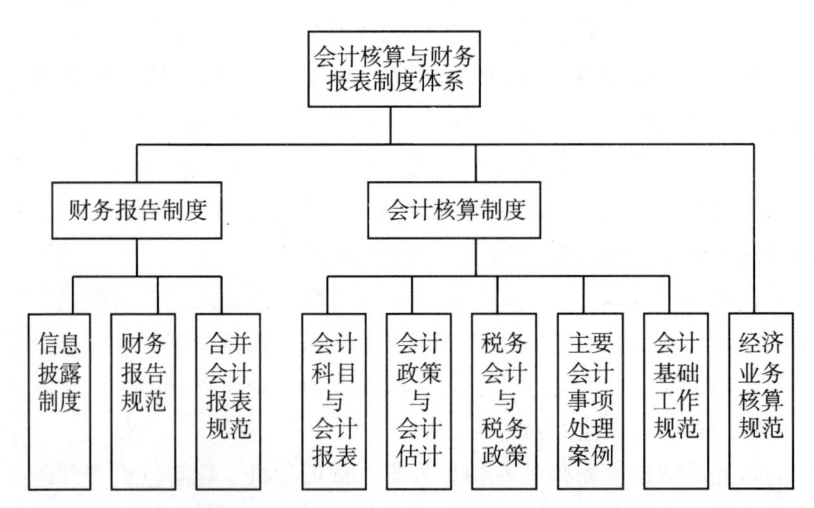

图7.6 WG企业关于会计核算和财务报告编制内部控制制度体系

健全企业内部控制制度为企业进行财务风险管理提供了制度保证，使企业财务风险管理活动沿着预期的目标进行，是重要的保障体系之一。

---

① WG是笔者调研的企业之一，因企业原因用WG代替真实名称。

5. 审计

企业审计分为内部审计和外部审计。

(1) 内部审计。关于内部审计，企业应该明确内部审计的性质，合理设置内部审计机构。

第一，内部审计的性质。关于内部审计的定义①，国内外许多学者从不同角度出发，对内部审计的本质特征进行了概括。笔者认为，从企业财务风险管理的角度，内部审计有两方面的特征。一是如果说企业预算控制、财务制度控制、财务总监委派制、财务流程控制、财务激励控制等措施是企业控制的第一道防线，那么内部审计是企业控制的第二道防线。企业内部审计可以对上述控制方法的有效性进行评价；提出改进措施，反馈给控制者。二是企业的内部审计包括事前、事中、事后审计，随着经济的发展，两者的融合逐步加强，内部审计可以参与预算的制订、执行；对于企业制定的财务制度、财务流程也应该先经过审计后，确认其全面有效后再执行，并对执行情况进行评价。所以，内部审计也加入到企业控制的第一道控制防线中。

第二，内部审计机构的设置。关于内部审计机构的设置，国内许多专家进行了研究和探索②。证监会、国家经贸委对内部审计部门的设置有明确规定③。鉴于这些规定，企业可以将审计委员会设于董事会下，并引进独立董事。审计部门是审计工作的执行部门，要接受审计委员会的监督和领导。另一方面，内部审计具有为管理服务的功能，这决定了内部审计工作还要接受总经理的领导，即审计部门要接受双重领导。

---

① 国际内部审计师协会（IIA）1999年6月26日修改后的内部审计定义为：内部审计是一种独立、客观、公正的保证和咨询活动，其目的是增加组织的价值和改善组织的经营。它通过系统、规范的方法评价和改善组织的风险管理、控制及管理过程的有效性，帮助组织实现其目标。美国著名的审计学家劳伦斯·B. 索耶（Lawrance B. Sawyer）在《现代内部审计实务》（*The Practice of Modern Internal Auditing*）一书中对内部审计的定义为：内部审计是一种功能，一个总的概念，包括组织中内部审计人员所进行的各种评价活动。这种活动进一步解释为：对组织中各类业务和控制进行独立评价，以确定是否遵循独立的方针，是否符合规定的标准，是否有效和经济地使用各种资源，是否正在实现组织的目标；中国学者徐政旦、朱荣恩在《现代内部审计学》一书中将内部审计定义为：内部审计是在单位负责人的领导下，在单位内部设置独立的审计机构和专职的审计人员，根据有关的法规、制度，采用一定的程序与方法，对单位的财政、财务收支活动及各项经济活动的真实性、合法性和效益性进行检查与评价，提出报告并做出建议的一种经济监督活动。

② 例如，中国人民大学的朱小平、余谦两位学者在《关于股份制企业内部审计模式的探讨》一文中讲到，关于审计委员会的设置主要有三种观点：第一种观点，设于董事会之下，这是普遍流行的观点；第二种观点，设于监事会之下；第三种观点，设于董事会与监事会的共同管理之下。笔者认为这样的差别是由于中国的公司治理模式是将美国模式、德国模式进行结合所致。

③ 2002年1月由证监会、国家经贸委联合发布的《上市公司治理准则》第五十二条规定："上市公司董事会可以按照股东大会的有关决议，设立战略、审计、提名、薪酬与考核等专门委员会。专门委员会成员全部由董事组成，其中审计委员会、提名委员会、薪酬与考核委员会中独立董事应占多数并担任召集人，审计委员会中至少应有一名独立董事是会计专业人士。"

（2）外部审计。外部审计是企业通过外部注册会计师对其进行的审计。如果说企业内部审计是内部控制的第二道防线的话，那么外部审计则是企业所借助的外部防线。与内部审计相比，一方面，外部审计置身于企业方方面面的利益、关系之外，相对比较客观，审计结果更为可信；另一方面，外部审计所进行的审计业务量大，审计人员富有经验，更为专业化，更能提出为企业改善内部控制的建议。

企业应加强内部审计和外部审计、财务总监和外部审计的沟通与合作，有利于监督的完善。

鉴于内部审计和外部审计在企业财务风险管理中第一道防线和第二道防线的作用，审计成为企业财务风险管理重要的保障体系之一。

附录1　企业风险度量的通用量度

企业的财务风险是不确定性因素和信息不对称性使价值预期与价值实现发生的偏离，这种偏离可以由两类参数描述：一是偏离的方向与大小，即均值—方差参数；二是各种偏离的可能程度，即概率参数。

用均值—方差参数来度量风险，是20世纪50年代伴随着证券投资组合理论的兴起而发展起来的，它是现代金融投资理论发展的一个标志。均值—方差参数是建立在价值预期基础上的，具体包括方差 σ^2（或标准差 σ）和 β 值。

1. 方差 σ^2（或标准差 σ）

标准差（standard variation）描述随机变量围绕其期望值的离散程度。

期望值是随机变量各种可能值，以其出现的概率为权数计算的加权平均值。假定投资结果用收益率 $E(R)$ 来衡量，根据历史数据和经验的估计，已知每一收益率 R_i 出现的概率为 P_i，即 $E(R)$ 服从某种概率分布 P_i，则估计的期望收益率（平均收益率）为：

$$E(R) = \sum_{i=1}^{n} R_i P_i \tag{7.1}$$

方差 σ^2（或标准差 σ）衡量风险的思路是以各期收益的波动性（与均值的偏差）大小来代表风险。

（1）对于一个随机变量而言，期望值只是它的两个重要数字（取值）特征之一，另一个是取值的离散程度。离散程度越大，风险越大；反之则越小。也就是说如果投资者以期望收益率为依据进行决策，那么他正冒着得不到期望收益率的风险，即实际收益率与期望收益率会有偏差，偏差的大小为 $[R_i - E(R)]$。偏离的程度越大，投资者承担的风险也就越大。在数学上，这种偏离的程度用收益率的方

差 σ^2 来度量，记为：

$$\sigma^2 = \sum_{i=1}^{n} [R_i - E(R)]^2 p_i \qquad (7.2)$$

标准差 σ 为：

$$\sigma = \sqrt{\sum_{i=1}^{n} [R_i - E(R)]^2 p_i} \qquad (7.3)$$

从式（7.2）和式（7.3）可以看出，方差 σ^2（或标准差 σ）是表示随机变量与期望值之间离散程度的一个量，这个量将实际收益率与期望收益率的正偏差（收益）和负偏差（损失）统一描述为风险，认为风险是一种变量的波动。从价值量上看，它包含了系统性和非系统性全部风险。

（2）投资组合收益的标准差。式（7.3）定义的标准差（σ）所描述的仅仅是单个随机变量 R 取值的离散程度，因而，它仅适合于度量单一选择的财务决策。而企业面对的往往是组合选择的财务决策。假定以投资项目 A、B 组合，计算组合的风险，步骤如下：

第一步：根据式（7.3）度量组合中各个方案（或项目）的标准差 σ_A 和 σ_B；

第二步：度量组合的标准差 σ_{AB}。

组合结果的标准差 σ_{AB} 显然不能以组合中各个方案结果的标准差 σ_A 和 σ_B 加权平均计算（以它们的权重，即配置在各个方案上的资源所占的比重为权数），因为除了各个方案的结果的标准差及其权重外，它还取决于组合中各个方案两两之间的相关程度。为了度量这种相关程度，我们引进协方差和相关系数的概念。

协方差（covariation）反映两个随机变量（组合中任意两个方案的收益）之间的线性相关程度。它是两个随机变量取值离差的乘积以其关联概率为权数计算的加权平均数：

$$COV(R_A, R_B) = \sum_{n=1}^{n} h_i [R_{A,i} - E(R_A)] \times [R_{B,i} - E(R_B)] \qquad (7.4)$$

其中，$COV(R_A, R_B)$ 为随机变量 R_A、R_B 的协方差；$R_{A,i}$ 与 $R_{B,i}$ 分别表示随机变量 R_A、R_B 的第 i 个可能值；$E(R_A)$、$E(R_B)$ 表示 R_A、R_B 的随机变量 R_A、R_B 的期望值；h_i 为随机变量 R_A、R_B 的第 i 个可能值 $R_{A,i}$，$R_{B,i}$ 同时出现的概率，即关联概率。

协方差数是无界的，它不能直观地描述相关程度。我们通过将它标准化，即用它被两个随机变量的标准差的乘积相除，得到一个被称为相关系数 $P_{A,B}$ 的值：

$$P_{A,B} = \frac{COV(R_A, R_B)}{\sigma_A \cdot \sigma_B} \qquad (7.5)$$

相关系数（coefficient of correlation）$P_{A,B}$ 是有界的，且 $-1 \leq P_{A,B} \leq 1$，若 $p_{A,B} =$

0，则 R_A 与 R_B 之间不相关，或说存在零相关，它表明当 R_A 在自己的期望值 $E(R_A)$ 之上（下）时，R_B 不一定；若 $P_{A,B} > o$，则 R_A 与 R_B 之间存在正相关，它表明当 R_A 在 $E(R_A)$ 之上时，R_B 也有同样趋势，即在 $E(R_B)$ 之上，反之则相反；若 $P_{A,B} < o$，则 R_A 与 R_B 之间存在负相关，它表明当 R_A 与 R_B 有反向变化的趋势关系。

一般地，由 n 个投资项目构成投资组合的标准差（σ_P）是组合中各个方案（或项目）两两之间的协方差（σ_{ij}）及其权重（X_i, X_j）的函数：

$$\sigma_P = \sqrt{\sum_{i=1}^{n}\sum_{j=1}^{n} X_i X_j COV(R_i, R_j)} \tag{7.6}$$

引入相关系数 $p_{i,j}$ 后，σ_P 可以写成：

$$\sigma_P = \sqrt{\sum_{i=1}^{n}\sum_{j=1}^{n} X_i X_j \rho_{ij} \sigma_i \sigma_j} \tag{7.7}$$

可以看出投资组合的风险介于投资项目 A、B 之间。

（3）变化系数。

变化系数（coefficient of variation, CV）是一个度量随机变量取值离散程度的相对指标，其数学形式是标准差除以期望值所得的商：

$$CV = \sigma/E(R) \tag{7.8}$$

变化系数愈大，则风险越大；反之则越小。

当两个项目的收益不同时，单凭它们的标准差可能做出错误的决策。采用变化系数 CV 则可以弥补标准差的这种局限性。

2. β 系数

企业对外的证券投资面临系统风险和非系统风险，系统风险通常用 β 度量。

β 系数被定义为各个资产的收益率与市场组合之间的相关性，计算公式如下：

$$\beta_j = COV(K_j, K_m) \div \rho_m^2 = r_{jm}\rho_j\rho_m \div \rho_m^2 = r_{jm}(\rho_j \div \rho_m) \tag{7.9}$$

其中，$COV(K_j, K_m)$ 是第 j 种证券的收益与市场组合收益之间的协方差。式（7.9）可以看出：一项证券资产 β 的大小取决于该资产与整个证券市场的相关性、它自身的标准差和整个市场的标准差。

（1）个别投资项目的 β。β 反映个别投资项目的收益相对于市场总体（市场投资组合）收益的变动程度，其数学表达式是：

$$\beta_i = \frac{\sigma_{im}}{\sigma_m^2} \tag{7.10}$$

式中，β_i 表示第 i 个项目的 β；σ_{im} 表示第 i 个投资项目与市场投资组合 M 之间的斜方差；σ_m^2 表示市场投资组合 M 的方差。

市场投资组合的 β 等于 1，这是因为市场投资组合与它自身的协方差 σ_{mm} 等于其方差 σ_m^2，因而 $\beta_i = \sigma_{mm}/\sigma_m^2 = \sigma_m^2/\sigma_m^2 = 1$。因此，如果个别投资项目的 β_i 与市场投资组合的 β_m 相等，即 $\beta_i = 1$，那么它具有市场一般风险；如果 β_i 大于 β_m，那么它具有高风险；β_i 小于 β_m，它具有低风险。

(2) β 与特征线[①]。特征线（characteristic line）表示个别投资项目的超额收益与市场投资组合的超额收益之间的线性关系。其数学形式可以表示为：

$$R_i - R_f = \beta_i(R_m - R_f) + \varepsilon_i \qquad (7.11)$$

式中，$R_i - R_f$ 表示第 i 个投资项目的超额收益；R_i 表示第 i 个投资项目的收益；R_f 表示无风险投资收益。

购买两公司股票，这时他（或她）的投资组合（A，B）的 β 为：

$$\beta(E,F) = \sum_{i=1}^{n} X_i \rho_i = X_E \beta_E + X_F \beta_F \qquad (7.12)$$

(3) 对外投资多项证券资产。

当企业对外投资多项证券资产时，投资组合的 β 系数等于被组合的各证券 β 值得加权平均数：

$$\beta_P = \sum_{i=1}^{n} X_i \beta_i \qquad (7.13)$$

如果一项高 β（$\beta > 1$）资产加入一个平均风险组合中，则组合风险会提高。因此，一项证券资产的 β 值可以度量出该资产对整个组合风险的贡献，可以作为这项资产风险程度的一个大致度量。

(4) β 的适用范围和总风险构成。资本资产定价模型断言，β 或系统性风险是投资的期望收益的唯一决定因素[②]。夏普教授于 1963 年年初步发现的投资组合选择的单一指数模型明确解释 β 系数只用于度量系统性风险。

马科维兹模型由于其大量、复杂的协方差或相关系数计算而遇到极难解决的可操作性问题。例如，由于投资组合包含 N 种证券，其协方差数共有 $N(N-1)/2$ 个，若包含 500 种证券，那么协方差要计算 124 750 项次；而投资组合每做一次调整，就要再做一次同样大量的计算。这即使在计算机技术十分先进的今天也不是件容易的事情。因此，夏普对精确的马科维兹模型进行实用性改良，设计了单一指数模型。

[①] Mike Cudd；Rakesh Duggal. "Industry Distributional Characteristics of Financial Ratios：An Acquisition Theory Application"，*The Financial Review*，Feb 2000.

[②] 这一论断最早由夏普在 1963 年揭示。直到 1978 年，罗尔的一篇重要论文发表后，这个论断所涉及的内容才得到全部正确的评价。

夏普假设：市场上所有证券都受到市场推动力这种单一因素的影响。即

$$\sigma_{ei,ej} = 0 \text{ 及 } \sigma_{ei}, R_m = 0 \tag{7.14}$$

即任意两股票收益之间的协方差为零。由微观事件引起的个别公司股票收益偏离特征线的残差 ε_i，不会对其他公司产生影响，也不会影响到市场收益 R_m。

此外，在任意时期，残差 ε_i 可能为正也可能为负，故假定残差期望值为零：

$$E(\varepsilon_i) = 0 \tag{7.15}$$

从个别公司总风险（方差）的公式（7.2）入手[①]：

$$\sigma^2 = \sum_{i=1}^{n} P_i [R_i - E(R)]^2 \tag{7.16}$$

其中，σ^2、$E(R)$ 分别表示个别公司的风险与期望收益，R_i、P_i 分别表示第 i 种可能的收益及其概率，n 为各种可能收益的种数。

根据特征线式（7.11），推导得出：

$$\sigma^2 = \beta^2 \sigma_m^2 + \sigma_\varepsilon^2 \tag{7.17}$$

式（7.17）所揭示的规律性关系既适用于个别投资，也适合于投资组合，对于投资组合，它可写成：

$$\sigma^2 = \beta_p^2 \sigma_m^2 + \sigma_{\varepsilon p}^2 \tag{7.18}$$

其中包含的规律性关系如图7.7所示。

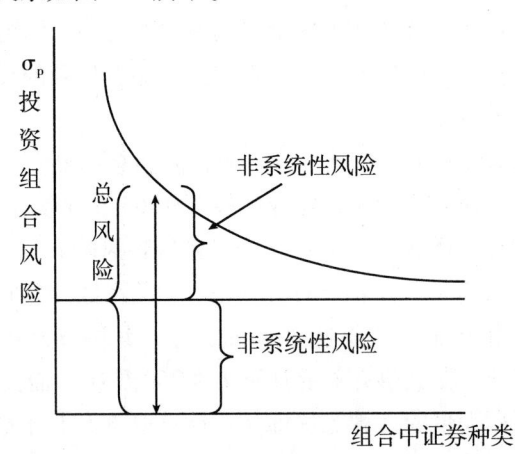

图7.7 组合证券种类和投资组合风险关系

图中可以看出总风险实质上分为两部分。

第一，系统性风险，即 $\beta_p^2 \sigma_m^2$，在单指数模型的假设条件下，它是由组合中各

---

① Haugen, Robert A.: *Modern Investments*, Prentice-Hall, Inc., U.S.A. (1986).

股票的风险共同作用产生的,因而不能由组合方法分散掉的那部分风险,因此也被称为不可分散风险。

第二,非系统性风险,即 $\sigma_{e,p}^2$,它是由于个别股票偏离特征线而产生的、可通过组合而分散掉的残方差,因而也被称为可分散风险。

现在,我们将前面式(7.12)中的 β_p 和后面将给出的式(7.21)中的残方差 $\sigma_{e,p}^2$,代入式(7.17),可得:

$$\sigma_p^2 = (\sum_{i=1}^n X_i\beta_i)^2 \sigma_m^2 + \sum_{i=1}^n X_i \sigma_{e,i}^2 \tag{7.19}$$

由此可见,β 系数适合于度量有效资本市场中任一单项投资或投资组合的总风险,或者度量非有效资本市场中投资组合的总风险或单项投资的系统性风险。

3. 残方差

残方差通常以 σ_ε^2 表示,它描述了投资项目的收益偏离特征线的残差,残方差的计算公式与方差 σ^2 公式相同,即:

$$\sigma^2 = \sum_{i=1}^n P_i [\varepsilon_i - E(\varepsilon)]^2 \tag{7.20}$$

其中,ε_i、P_i 分别表示投资项目收益与特征线之间的第 i 种可能残差及其概率,$E(\varepsilon)$ 表示这种离差的期望值,$E(\varepsilon)$ 可通过式(7.1)计算。

投资组合的残方差公式为:

$$\sigma_{\varepsilon,p}^2 = \sum_{i=1}^n \sum_{j=1}^n X_i X_j \sigma_{\varepsilon i \varepsilon j} \tag{7.21}$$

其中,X_i、X_j 表示第 i 和 j 种投资项目的权重,$\sigma_{\varepsilon i \varepsilon j}$ 表示第 i 和 j 种投资项目收益残差之间的协方差在单指数模型中,$\sigma_{\varepsilon p}^2$ 被写成:

$$\sigma_{\varepsilon p}^2 = \sum X_i^2 \sigma_{\varepsilon i}^2 \tag{7.22}$$

这是因为在单指数模型的假设条件中包含了 $\sigma_{\varepsilon i=j}=0$。

如上所述,残方差被称为非系统性风险,或称可分散风险,它是由微观事件,即与个别企业或个别投资项目相关的事件,因而对于投资组合它几乎没有什么影响。因此,残方差适合于度量个别企业特有的那部分财务风险。

4. 其他量度

企业在风险度量或评估实务中,还经常运用各种财务指标作为财务风险的量度,往往用于财务风险的辅助度量。这些财务指标由于反映的内容不同因而在风险分析中有不同的适用性。

5. 投资者风险态度的度量

风险与预期有关,而预期中必然包含着投资者的主观愿望,因此对风险的衡量还应包含投资者对风险态度的衡量。投资者对风险态度的度量同样有两种方法:一是效用函数法；二是概率法。

标准金融理论通过冯·诺依曼－摩根斯坦效用函数的凸凹来衡量投资者对待风险的态度。在冯·诺依曼－摩根斯坦"期望—效用法则"中，结果函数 $v(c)$ 和行动的效用次序 $U(x)$ 之间的关系为：

$$U(x) = \pi_1 v(c_{x1}) + \pi_2 v(c_{x2}) + \cdots + \pi_s v(c_{xs}) \quad (7.23)$$

其中 $v(c)$ 表示个人在结果 c 之上的偏好基数函数，$U(x)$ 表示他在行动 x 之上衍生出的偏好序数。这说明行动 x 的效用 $U(x)$ 可以用与结果相联系的基本效用 vxc 的数学期望（概率加权的平均值）来计算。

根据冯·诺依曼－摩根斯坦效用函数所描述的结果与行为选择关系，如果效用函数为凹函数，即个人偏好一个确定结果胜于任何数学期望与该确定结果相等的前景，则称这个人为风险回避者；如果效用函数为凸函数，即他的偏好刚好相反，则称他是一个风险爱好者；如果效用函数为线性函数，即他对于确定结果和同样的一个风险前景是无差异的，则称他是风险中立者。

而伯帝、凯恩和马库斯（Bodie，Kane and Marcus，1996）得出了一个具体可以描述投资者风险态度的效用函数[①]：

$$U = E(r) - 0.005 A \sigma^2 \quad (7.24)$$

其中，$E(r)$ 和 σ^2 分别为投资的预期收益和风险；A 为投资者对风险厌恶程度的指数。当 $A<0$ 时，表明投资者是风险爱好者；$A>0$ 时，表明投资者是风险厌恶者；$A=0$ 时，表明投资者是风险中立者。这一效用函数的合理性在于反映了投资者的决策心理，即反映了投资的预期收益、风险和投资者自身的风险偏好对投资决策的影响。

行为金融理论同样采用概率的方法来衡量投资者对待风险的态度。在 Prob$\{w<s\}<\alpha$ 中，s 为最低财富水平，α 为某一预先确定的概率，这两个指标都是由投资者自己决定的，表达了其对待风险的一种态度。s 越大，投资者可以忍受的风险则越大；反之则越小；d 越大，投资者偏好的风险则越大，反之则越小。

附录2　财务危机的多变量线性模型

1. Z计分模型

Z计分模型属于多元线性模型，由爱德华·阿尔曼在20世纪60年代中期提

[①] Zvi Bodie, Alex Kane, J. Alan Marcus, *Investments*, Third Edition, Irwin/Mc Graw-Hill, 1996, P.146.

出，用以计量企业破产的可能性。其基本原理是通过统计技术筛选出那些在两组差别尽可能大，而在两组内部的离散程度最小的变量，从而将多个标志变量在最小信息损失下转换为分类变量，获得能够有效提高预测精度的多元线性判别方程。在判别二元问题时，该方程通过降维技术，仅以其最终的值来判定其归属，因此其构造线性方程简单易懂，具有很强的实际应用能力。[1] Z 计分模型的判别函数为：

$$Z = 0.717X_1 + 0.847X_2 + 3.11X_3 + 0.42X_4 + 0.999X_5$$

其中，Z = 财务状况恶化程度的概率值

X_1 = 净营运资金 ÷ 资产总额

X_2 = 留存收益 ÷ 资产总额

X_3 = 息税前利润 ÷ 资产总额

X_4 = 股本的市价 ÷ 负债账面值

X_5 = 销售收入 ÷ 资产总额

Z 值应在 1.81~2.99 之间，Z 值等于 2.675 时居中。如果企业的 Z 值大于 2.675，表明企业的财务状况良好；如果小于 1.81，则表明企业存在很大的破产风险；Z 值在 1.81~2.99 之间，称之为"灰色地带"，Z 值在这个区间表明企业财务是极不稳定的。

Z 计分模型从整体宏观角度检查企业财务状况是否呈现不稳定的现象，提前做好财务风险的规避或延缓风险发生的准备工作。当然，由于企业规模、行业、地域、国家等诸多因素的差异，企业在建立财务风险预警体系时，应根据自身实际来进行设计，不应拘泥于经验数据。

2. F 值模型

一些学者通过加入现金流量和扩大样本[2]对 Z 分数模型加以改进得到 F 值模型。该模型的等式为：

$$F = -0.1774 + 1.1091X_1 + 0.1074X_2 + 1.9271X_3 + 0.0302X_4 + 0.4961X_5$$

其中，X_1 = 营运资金 ÷ 资产总额

X_2 = 留存收益 ÷ 资产总额

X_3 = (税后利润 + 折旧) ÷ 平均总负债

X_4 = 普通股和优先股市场价值总额 ÷ 负债总额

X_5 = (税后净利润 + 利息 + 折旧) ÷ 平均资产总额

该模型中，与 Z 计分模型不同的是：X_3 是一个现金流量变量，反映了企业现金流量偿债能力；X_5 反映了资产创造现金流量的能力。相对于 Z 计分模型来说，

---

[1] 张鸣、张艳、程涛：《企业财务预警研究前沿》，中国财政经济出版社 2004 年版，第 104 页。
[2] 主要使用了 Comp Stat PCP1us 会计数据库中 1990 年以来的 4 160 家公司的数据进行调查。

该模型更能准确预测企业是否存在潜在财务危机。该模型测定出的 F 值的临界值为 0.0274，当 F 小于 0.0247 时，企业面临着破产危机。

在运用上述模型进行财务运行风险预警时，企业可以运用合并报表的数据来对整个企业的财务运行风险进行预警。当然，由于以上的模型是针对西方国家的一些企业提出的，企业应该根据自身的规模、行业、地域等实际情况来引用上述模型进行财务运行风险评估和预警。

3. 财务预警综合指数预警模型[①]

在计算出经营、投资、融资预警综合指数的基础上，设置各块的权重分别为 0.4、0.3、0.3，则有财务预警综合指数（financial early-warning composite index, FEWCI）的预警模型为：

$$FEWCI = 0.4X + 0.3Y + 0.3Z = 0.4(0.3X_1 + 0.3X_2 + 0.2X_3 + 0.2X_4) + 0.3(0.3Y_1 + 0.3Y_2 + 0.2Y_3 + 0.2Y_4) + 0.3(0.3Z_1 + 0.3Z_2 + 0.2Z_3 + 0.2Z_4)$$

财务预警综合指数警限设置为：FEWCI＞10%，财务状况良好，无警；10%＜FEWCI≤0，财务风险潜伏期，可结合财务预警警兆识别系统作定性分析，轻警；0≤FEWCI≤-10%，财务风险发作期，可结合财务预警警兆识别中"发作期"的特征作定性分析，中警；-10%≤FEWCI≤-30%，财务风险恶化期，可结合"恶化期"的警兆特征作定性分析。

[①] 权数的确定应采取专家意见法——德尔菲法确定。为计算方便，将各预警综合指数监测的前两项指标（一般为核心指标）选权数为 0.3，后两项指标（一般为辅助指标）选权数为 0.2。预警模型中的经营、投资、融资三大块，分别选权重为 0.4、0.3、0.3。

第8章

框架的基础层

本章阐述企业财务风险管理框架的基础层。首先阐述基础层的含义和包括要素；其次对管理基础的内涵和必要性进行分析；最后对管理基础的内容进行系统研究。

8.1 基础层概述

8.1.1 什么是基础层

框架的基础层是企业财务风险管理框架的基础，处于金字塔的底端。基础层包括管理基础一项管理要素。管理基础是企业有效实施财务风险管理的内部管理环境。企业财务风险管理环境的优劣和优化程度，对企业财务风险管理的影响程度之大有时超过我们的想象。一些企业破产、失败，出现严重财务风险，表面上是风险管理不力，但有一部分根源在于管理基础恶劣。比如一个脑子里面净是造假的管理者能够编报真实、公允的财务信息吗？

8.1.2 管理基础的必要性

本书中的管理基础是对企业的财务风险管理活动具有潜在影响的所有内部因素的总称，是企业财务风险管理的内部管理环境，构建框架时必须从具体分析企业财务风险的管理环境开始，以环境为基础，建立真正符合企业财务风险管理实际情况，满足企业财务风险管理要求的管理体系。

1. 通过环境分析看管理基础的内涵

企业作为一个系统，总是在一定环境下运行的。企业为了提高管理财务风险的效果和效率，首先要对企业所面临的环境进行审视。① 企业的环境分为外部环境和内部环境，外部环境又可细分为社会环境和任务环境，如图8.1所示。

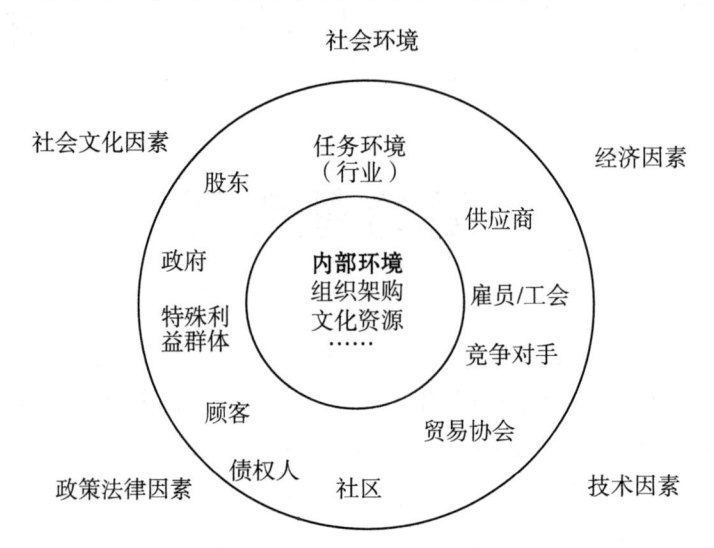

图 8.1 企业系统与环境示意

企业的社会环境主要包括：经济因素、技术因素、政治与法律因素以及社会文化因素等，如表8.1所示。

表 8.1　　　　　　　　　企业的社会环境

经济因素	技术因素	政治与法律因素	社会文化因素
GDP 增长	政府的研发总支出	反垄断法	生活方式的变化
利率	行业的研发总支出	环境保护法规	职业预期
货币供应量	政府对科技的关注	税法	消费主动权
通货膨胀率	专利保护	优惠政策与激励	家庭构成
失业率	新产品	外贸法规	人口增长
工资与价格控制	技术成果转化	政府稳定性	人口年龄分布
能源供应与成本	因自动化提高的生产率	对外资企业的态度	人口区域转移
居民可支配收入			寿命

资料来源：杨小舟，《公司治理、内部控制与企业风险管理》，中国财政经济出版社2006年版，第85页。

---

① J. 戴维·亨格、托马斯·L. 惠伦：《战略管理精要》（第3版）（陈继祥译），中国人民大学出版社2006年版，第41~42页。

企业的任务环境包括直接影响企业和受企业影响的要素或者组织，如政府、地方社区、供应商、竞争者、客户、信贷者、雇员与工会、特殊利益群体以及商业联盟等。简言之，企业的任务环境可以认为是企业运行的行业背景。

企业内部环境包括企业治理结构、组织架构、制度、企业文化以及其他构成环境的主要因素。本书中的管理基础就是指企业的内部环境。

2. 研究管理基础的必要性

管理基础是企业财务风险管理系统的基础，是有效实施财务风险管理的内部管理环境。首先，管理基础直接影响着企业财务风险管理方案、措施的贯彻执行、企业营运目标及整体战略目标的实现、经营活动如何组织以及如何识别、评估财务风险并采取行动。其次，它还影响着控制活动、信息与沟通体系和监控措施的设计与运行。最后，管理基础确定了企业的总体态度，是财务风险管理框架所有其他管理要素的基础。

目前，国内部分企业内控不是很得力，财务风险频频发生，主要原因在于公司的内部环境不完善。如果企业不对本身的内部环境进行深入研究，不能切实改善内部环境，仅仅通过着力于建立内部控制制度，试图达到管理财务风险的目标是本末倒置，必定不能取得预期成效。国内有问题的企业一般也有一套看起来很完整、很规范的财务与会计管理制度、内部控制制度、各种各样的授权制度、审批流程、操作规范。但内部环境不完善，例如公司虽然在组织架构上既有董事会，又有监事会，看起来是"双保险"，但实际上企业的重大经营或财务决策并未按程序进行科学论证，而是个别人说了算，董事会成了"一言堂"。[①] 以上不难看出，许多企业出现问题的根源在于内部环境不完善，所以对企业内部环境进行深入研究是非常必要的。

8.2 管理基础的内容分析

COSO《企业风险管理——整体框架》指出：企业内部环境是企业风险管理其他要素发挥作用的基础，内部环境提供了风险管理的原则和结构，并受企业的历史和文化影响。本书认为框架的管理基础主要包括：公司治理结构、正直诚信原则和道德观、财务风险管理哲学、企业的组织结构、责任的分配和授权、员工能力、董事会和审计委员会、人力资源政策、错弊和报告、企业文化等。

---

① 杨小舟：《公司治理、内部控制与企业风险管理》，中国财政经济出版社2006年版，第87页。

1. 公司治理结构

公司的法人治理结构比较准确地表现了企业的治理关系，也可理解为企业的组织制度和管理制度。组织制度包括股东大会、董事会、高层经理人员组成的执行机构和监事会。管理制度包括财务、采购、企划、销售、劳资等方面的系统管理制度，是保证现代企业正常运营的重要手段。[①]

企业的约束机制产生于科学合理的组织结构，股东大会、董事会、执行机构和监事会构成了公司治理的主要内容。从产权关系看，股东大会对董事会是委托代理关系，董事会对总经理是授权经营关系，监事会代表股东进行监督。这是一种纵向的财产负责关系。从职权关系看，它们有各自不同的职责范围，谁也不能越权行事，形成了彼此间的相互制约。这种纵向的财产负责关系和横向的职权关系，构成了企业内部的约束机制，同时，这种体制还将不同的利益关系统一在一个完整的利益机制下。

目前，我国有一些企业存在公司治理方面的问题，改善我国公司治理应标本兼治。一方面，通过优化股权结构、在公司内建立有效的制衡机制，建立市场化的、动态的、长期的激励机制与约束机制；另一方面，通过逐步健全有关法律法规、增加执法力度，规范公司治理。

2. 正直、诚信原则与道德价值观

企业的财务战略、财务风险管理目标及目标实现的方式基于该企业的优先选择、价值判断和管理层的经营风格。这些优先选择和价值判断反映出企业管理层的正直、诚信及其信奉的道德价值观。财务风险管理的有效性不可能不受到人的正直、诚信和道德价值观的影响，因为财务风险管理系统是由人建立、执行和监督的。正直、诚信和道德价值观是一个主体内部环境的关键要素，它影响着企业财务风险管理系统其他要素的设计、管理和监控。

鉴于价值观对于企业财务风险管理的重要性，企业应该树立正直、诚信和道德价值观。在逐步树立的过程中，企业需要考虑多个方面的利益（例如，管理层的价值观必须平衡企业、员工、供应商、客户、竞争者和公众的利益），尽管他们之间的利益有时相互矛盾，导致平衡这些利益是非常复杂的。

3. 财务风险管理哲学

企业的风险管理哲学是指企业从战略制定到日常经营过程中对待财务风险的信念与态度。它反映了企业的价值观，影响着企业的文化和经营风格，也影响着企业

---

① 张汉华：《国有资产管理理论与实践》，中国财政经济出版社2002年版，第67~68页。

风险管理要素的应用。

管理层的风险管理哲学会影响企业的管理方式，主要包括：

(1) 对待和承担经营风险的方式，如风险如何确认、接受或控制；

(2) 依靠文件化的政策、业绩指标以及报告体系等与关键经理人员沟通；

(3) 对财务报告的态度和所采取的措施；

(4) 对信息处理以及会计功能、人员所持的态度；

(5) 对现有可选择的会计准则和会计数值估计所持有的谨慎或冒进态度。

企业风险管理哲学体现在企业日常经营的各个方面，体现在企业的政策说明、信息与沟通，以及各种各样的管理决策中。虽然不同企业的管理者对待财务风险的信念与态度是不一样的，在不同的管理体制、不同的激励机制下，企业对待财务风险的信念与态度不一样。但特定企业的财务风险管理哲学必须具备一定的统一性，应该非常明确，并被企业员工所理解。企业风险管理哲学不仅体现在书面上、口头上，更应该反映在日常行动上。

4. 企业的组织结构

企业的组织结构是指为企业活动提供计划、执行、控制和监督职能的整体架构。包括权责分工、建立适当的控制流程等。企业的组织结构对于财务风险管理的重要性是不言而喻的，企业应该建立合理、有效的组织结构。建立组织结构时，企业具体应该考虑：

(1) 组织结构的合适性，及其提供管理企业所需信息的沟通能力；

(2) 各主管人员所负责任的适当性；

(3) 按照主管人员所担负的责任，判断其是否具备足够的知识及丰富的经验；

(4) 当环境改变时，企业改变其组织结构的程度；

(5) 负责管理及监督职能的员工充足程度。

5. 责任的分配和授权

权责分配包括对个人或团体的授权程度、对创造性地处理问题的鼓励以及所受权限的范围。包括报告关系、授权规定，以及一些有关适当的实务处理、个人经验和知识、完成职责所提供的资源方面的一些政策规定。

权力下放到什么程度比较合适？授权应该保证被授权人完成目标，要使决策建立在比较完善的实务基础之上。

授权的增加是与扁平化的组织结构相联系的。组织结构的变革会提高员工的积极性、创造性、主动性，以及快速反应能力，这都会有利于企业达成目标。同样，授权增大会要求员工能力达到一个更高的水平，要求承担更多的责任，也要求管理层建立更有效的流程来监控决策效果。

6. 董事会和审计委员会

（1）董事会和审计委员会相对于管理层的独立性、董事会和审计委员会成员的经验和道德境界、其参与和监督企业活动的范围以及其行为的适当性、对管理层提出问题的深度和广度、董事会和审计委员会与内外部审计师的关系实质等成为企业财务风险防范机制的基础。

（2）董事会是企业内部控制环境非常关键的部分，并对管理基础的其他要素产生重大影响。为了使企业的内部控制有效，董事会至少应有大部分的独立董事。他们不但要提供合理的建议、咨询和指导，而且还要对管理当局形成必要的牵制与制衡。

（3）COSO认为，在董事会中，必须有足够数量的独立董事，对于这一观点，笔者认为，国内企业应该注意以下问题：

一是来自外部的问题。中国目前企业家阶层尚未形成，企业聘请外部董事缺乏人才资源。

二是外部董事的"懂事"问题。国内上市公司聘请的外部董事大都是会计师、律师，或者是名噪一时的经济学家，他们对企业战略制定、业务发展缺乏洞察力和预见力，也没有经营企业的实践经验。

三是独立性问题。无论在选择机制还是利益导向上，中国上市公司的独立董事从形式和实质上都很难"独立"。

针对以上问题，我们应该结合中国国情正确把握，证监会要求中国公司的外部董事至少要占到1/3。同时企业可以通过加强培训、提高相关人员素质等措施，逐步解决发展中存在的问题。

7. 员工的能力

能力是指员工执行所分配工作需要的知识和技能。

（1）管理层应当以正式或非正式的岗位描述，或其他方式分析并定义各岗位的具体工作任务，以及员工完成任务所需要的知识和技能。这些必要的知识和技能水平可能取决于个人的智力、受过的培训及经验。在培养知识和技能需要考虑的诸多因素中，应特别注意考虑在完成一件具体工作时所需职业判断的性质和程度。

（2）管理层决定工作完成的质量，并在企业的财务战略、目标与实施计划和结果方面进行权衡。管理层应在能力与成本方面经常权衡。

8. 人力资源政策与实务

财务风险管理系统是由人设计并实施的，组织内的人是保证财务风险管理有效的关键因素之一。组织内的人是由企业人力资源政策和实务决定的，其中人力资源实务包括招聘、指导、培训、评价、咨询、提升、薪酬，以及一些有关员工预期的正直、道德行为和能力水准方面的改进措施。

目前许多企业员工能力有待进一步提高，使员工的行为和绩效达到预期可以有多种方式。例如，教育和培训政策，根据定期的绩效评估进行轮岗与提升，通过有竞争力的薪酬计划或激励机制来鼓励和强化员工实现突出业绩，通过有效的控制来避免业绩操纵或者虚报成绩等。其中，教育和培训对企业的意义是有目共睹的，教育和培训可以帮助员工与时俱进，并有效应对变化的环境。企业的教育流程必须坚持不断地进行。

9. 错弊和报告

反错弊控制不仅需要满足合法性的要求，同时还要具备预防性和及时性，受到高层管理人员的直接监督及重视。它需要审计及监察部门通力合作，建立健全反错弊工作机制，建立完善的检举程序、财务风险评估和控制体系，开展财务风险分析、测试控制设计和执行的有效性、制定财务违规调查并提出整改意见。

10. 企业文化

企业文化是指以企业价值观为核心的企业意识形态。"小企业控制靠制度，大企业控制靠文化"[①]，企业文化对企业财务风险管理尤为重要。

企业文化（尤其是价值观）是企业核心竞争力的起源，影响着其他方面的竞争力。IBM前总裁沃森说过，"就企业相关经营业绩来说，企业的经营思想、企业精神和企业目标远比技术资源、企业结构、发明创造及随机决策重要得多。"[②]

企业文化的功能：

（1）导向功能。企业文化对员工行为具有导向功能。

（2）延续功能。只有能够满足人类需要的东西才能随着人类的延续而延续。企业文化中的物质文化可以满足人的心理需要。

（3）软件功能。如果说员工的躯体是硬件，那么企业文化则是驱动硬件发挥作用的软件。

（4）激励功能。优秀的企业文化可以使员工置身于良好的心理环境，从而获得心理上的满足；置身于良好的人际环境，获得社交和尊重需要的满足。

（5）凝聚功能。企业的凝聚力是文化的造物，没有强大的企业文化就没有企业的凝聚力。

[①] 王月新：《企业集团财务控制研究》，经济科学出版社2004年版，第207页。
[②] 转引自史东明：《核心竞争力——构筑企业与产业的国际竞争力》，北京大学出版社2002年版，第58页。

（6）扩展功能。由于企业文化通过教化可以传播，使得其具有空间传播功能。优秀的企业文化通过传播，可以使企业取得较好发展。

鉴于企业文化对于企业财务风险管理的重要性，企业应当建立自己企业独特的、适合本企业长远发展的企业文化。

从以上分析可以看出，管理基础是企业财务风险管理的内部管理环境，鉴于内部管理环境在财务风险管理中的重要性和它对框架内其他管理要素所能产生的影响，怎么强调都不过分。一个无效的管理基础的影响会很广泛，可能导致严重的财务损失、损害公众形象甚至经营失败；一个有效的管理基础可能使企业财务风险管理非常有效。因此企业管理层应加强对管理基础各方面的管理，优化管理环境，建立一个和谐、适宜的企业财务风险管理基础。

第9章

企业财务管理信息化

本章系统阐述了集团企业财务管理信息化的概念、作用和内容；集团企业财务管理信息化总体规划的概念、不重视总体规划的表现、总体规划原则、规划内容和规划时应注意的问题；集团企业财务管理信息化方法；集团企业财务管理信息化的实施步骤和集团企业财务管理信息系统的风险管理等内容。

9.1 集团企业财务管理信息化的概述

在此，我们首先要明确信息化和集团企业财务管理信息化的含义。

9.1.1 集团企业财务管理信息化的概念

1. 信息化的含义

随着信息化在实践中的迅速推进，信息化概念的内涵也逐步深化和丰富。

什么是信息化？杨周南（2005）：信息化中的"化"是指在某一特定的历史转变阶段，人类的社会生活发生全面的、根本性的变革过程。"化"的目的是变革与发展，它应该是一个过程性的转变。[①] "信息"一词应该隐含着两大方面的含义：信息技术以及信息资源。基于此，信息化可定义为：信息化就是指通过信息技术的广泛应用和信息资源的开发利用而达到的在社会各个领域产生变革发展的一个过程。财务管理信息化可以基于这个概念进行理解。

[①] 丁海鹫：《结合客观实际，实施合适的信息化系统》，载于《CAD/CAM 与制造业信息化》2005 年第 6 期。

2. 集团企业财务管理信息化

集团企业财务管理信息化的概念有广义和狭义之分，本书中集团企业财务管理信息化的概念指狭义的概念。集团企业财务管理信息化是指以电子计算机为主体的当代电子信息技术在集团企业财务管理中的应用。集团企业财务管理部门依据现代财务管理理论，应用现代信息技术，整合集团企业的战略管理、资金管理、全面预算、报表合并等管理流程，及时、准确地向集团企业各层管理者提供充分和相关的信息支持，加工和利用财务管理信息，实现对集团企业财务活动进行计划、控制、分析和评价，满足集团企业财务管理总体水平的提升。

9.1.2 集团企业财务管理信息化的作用

集团企业财务管理信息化的作用是，提高集团企业财务管理数据处理的时效性和准确性，提高集团企业财务管理的水平和质量，减轻集团企业财务管理有关人员进行资金管理、战略管理、全面预算、报表合并等工作的劳动强度；提高集团企业财务管理和控制的作用，使集团企业财务管理由事后的分析、管理转向事先预测、计划，事中控制、监督，事后分析、评价的一种全新的管理和控制模式，以增加集团企业财务管理信息的使用价值，提高集团企业财务管理控制和决策水平；推动集团企业财务管理方式、理论创新和观念更新，促进集团企业财务管理工作进一步发展。

1. 信息化整合业务流程、管理流程和信息流程

开展财务管理信息化，或者说是建立和实施现代信息技术或计算机技术环境下的财务管理信息系统。该系统成为企业管理信息系统（MIS）的一个子系统，是事件驱动模式的信息系统。

财务管理信息系统核心是集成，集成业务处理和信息处理、集成财务信息和非财务信息、集成核算与管理，使信息系统由部门级系统升级为企业级系统。

（1）业务流程、管理流程、信息流程关系分析。

第一，企业业务流程。企业通过开发及提供满足顾客需要的商品和服务来创造价值。而商品和服务是企业通过一系列的业务流程[1]来提供的。我们把企业的业务流程分为获取/支付流程、转换流程和销售/收款流程三种类型。[2]

获取/支付流程是由获取、支付和维持组织所需要的商品及服务的一系列活动

---

[1] 在本书中企业业务流程简称业务流程，会计业务流程简称会计流程。
[2] ［美］阿妮塔·S. 霍兰德：《现代会计信息系统》（杨周南等译），经济科学出版社1999年版，第5页。

组成；转换流程是由企业将获取的资源转换成客户需要的商品和服务的所有活动组成；销售/收款流程的目标是向顾客销售和交付商品及服务，并收取货款，它由一系列与交付商品和服务给客户并收取款项的有关活动组成。

这些流程之间是相互依赖、相互关联的，它们之间的关系如图9.1所示。

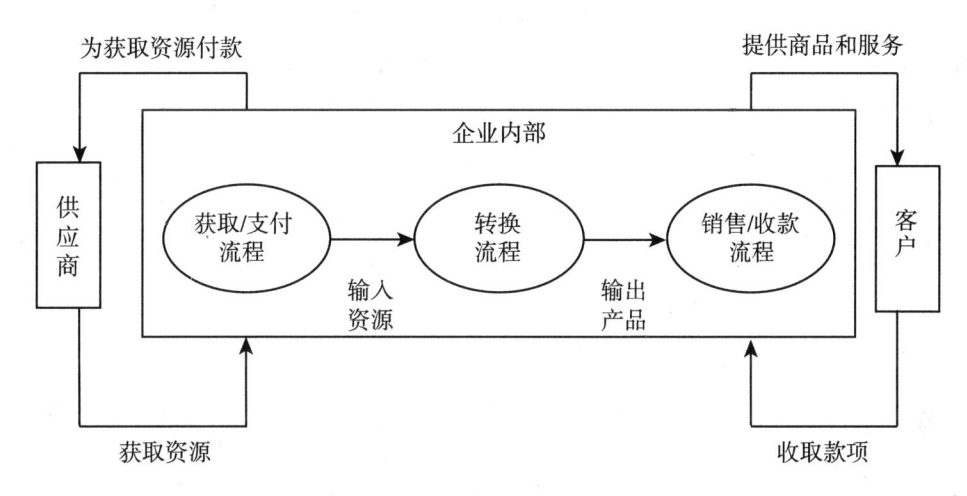

图9.1 业务流程示意

第二，企业管理流程。管理活动可以大致分为计划、执行、控制和评价（如图9.2所示），而管理流程则由上述各种具体的管理活动组成。计划需要企业的领导定义业务目标，优化业务流程，并提供实现目标所需的蓝图。然后管理人员将业务流程分成较小的业务活动，指派员工去完成每一项活动，并激励员工做好指派的工作，从而执行计划；控制则通过复查来实行，复查是为了验证某项业务活动或整个业务流程的执行结果是否与管理人员所期望的结果一致。复查的结果不是改变预期就是改变业务活动或业务流程的执行，以便使实际的执行结果与预期保持一致。通常，管理人员要定期评价运营成果来考察业务流程是否正在实现组织的目标。评价的结果可用于修正计划、目标或期望值。

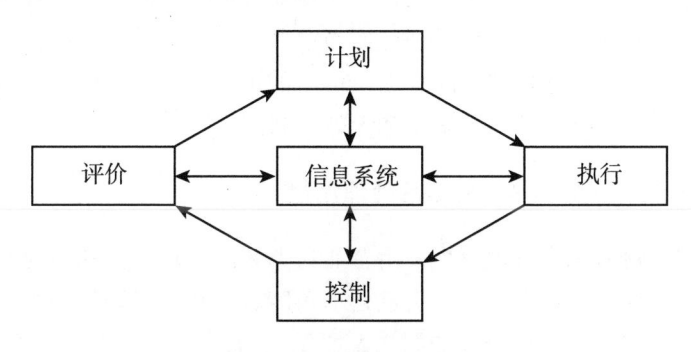

图9.2 管理活动示意

第三，信息系统和信息处理流程。管理的中心是决策。管理人员在计划、执行、控制、评价企业的流程中做出多项决策。而正确的决策需要及时、相关的信息。对此，可以开发和应用信息系统，以便向管理人员提供信息。信息系统获取企业及其活动的数据，存储和维护这些数据，并编制对管理有意义的报告。信息系统的上述活动称为信息处理流程（如图9.3所示），它可以大致分成三类：记录与业务活动相关的数据；维护或保持与企业相关的和最新的数据；报告对执行、控制和评价业务流程有用的信息。

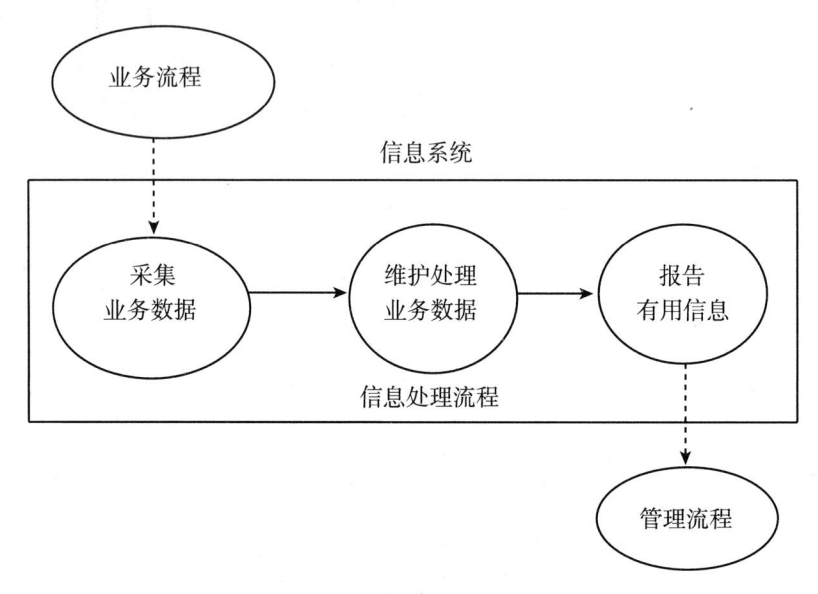

图9.3 信息系统和信息处理流程

第四，业务流程、管理流程与信息处理流程之间的关系。业务流程、管理流程与信息处理流程之间的关系如图9.4所示。

由图9.4可以看出，三类流程相互依存、联系紧密，当组织的业务和管理流程变化时，信息处理流程也必须跟着变化才能使业务信息及时反馈给管理者，管理者再通过管理流程对业务活动进行管理。而当业务流程、信息处理流程和管理流程融为一体时，组织完成其目标即给顾客提供价值的可能性会大大增强；而当它们不能紧密合作时，组织会处于一种不协调和无效的状况。

2. 财务风险管理流程是一种信息处理流程

简单地说，财务风险管理流程是指企业财务风险管理有关部门为实现财务风险管理目标而进行的一系列活动。从信息处理角度看，财务风险管理流程可以抽象为主要由三类活动或子流程组成（如图9.5所示），而由信息系统支持的财务风险管理流程属于信息（处理）流程。

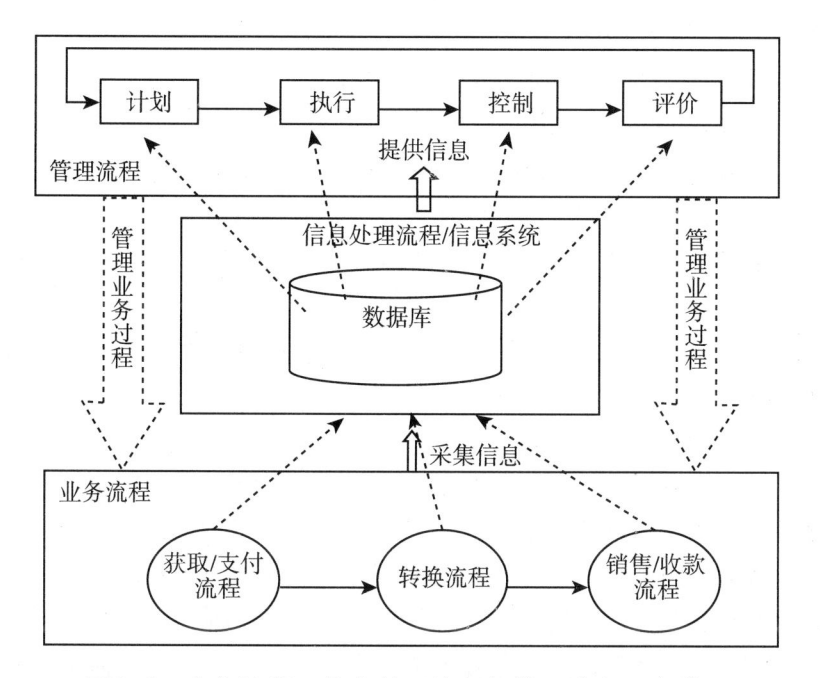

图 9.4　业务流程、信息处理流程与管理流程三者关系

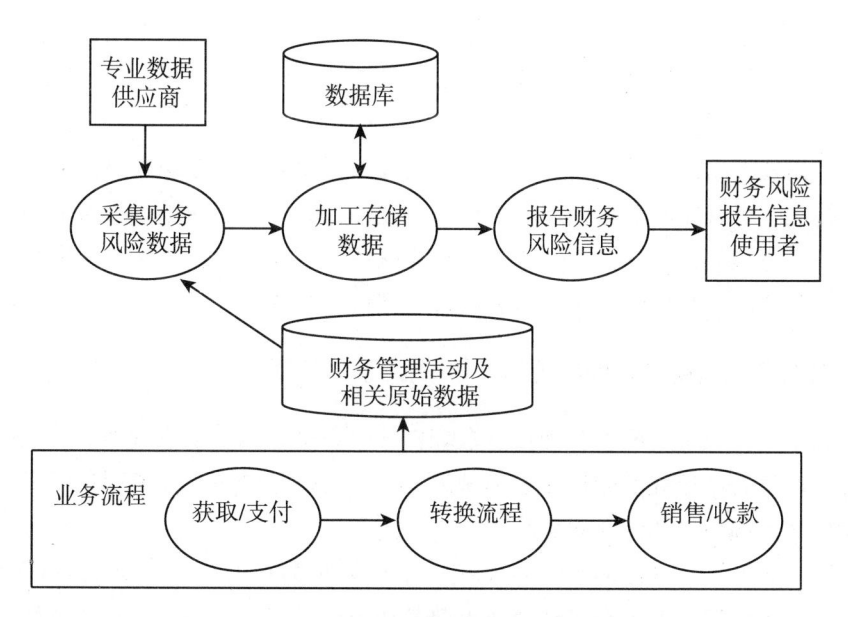

图 9.5　财务风险管理流程示意

从信息处理角度看，财务风险管理流程包括如下几种活动或环节。

第一，数据采集。财务风险数据采集包括内部数据采集和外部数据采集。内部数据是指企业从各个业务信息系统中抽取的、与财务风险相关的数据；外部数据是

· 177 ·

指通过专业供应商所获得的数据。

内部数据一般通过企业内部的业务数据仓库取得。如果数据仓库中的数据不能满足企业财务风险管理信息系统，需要采取两种方案解决：一是通过客户化的数据采集软件完成数据的拼接和转换，一般利用基于业务和统计分析/数理概念的转换公式完成；对于无法通过数据拼接和转换方式获得的内部数据，则需要增加对前台业务的数据收集要求。内部数据包括获取/支付流程、转换流程和销售/收款流程的数据。

第二，财务风险数据加工与存储。数据加工与存储是将收集到的财务风险原始数据进行加工、分类、计算、汇总、传递，并将加工、分类、计算、汇总、传递结果存储，进行长期保存。

第三，报告财务风险信息。有效的财务风险管理是指在正确的时间将正确的信息传递给合适的人。先进的企业级财务风险信息系统一般采用 B/S 结构（browser/structure），操作人员通过 IE 方式实现远程登录，就可以在最短的时间内获得所有相关的财务风险信息。这种信息传递方式的主要优点是：真正实现财务风险数据的全企业集中管理、一致调用，各有关岗位、部门人员的 PC 机中不需要安装任何财务风险管理软件，最大限度地降低软件购买和维护成本。发布财务风险分析信息（报告）分预览和发布两个步骤，预览时只有财务风险检测人员能够看到，便于财务风险分析人员在报告发布以前核准报告结果准确无误，然后将报告传递给所有的终端用户。

从数据处理的角度看，财务风险管理流程中各项活动都体现为对信息的某种作用，并构成一个有序的数据处理和信息生成过程，这一过程可以分为若干部分，每一部分都有各自的处理任务，所有部分相互联系、相互配合，服从于一个目标，形成一个管理活动的有机整体——财务风险管理信息系统。

3. 信息系统提供了一种集成环境

信息系统是一个集成的管理信息系统，其核心思想就是集成管理。从企业的业务流程、信息处理流程及管理流程模型出发，站在财务风险管理流程角度来看，事件驱动信息系统环境如图 9.6 所示。

由图 9.6 可知，事件驱动信息系统以集成管理为核心思想，集成企业内外资源，在信息系统框架下重新设计企业内部各功能子系统，并使各子系统紧密成为一个事件驱动信息系统整体。这样，企业内各部门的数据可以在事件驱动信息系统环境下实时共享。

事件驱动信息系统由于采用事件驱动的技术模式进行设计，各子系统（业务系统、财务风险管理系统、会计信息系统）之间并行执行相应的流程，这种并行

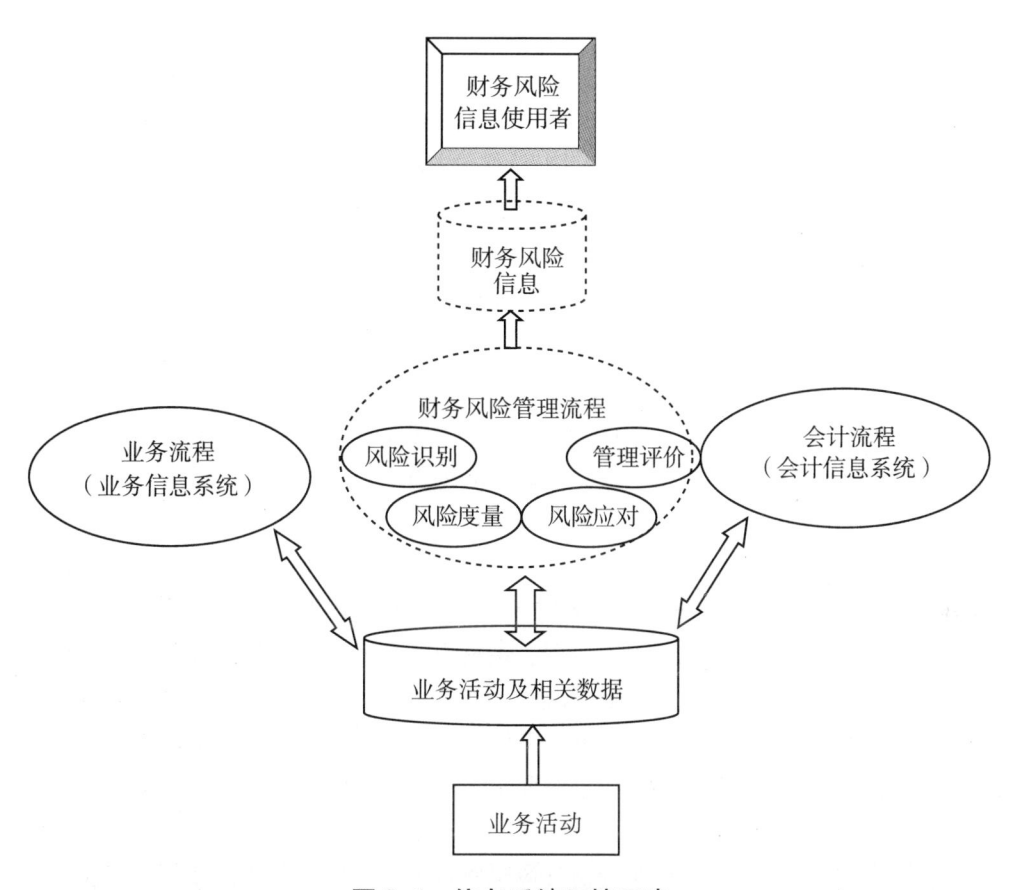

图 9.6 信息系统环境示意

执行模式使得系统间相关信息同时产生，这样可以使不同流程间各类事件所反映的数据，在任何状态都保持一致，从而为企业的经营决策提供了良好的基础。信息系统环境下财务风险管理流程及会计信息系统具有如下的特点：实时采集、处理业务数据；减少数据冗余，提高了数据加工效率；财务风险管理信息的及时性、有用性和相关性也大大提高。

信息系统环境下财务风险管理流程及财务风险管理系统具有如下的特点：

第一，实时采集、处理财务风险有关业务数据。

从业务数据采集的时点来看，由于会计流程与业务流程紧密集成，使得事件驱动信息系统中的财务风险管理系统可以实时从业务系统中采集数据，同时，根据财务风险管理内嵌的规则实时生成有关凭证，并存储在共享的企业数据库中。与此同时，财务风险管理流程随着业务事件的发生而同时启动。因此，事件驱动信息系统环境下的有关财务风险信息能及时反映业务状况，并且基本消除了财务风险数据与业务数据不一致的情况。

从流程的起点和发展过程来看，由于采用事件驱动设计模式，财务风险系统环境下的财务风险管理流程起点（会计信息的采集点）位于业务事件发生处，即所处位置位于相关业务部门，财务风险管理流程与业务事件发生的业务流程并行启动，随业务流程的发展而同步执行，因此，事件驱动信息系统环境下财务风险管理流程与业务流程是紧密集成的关系。此环境下生成的财务风险信息的及时性和相关性大大提高，极大地支持了企业的财务风险管理决策。

从业务数据采集的范围来看，由于事件驱动信息系统环境下的企业数据共存于同一个数据库中，因此，没有必要站在各业务系统的角度再整理和重复存储本系统所要的数据，数据库中只需采集和存放反映业务事件状态的未被加工过的原始信息。这不仅减少了数据冗余，而且已经相当于为财务风险管理系统未来可能扩大的数据加工范围做好了反映原始业务状态数据的准备。

第二，减少数据冗余，提高了数据加工效率。

在存储与数据加工环节，由于事件驱动信息系统是一个集成化的信息系统，其环境下的各业务系统共享同一个数据库中的数据信息，因此，不用为各个业务系统单独准备一份数据。这样就减少了数据冗余和由冗余而增加的数据核对环节，从而也减少了系统运行风险和系统的运营成本。

在数据加工环节，事件驱动财务风险管理信息系统有机地集成了财务会计和管理会计等系统，有关管理会计的信息主要由管理会计系统提供，这样位于财务会计系统中的会计科目代码就不用为提供太多的管理信息而增加很多明细科目了，这使得会计科目总量减少了。事件驱动财务风险管理系统环境下财务会计与管理会计等功能的合理区分，又有机地紧密集成，极大地提高了数据处理的效率和财务风险管理信息的有用性和相关性。

第三，财务风险管理信息的及时性、有用性和相关性也大大提高。

从报告环节看，首先，在数据采集环节，财务风险管理数据在业务发生时实时采集；其次，在数据加工和存储环节，由于会计科目总量的减少加快了数据的加工速度，同时，管理会计系统的启用增加了会计提供管理信息的能力，使得事件驱动信息系统环境下的财务管理信息系统处理会计数据的效率大大提高，从而使得其所提供的财务风险管理信息的及时性、有用性和相关性也大大提高。

4. 建立集团企业财务管理信息系统对财务风险管理的影响

从 COSO 报告内部控制包括五个部分：控制环境、风险评估、控制活动、信息与沟通、监控。通过分析 ERP 与内部控制的关系，我们可以描述 ERP 在企业内部控制体系中所发挥作用的大小，如表 9.1 所示。

表 9.1　　　　　　　ERP 在企业内部控制体系中的作用

主项	子项	影响方式 直接	影响方式 间接	影响方式 无	影响范围 整体	影响范围 局部	影响力 高	影响力 中	影响力 低	影响力 无
控制环境	员工诚实性和道德观		√		√		√			
	员工的胜任能力	√				√	√			
	董事会或审计委员会			√						√
	管理哲学和经营方式		√					√		
	组织结构		√			√			√	
	授予权利和责任的方式	√				√	√			
	人力资源政策和实施		√			√			√	
风险评估	外部风险识别		√							√
	内部风险识别	√				√	√			
	风险重要程度分析	√				√		√		
	风险发生可能性分析		√			√			√	
	风险管理途径分析		√			√			√	
控制活动	业绩评价	√			√		√			
	信息处理	√			√		√			
	实物控制			√						√
	职责分离		√			√				
信息沟通	外部信息			√	√		√			
	内部信息	√			√					
	沟通	√				√		√		
监控	持续监控	√				√	√			
	独立评价		√						√	

注：影响方式指 ERP 对内部控制系统的帮助是直接的即由其自身特点带来的，还是间接的即由于使用 ERP 改善管理与环境带来的；影响范围指的是 ERP 在该领域带来的影响是针对企业全局的，还是限于企业内部部分人员与机构的；影响力则指是否应用 ERP 系统，以及对控制领域所造成的影响。

从表 9.1 可以看出，信息系统在内部控制所涵盖的绝大部分地方都对集团企业有所帮助，在相当多的内部控制领域有着直接的、重大的影响力。当然，管理者不能将"控制"全部寄希望于信息系统,也不能将"控制"的责任全部推给信息系统。①

5. 信息化改变了集团企业面临财务风险的内容和形式

(1) 信息化改变集团企业面临财务风险的原因。

第一,建立财务管理信息系统要求进行业务流程重组,改变了集团企业的业务流程,在转变过程中,也带来了新的风险。

第二,信息系统中单一的数据库以及网络化特征,使企业经营数据能够被企业各部门集成和共享,使过去跨部门的审批流程得到简化及压缩。压缩所造成的一个结果是,用于财务风险控制的许多审计线索在实施信息化后消失了。集团企业过去基于文件审批的内部风险控制机制也无法适应信息系统基于流程的管理需要。

第三,由于企业的业务运作更加依赖于信息系统,这种依赖和信息系统本身的特点所导致的脆弱性,形成了企业新的业务风险。

(2) 财务风险控制在内容、形式方面的变化。

第一,控制形式的变化。传统业务处理中的一些控制措施将不再有效;传统业务处理中的一些控制措施将移入计算机系统内部,通过计算机程序体现出来;基于信息技术处理的特点,一些利用计算机实现的新的控制形式将被采用。

第二,控制内容的变化。企业内部控制的内容发生了改变,由单纯地控制手工处理扩展到人及其处理的业务环节、人机交互处理过程、计算机系统业务处理过程和不同系统之间的信息传递过程。其中人机交互处理过程包括原始数据进入计算机系统和业务信息从计算机系统输出两个环节。信息技术环境下,内部控制的内容包括手工处理控制和信息系统控制两大方面。由于绝大多数业务处理改由计算机完成,因此手工处理的部分减少,对其控制的内容也减少。

9.1.3 集团企业财务管理信息化的内容

集团企业财务管理信息化是一项涉及面很广的活动,包括信息技术、集团企业财务管理业务管理、集团企业财务管理信息系统等,归纳起来,集团企业财务管理信息化的主要工作内容有以下四个方面。

(1) 应用信息技术,建设、管理和维护集团企业财务管理信息系统。

(2) 加强集团企业财务管理信息资源的综合开发和利用,支持集团企业财务管理工作的开展。

(3) 变革手工、部门级、企业级财务管理模式和业务流程;实现集团企业财

---

① http://www.ccw.com.cn.

务管理各处理流程的集成和整合。

（4）加强集团企业财务管理信息化的人才队伍建设。

在集团企业财务管理信息化的主要内容中，支持集团企业财务管理是集团企业财务管理信息化的主要内容，也是基础和核心。集团企业主要的财务管理工作从横向看有战略管理、资金管理、全面预算、合并报表等方面。集团企业涉及的财务管理横向范围如图9.7所示。

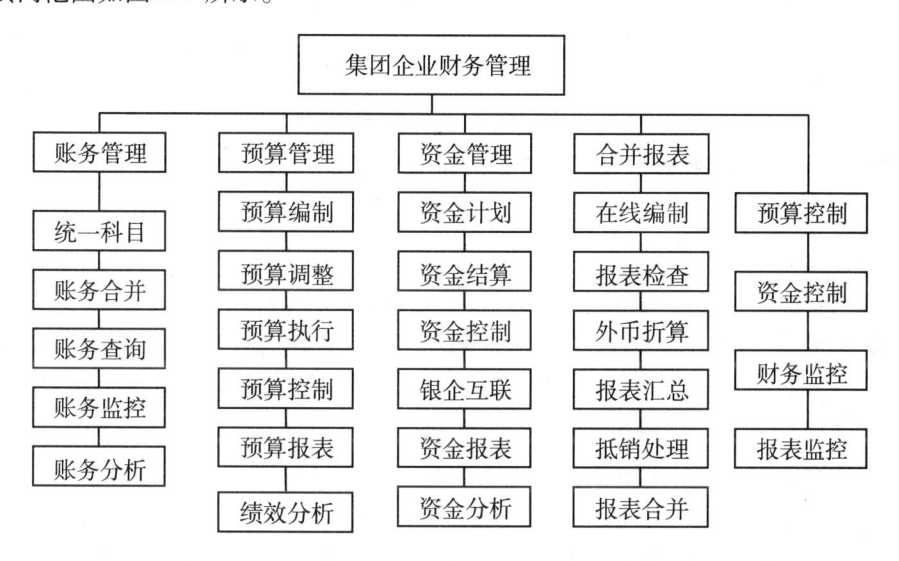

```
                    集团企业财务管理
    ┌──────────┬──────────┬──────────┬──────────┬──────────┐
  账务管理    预算管理    资金管理    合并报表    预算控制
  统一科目    预算编制    资金计划    在线编制    资金控制
  账务合并    预算调整    资金结算    报表检查    财务监控
  账务查询    预算执行    资金控制    外币折算    报表监控
  账务监控    预算控制    银企互联    报表汇总
  账务分析    预算报表    资金报表    抵销处理
              绩效分析    资金分析    报表合并
```

图 9.7　集团企业涉及的财务管理横向范围

9.2　集团企业财务管理信息化总体规划

对于中小企业而言，财务管理信息化多数情况下是购买一套财务软件，实现会计核算工作的电算化，投资少、见效快。但是，对于集团企业而言，财务管理信息化项目可能是集团企业信息化的核心子系统，或者是ERP中的重要模块，其投资数十万元，甚至数百万元，投资不菲、技术复杂、涉及面广。如果集团企业不在事先进行认真的实施规划和前期准备，或者在准备不足的情况下匆忙实施，财务管理信息化系统极有可能无法支持集团企业的业务与经营活动，甚至对集团企业未来的信息化战略实现产生严重制约。

9.2.1　集团企业财务管理信息化的总体规划概述

财务管理信息化总体规划是集团企业信息化的指导纲领，是对集团企业利用信息系统提升集团竞争力的体系化、全局性的战略思考。信息化战略是对与集团企业信息需求与供给相关的明确或隐含的目标、愿景、指南和计划的总称，其内容为集团企业领导层所认可，并以支撑集团企业的长远目标和适应未来环境的变化为目的。集团企业信息战略管理是集团企业信息战略的展开过程，是集团企业信息功能战略的制定实施、监控、调整及其与集团企业业务战略的整合过程。它包括信息技术管理、信息资源管理和信息组织管理三个部分。财务信息规划不单单是一个产品，更是一个过程，是对集团企业组织结构、业务流程、数据传递、应用系统和信息技术的系统性的思考，以达成共识、降低风险、节约成本。

9.2.2 不重视财务管理信息化规划的表现

据以往财务管理信息化实施的统计资料分析，集团企业财务管理信息化项目由于缺乏规划而导致失败的案例数不胜数。集团企业的财务管理信息化规划是确定集团企业实施信息化的宗旨和目标，以及实现信息化目标的方法、步骤及具体项目的计划活动。如果集团企业不事先进行规划，匆忙实施财务管理信息化，由于缺乏集成，很可能形成信息孤岛。

缺乏财务管理信息化规划的典型表现有：
(1) 没有量化的集团企业信息化战略和未来发展步骤；
(2) 缺乏科学的财务管理信息化规划，无法支撑新的业务、流程和组织扩展；
(3) 财务管理信息化目标未与集团企业战略结合，没有合理的评估标准；
(4) 业务流程和管理模式模糊不清，信息系统建设的优先级不清楚；
(5) 孤立的财务而非集团企业整体信息系统的孤岛运作模式；
(6) 缺乏组织协同和核心价值沟通；
(7) 需要设计新结构和框架，如业务、应用程序和组织；
(8) 整合系统绩效考核不完善等。

当然，在实践中也有不少集团企业已经认识到信息系统规划在客观和主观两方面的作用。

【资料】英国经济情报社、IBM 咨询和埃森哲咨询所做的一个国际联合调查表明，从国际上看，年收入在 10 亿美元以上的大公司中，大约有 95% 的公司进行信息化规划；年收入在 1 亿～1.99 亿美元的中型公司中，大约有 91.3% 的公司进行信息化规划；年收入小于 1 亿美元的小公司中，大约有 76.1% 的公司进行信息化规划。国内很多集团企业开始使用科学有效的方法对集团企业的财务信息系统建设实施进行战略角度的规划，从而促成了一些财务管理信息化规划项目的成功范例。

9.2.3 财务管理信息化规划应遵循的原则

为了保证财务管理信息化规划的合理、客观和可行，在制定规划时应遵循以下基本原则。

1. 整体规划原则

财务管理信息化规划是集团企业信息化战略规划的一部分，要与集团企业未来的业务发展和管理发展充分结合。集团企业信息规划的整体性包括三个方面的因素：集团企业信息化的内容覆盖了集团企业各项经营活动的信息处理；集团企业信息化建设不是孤立地搞单项计算机应用，在选用技术时应有全盘考虑，力求信息集成与过程集成，以获得综合效益；在全球化市场中必须同需方和供方密切相连，供货商和用户的信息要纳入集团企业信息化管理的范畴。

2. 阶段性与扩展性结合原则

分阶段选择实施财务信息系统的不同子系统，要认真分析集团企业的战略与信息技术支撑之间的影响度，合理预测环境变化可能给集团企业战略带来的偏移。此外，在做财务管理信息化规划时要留有适当余地，不能追求大而全。能适应信息技术的快速发展，适应集团企业管理与业务模式的不断变化。财务管理信息化规划不应成为集团企业信息化的桎梏，要能根据变化进行调整和完善。例如，某集团提出的财务管理信息化三步走战略的规划是：第一阶段，实现集团财务信息、统计信息和管理信息的快速反应；第二阶段，实现成员集团企业的业务重组及与集团财务系统的合理整合；第三阶段，规划实施成员集团企业与集团财务信息一体化。

3. 客观性需求原则

财务管理信息化规划要适合集团企业的发展规模，不同的集团企业规模在信息化规划时有不同的要求。在规划时一定要从集团企业的实际出发，结合集团企业现有的流程处理和业务需要，制定出适合集团企业发展的信息化规划，而不是一味追求先进技术和最新版本。

9.2.4 财务管理信息化规划的内容

集团企业财务管理信息化总体规划大体分为三个层面：战略层面、技术层面和管理层面。从战略层面上来说，集团企业财务管理信息化规划涉及以下几个方面：

明确集团企业的总体战略目标；明确集团企业所处的竞争环境；在集团企业总体战略的指导下，根据自身的现状、能力和竞争环境的要求，制定切实可行的信息化战略，包括明确信息化的内涵及信息化在集团企业总体战略中的角色定位。从技术层面上来说，信息化规划涉及评估公司的信息化能力现状，包括现有信息化基础设施和人员的能力；评估集团企业的信息化技术架构，包括平台、网络、应用软件、流程、数据和架构；按照集团企业的未来发展对信息化能力的需求，确定信息化能力差距和信息化能力发展蓝图。从管理层面上来说，集团企业财务管理信息化规划涉及信息化管理组织机构设置、汇报体系、岗位设置、技能分类和相应的绩效考核指标体系；信息化管控模式，如相关信息化制度、标准和规范、信息化投资决策程序、风险管理、安全管理和项目管理、信息化变革管理和培训。财务管理信息化规划的内容要充分体现信息化的内涵，特别要注意以下问题。

1. 集团企业现状分析

对集团企业当前形势进行分析是规划的基础和依据。首先，通过对集团企业战略的分析，明确集团企业的发展目标、需求以及为了实现集团企业的总目标，各个关键部门需要做的工作。其次，研究整个行业的发展趋势和信息技术与信息产品的发展趋势，了解竞争对手应用信息技术的情况，包括具体技术、实现功能、应用范围、实施手段，以及成果和教训等。最后，分析集团企业当前的信息化状况，包括基础设施、应用规模、应用层次和人员素质。

2. 财务管理信息化战略的制定

制定战略是在分析形势的基础上制定信息化的指导纲领，力争以适当的规模、成本做最合适的信息化建设。首先，根据集团企业的战略规划，确定信息化的愿景和使命，定义财务管理信息化的发展方向和财务管理的动态螺旋式递进，明确信息化在实现集团企业战略过程中应起的作用。其次，起草财务管理信息化指导纲领，作为管理和实施工作中要遵循的条例，是有效进行信息化建设的保证。最后，制定信息化目标是集团企业在未来几年为了实现愿景和使命而要完成的各项任务。

3. 财务管理信息系统总体架构

在制定财务管理信息化战略的基础上，集团企业需要进一步设计财务管理信息化的总体架构。一般地，集团企业财务信息系统架构应包括以下一些基本内容：

（1）财务管理信息系统总体架构；

（2）财务管理信息系统应用架构；

（3）财务管理信息系统数据架构；

（4）财务管理信息系统开发架构；

(5) 财务管理信息系统技术架构；
(6) 财务管理信息系统操作架构。

4. 拟订集团企业财务管理信息系统实施标准

任何信息化项目都具有高投入、高风险的特点，集团企业财务管理信息化项目也不例外。为了有效规避、缩减风险，在严格遵照国家、行业相关规定的基础上，集团企业必须拟订财务信息系统建设中采用的各项标准，如数据标准、编码标准和流程标准等。标准的选择应按照国际标准、国家标准、行业标准的顺序依次执行，使建设的财务信息系统具有良好的可靠性、可用性、兼容性、扩展性、协调性和一致性。

5. 确定实施的财务子系统

根据财务管理信息化战略和总体架构，统筹兼顾，评定财务管理信息化任务的优先顺序，确定具体实施子系统。明确每一子系统的责任、要求、原则、标准、预算、范围、程度、时间、协调和配合。确定对每一项目进行监控和管理的原则、过程及方法。

在做好规划后，还要注意规划与实施之间的平衡。在进行信息化建设过程中，规划与实施必须要与内外环境相适应，并不断进行动态调整。在实施具体系统时，仅仅看作是提高集团企业技术水平，借助计算机作为方便管理的工具，而不是从集团企业发展战略和业务拓展战略的高度出发，以业务为导向来引入信息化系统，其结果只能是盲目跟从，达不到预期的效果。

9.2.5 集团企业财务管理信息化规划必须要注意的几个问题

1. 掌控财务管理信息化的核心需求

集团企业的需求是开展财务管理信息化的第一步，也是关键的一步。集团企业的财务管理信息化需求是多方面的，不论由计算机替代手工完成简单的会计核算处理，还是进行集团财务资金集中管理的需求，都应从集团企业的核心业务需求着手。核心业务就是通过信息化能提高集团企业核心竞争力的业务。不同集团企业的核心业务是不一样的，但不同集团企业有一点是共同的，就是它们的核心业务都离不开财务管理，财务管理对任何集团企业来说都是关键的。财务管理不是简单的会计核算，即后台会计，而是从集团企业经营角度，管理好集团企业的资金流，管理好集团企业的生命线。集团企业信息化一定要从核心业务着手，集团企业的核心需求是集团企业制定信息化功能目标的重要依据。

2. 明确财务管理信息化所处的发展阶段

按照杨周南提出的信息系统发展的三段论理论,集团企业的财务管理信息化发展大致可分为三个阶段,即面向事务处理的信息化阶段、面向系统的信息化阶段和面向决策的信息化阶段。就整体而言,中国目前集团企业信息化基础比较薄弱,与国外先进集团企业相比尚有很大的差距。为此,集团企业财务管理信息化一般应以第一阶段即部门内的信息化作为初期目标,成功实施以后再推进到第二阶段。第三阶段难度比较大,需要建立集团企业战略级的数据中心,使得信息可以在整个价值链上流动起来,这牵涉整个供应链上集团企业的全面协同和价值匹配。

3. 必须获得最高领导层的支持和重视

最高领导层的支持和重视是做好工作的前提与保证,对于集团企业进行财务管理信息化规划尤其如此。首先,只有获得最高领导层的支持和重视,我们才能落实财务管理信息化各项管理制度。进行财务管理信息化不纯粹是一种技术工作,还涉及集团企业的很多部门、环节和人员,这需要相关管理制度作保证,管理制度的制定及有效实施需要最高领导层的支持和重视。其次,只有获得最高领导层的支持和重视,我们才能顺利进行业务流程重组或者优化。集团企业财务管理信息化需要对部分业务流程进行重组或者优化,这需要进行部分权力重新配置和分配,没有最高领导层的支持是很难做到的。最后,只有获得最高领导层的支持和重视,我们才能保证必需的财务管理信息化的资金预算。

进行集团企业财务管理信息化需要数额不菲的资金,资金数额视集团企业规模及行业性质而定。按占产值的百分比来计算,亿元以下的集团企业投资比例一般为8‰~12‰;产值1亿~5亿元的集团企业投资比例一般为4‰~8‰;产值5亿~10亿元的集团企业投资比例一般为2‰~3‰;产值10亿元以上的集团企业可视实际情况而定或考虑2‰以上的比例。没有最高领导层的支持和重视,进行集团企业财务管理信息化所需资金是很难保证的。

9.3 集团企业财务管理信息化的方法

9.3.1 树立集团企业绩效管理的核心思想

集团企业财务管理信息化应以企业绩效管理(business performance management)为核心思想,在传统财务管理基础上,提供一套衡量集团企业绩效的工具和方法,全面分析集团业务,完善管理绩效目标,帮助集团企业建立快速、持续和健康成长的集团财务管理体系。

图9.8所示的分析方法和流程体现了集团企业财务管理以绩效管理为核心的核心思想,对集团企业的财务管理信息化具有很好的借鉴作用。

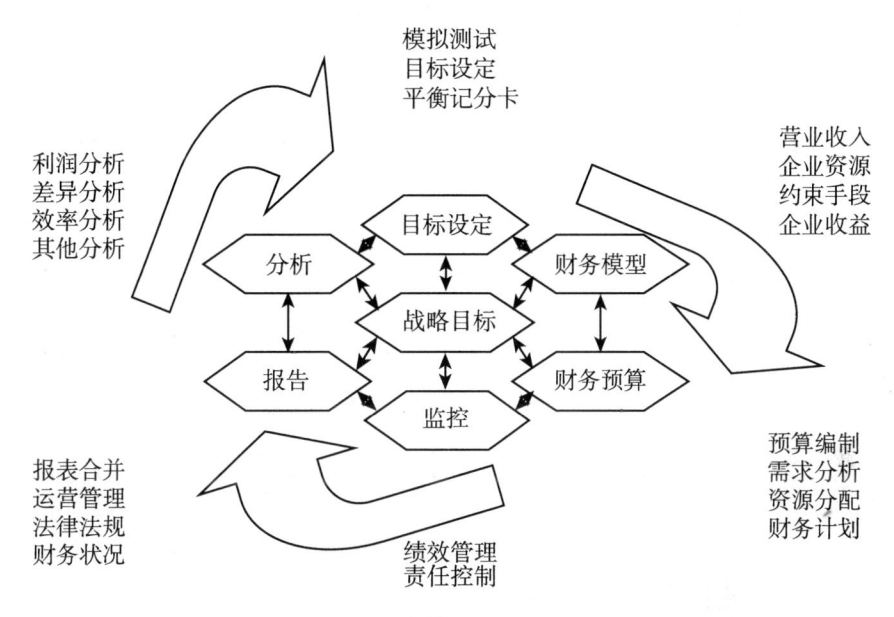

图9.8 集团企业财务管理以企业绩效为核心示意

9.3.2 集团企业要建立符合集团企业财务管理信息化的应用架构

集团企业财务管理信息化应当面向集团企业财务管理人员,对集团的财务进行全面管理,在满足财务基础核算的基础上,实现集团层面的集团账务集中管理、全面预算管理、资金管理、财务报告的全面统一,帮助企业财务管理从会计核算型向经营决策型转变,最终实现企业价值最大化。

集团企业财务管理信息化可以构建如图9.9所示的应用架构。

9.3.3 集团企业要建立严格、规范、统一的财务核算体系

集团企业内各成员企业往往是跨地域甚至是跨国经营的,如何满足既在业务处理现场提供系统的及时响应,又在集团总部可实时获取信息,是任何一个集团企业在开展信息化时必须要解决或者是努力解决的问题。建立严格、规范、统一及符合会计准则要求的财务核算体系成为集团企业财务管理的基础。

集团企业财务管理信息化可以构建如图9.10所示的核算体系。

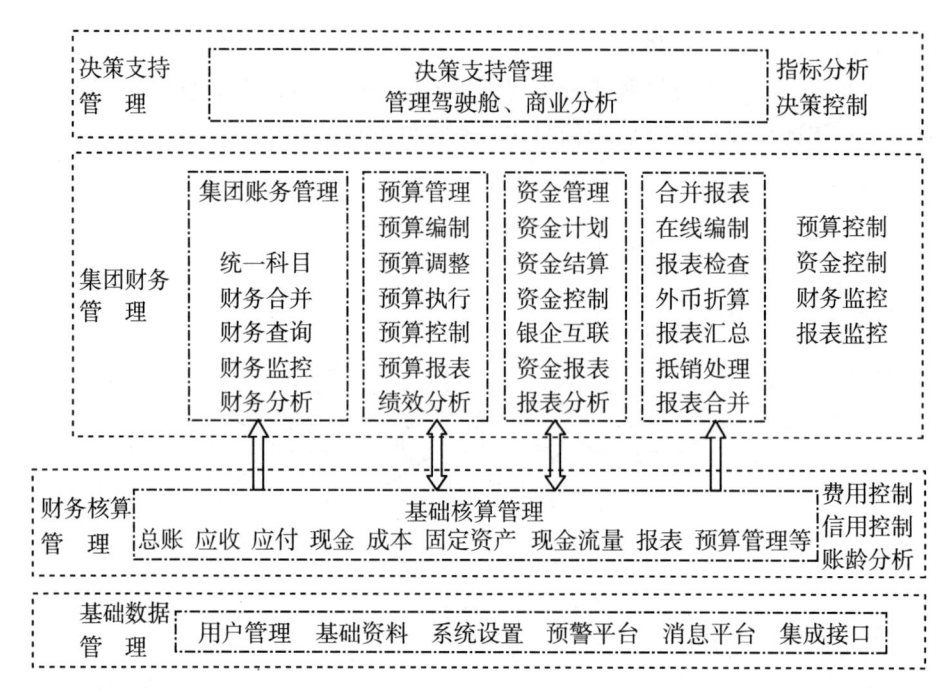

图 9.9　集团企业财务管理信息化应用架构示意

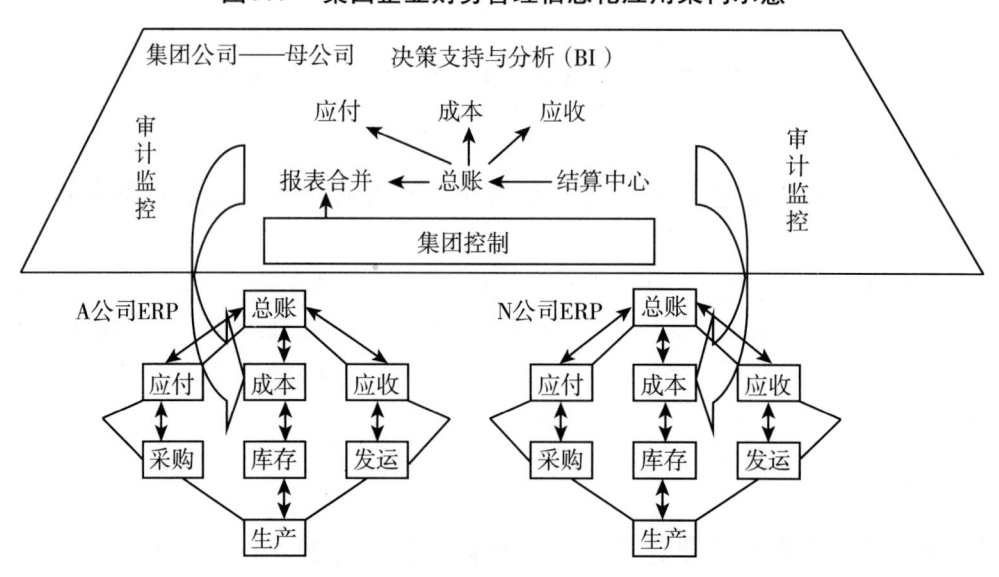

图 9.10　集团企业财务管理核算体系示意

9.3.4　要建立账务集中管理平台

集团企业财务管理信息化要求集团企业建立账务集中管理平台，要充分考虑集团企业内部管理的复杂性，对其财务管理的集权分权程度加以权衡，统一下属企业的做账制度、完成集团账务数据的合并。

集团企业可以实行如图 9.11 所示的账务集中解决方案。

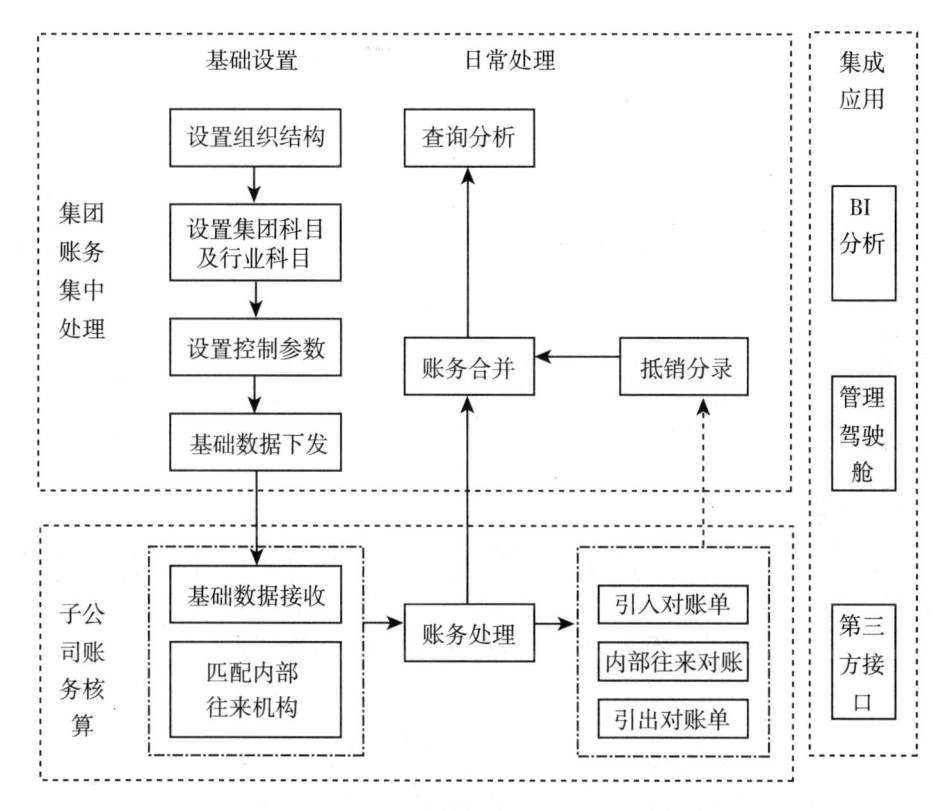

图 9.11 集团企业账务集中解决方案示意

9.3.5 集团企业要建立标准的全面预算指标体系和控制体系，进行全面预算管理

(1) 全面预算管理是集团企业进行内部资源配置和流程优化、提升效率的有效管理手段。集团企业要建立标准的全面预算指标体系和控制体系，同时借助新会计准则的实施，完善自身的内部控制、业务流程，合理配置资源，全面提升集团企业绩效。

集团企业预算管理体系如图 9.12 所示。

(2) 完善集团企业全面预算管理解决方案。集团企业全面预算管理解决方案应帮助集团企业建立起包括预算编制、执行、考核、分析在内的完整高效的预算管理平台。

集团企业可以选择如图 9.13 所示的全面预算管理解决方案。

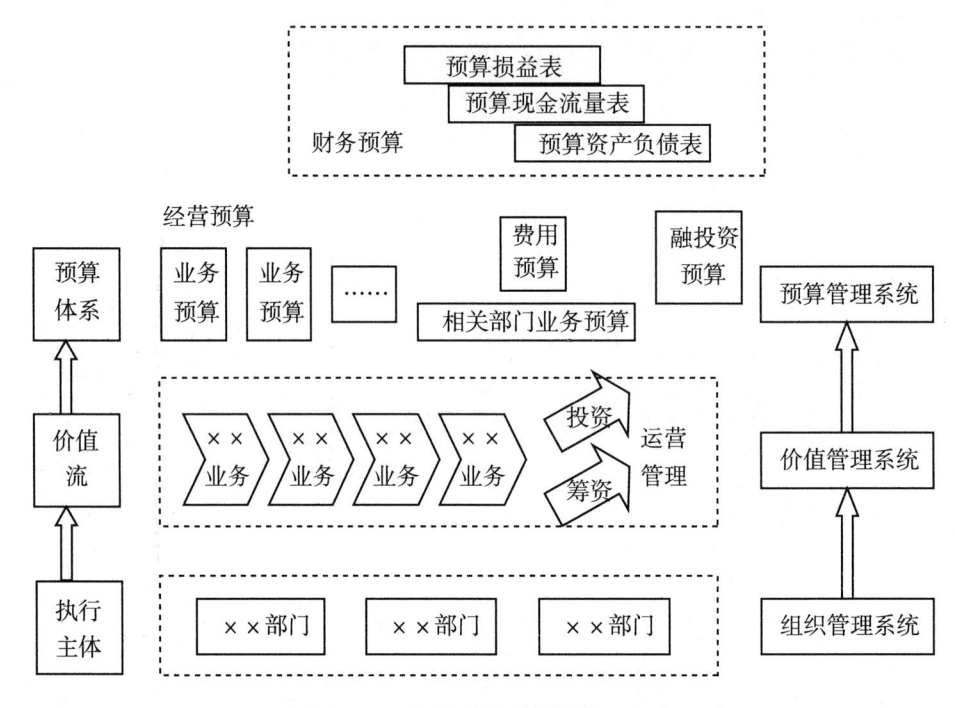

图 9.12 集团企业预算管理示意

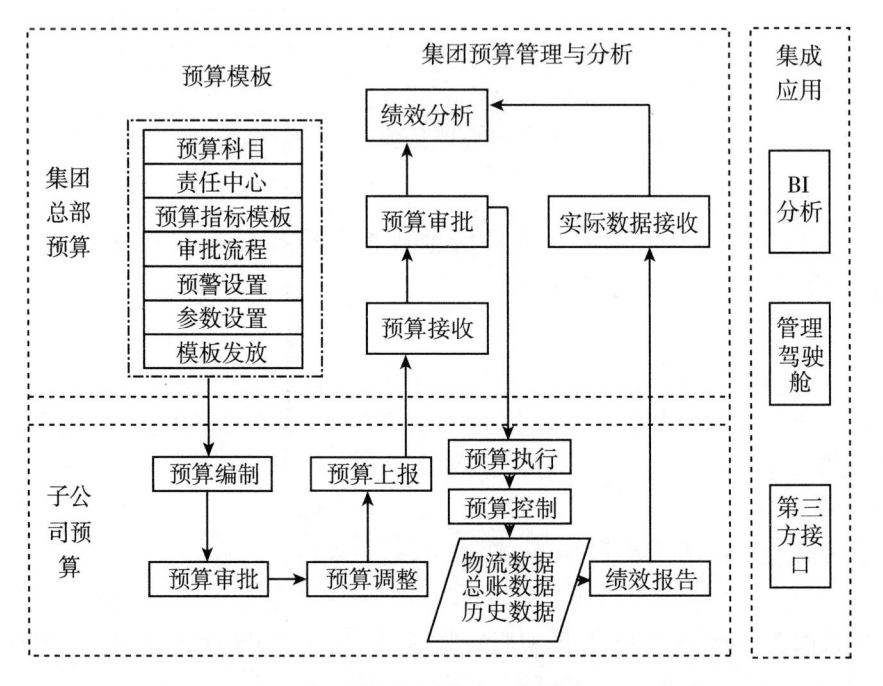

图 9.13 集团企业全面预算管理解决方案示意

9.3.6 集团企业要建立资金管理解决方案，支持资金管理多种模式

（1）现金流是企业的血液，"现金至尊"是现代集团企业财务管理的基本理念。集团企业资金管理方案，要支持资金管理账户分散、收支两条线和账户集中三种模式，建立资金集中管理平台，加强对下属企业资金业务的监控，合理调剂集团企业资金，满足新企业会计准则对信息收集及披露的要求，有效控制风险，提高集团资金利用效益，做到统筹调控，提升集团企业总体效益。集团企业资金统筹调控如图 9.14 所示。

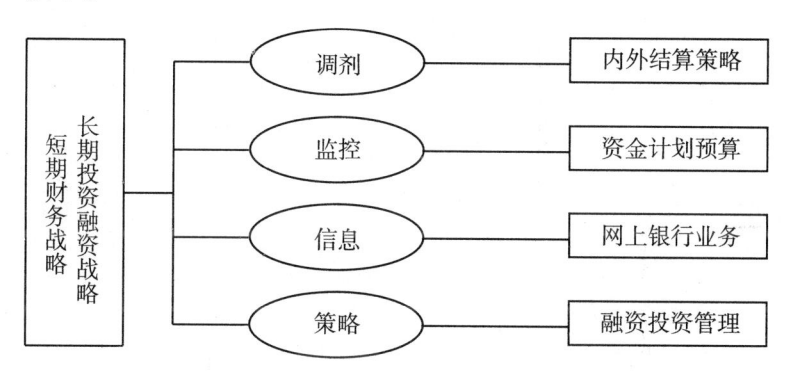

图 9.14　集团企业资金统筹调控示意

（2）集团企业可以采用如图 9.15 所示的资金管理解决方案。

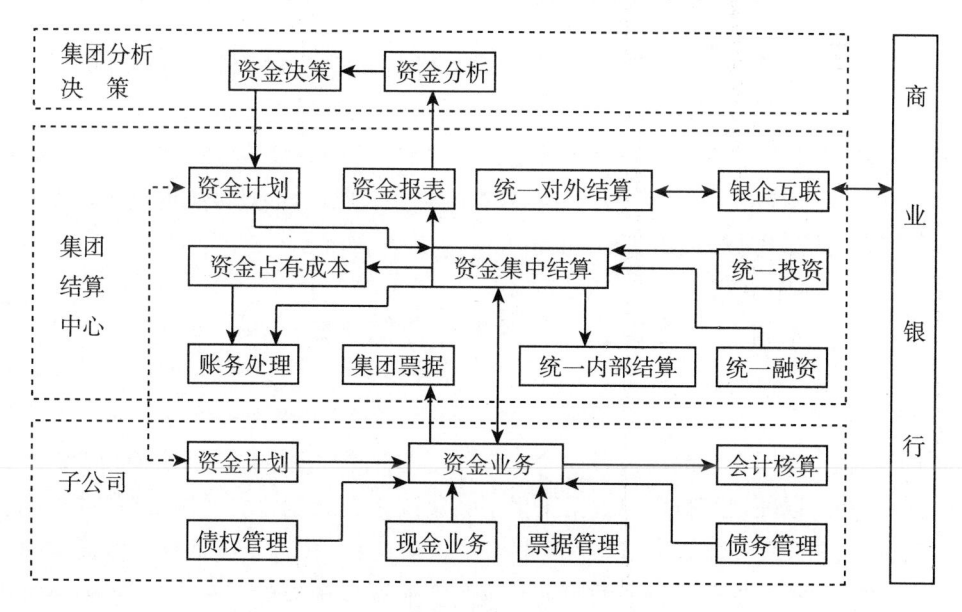

图 9.15　集团企业资金管理示意

9.3.7 集团企业要建立集中的报表平台

(1) 集团企业中不同角色需要提供不同需求的信息。图9.16描述了集团企业不同角色需要提供的不同需求信息。

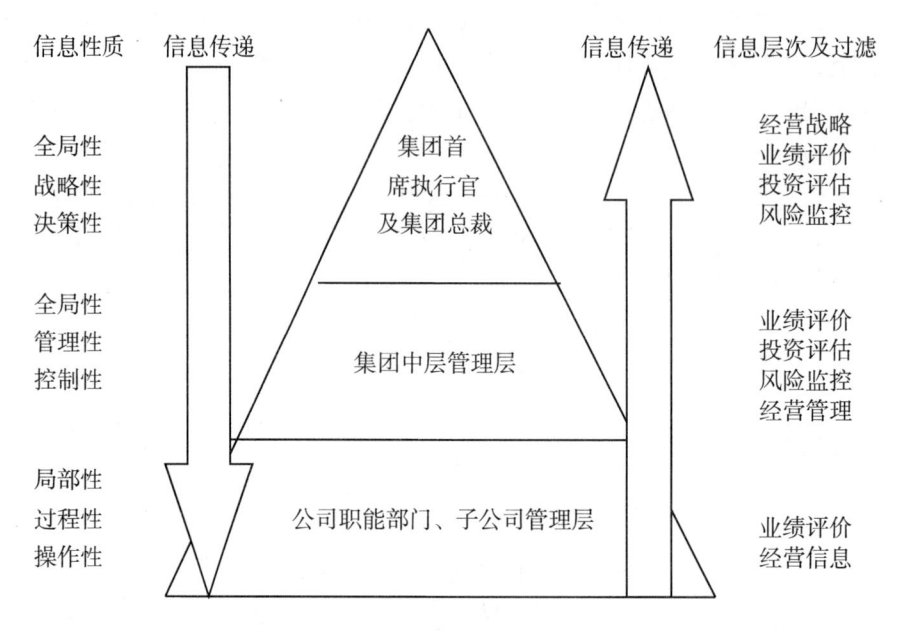

信息性质	信息传递		信息传递	信息层次及过滤
全局性 战略性 决策性	↓	集团首席执行官及集团总裁	↑	经营战略 业绩评价 投资评估 风险监控
全局性 管理性 控制性		集团中层管理层		业绩评价 投资评估 风险监控 经营管理
局部性 过程性 操作性		公司职能部门、子公司管理层		业绩评价 经营信息

图9.16 集团企业不同角色需要提供不同需求的信息示意

(2) 在集团企业财务管理中，及时准确地提供适应对业务类型、资本结构、组织架构等不同分类的数据要求，是集团企业财务管理的基本要求。集团企业总部要实时监控，总揽全局。集团企业要建立集中的报表平台，以便获取来源于财务、生产、库存、销售、采购、人力资源等的数据，编制符合会计准则的报告。集团企业可以建立如图9.17所示的集中报表平台。

9.3.8 集团企业要制订、实施决策支持方案

当前集团企业普遍存在的问题是：大量的财务业务数据随时间和业务的发展呈几何级膨胀，集团企业的决策者如何充分利用现有的数据指导企业决策和发掘企业的竞争优势，以便运筹帷幄，决策千里呢？集团企业要制订、实施决策支持方案，充分利用数据仓库技术，获取来源于财务、供应链、HR等系统数据，按设定的规则，从海量数据中抽取有价值的数据。集团企业可以选择如图9.18所示的决策支持解决方案。

第9章 企业财务管理信息化

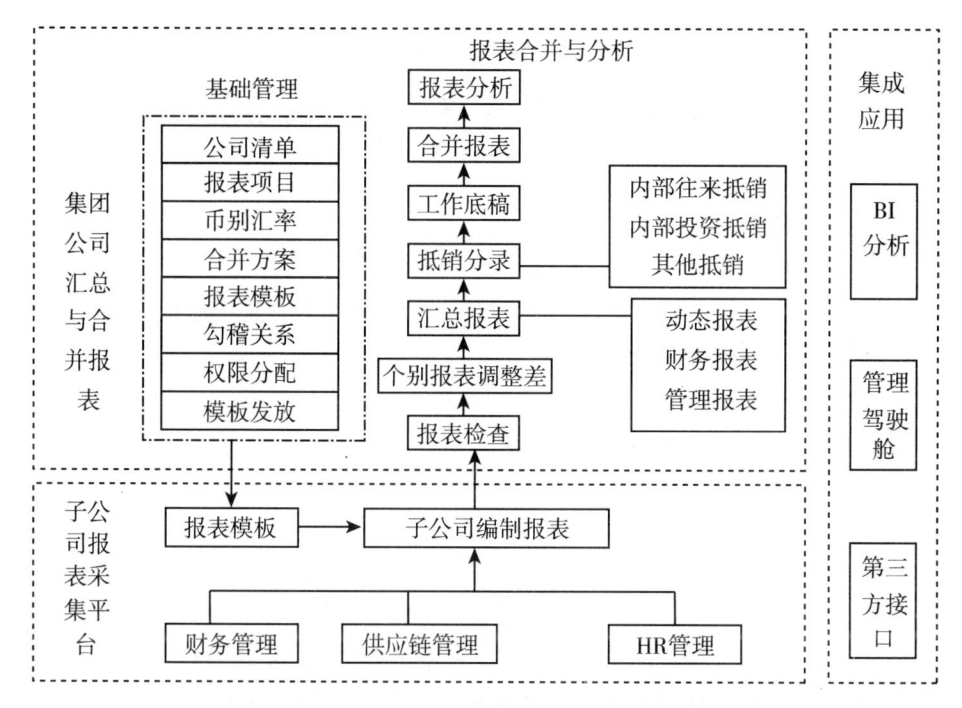

图 9.17 集团企业集中报表平台示意

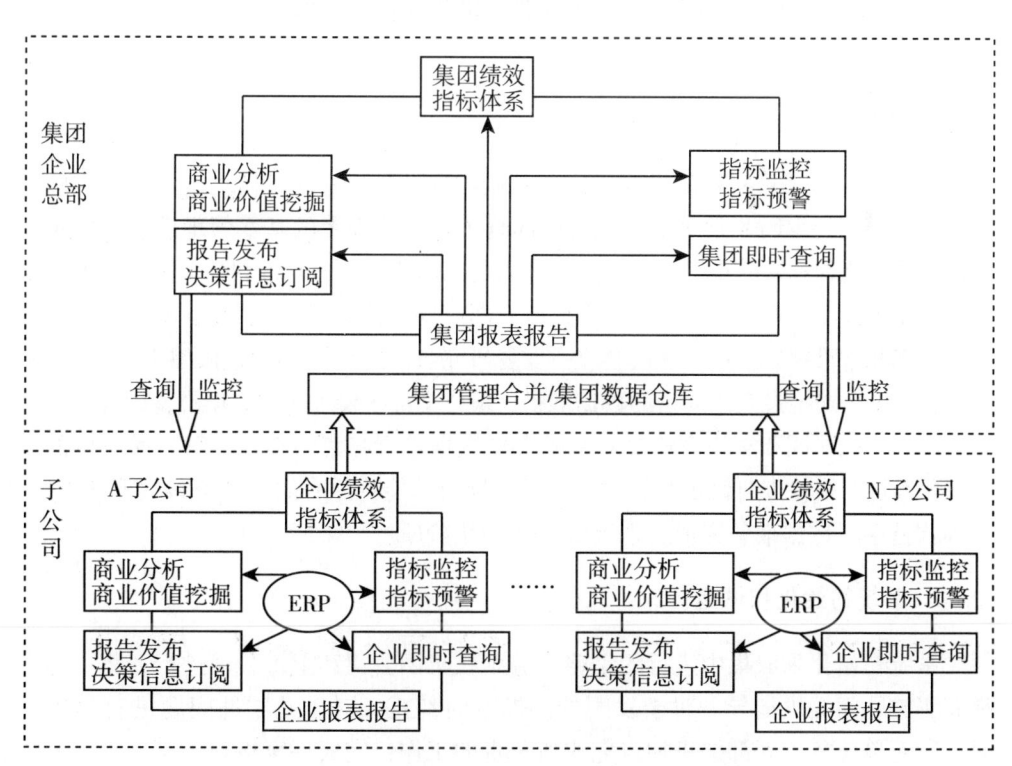

图 9.18 集团企业决策支持解决方案示意

· 195 ·

9.4 集团企业财务管理信息化的实施步骤

9.4.1 项目组织和系统培训

软件企业组成实施顾问小组,对集团企业相关人员进行集中培训,为下一步的实施工作奠定了坚实的基础。

9.4.2 本地公司财务系统实施

系统和网络平台的搭建是成功实施的基础。在信息中心的大力配合下,对具备条件的单位进行联网,对不具备条件的单位,集中在集团公司提供的办公地点进行系统初始化。在硬件设备提供商的配合下完成服务器的安装,并完成服务器维护培训。客户端的安装则是一个浩大的工程,集团企业微机数量大,实施顾问小组要针对集团企业的实际情况,制定详细的安装步骤和要点,在系统管理员和信息中心的配合下,尽快完成客户端的安装。对不符合安装条件的机器做记录,并采取相关措施进行解决。

本阶段实施主要经过如下几个步骤:

1. 数据准备

数据准备是项目实施的重要内容,基础数据准备的好坏直接决定着项目实施的成败。基础资料编码非常重要,它直接体现了公司管理者的基本管理思想,决定着软件操作的流程和繁简程度,关系到财务人员以后能否快速掌握软件,能否方便、快捷地使用软件,并影响着企业管理者提取有用信息的难易程度。因此,有关部门和人员对此都非常重视。经过一次次会议,反复研究与讨论,最终敲定了集团基础数据模板。各个子公司经过全面周密的数据准备,最终全部按要求完成数据准备内容。

项目实施顾问和实施企业要对基础资料数据进行归集与整理。每一家单位的数据都要经过严格检查与修正,利用数据导入导出功能将原有的基础资料数据从 Excel 导入软件中,数据准备完成,系统进入初始化阶段。

2. 系统初始化和试运行

系统初始化采取集中进行的策略,分别在集团公司和上市公司进行,每一地点都有实施顾问提供指导。对于发现的问题及时纠正,对于共同性问题进行集中讲解。所有单位负责人都加班加点完成所负责的工作,完成一家检查一家,直到系统制作的财务报表都和原来的报表相符。

3. 编写《标准业务操作规程》和《系统维护管理制度》

《标准业务操作规程》是系统运行的制度保障，也是各部门之间、集团和子公司之间理顺业务流程、提高工作效率、分清职责的依据。

《系统维护管理制度》是为了确保系统能够持续、稳定、安全运行而编写的，保证系统不会因人员变动、机器损坏、病毒干扰等因素而发生停用。该制度详细规定了以下几个方面的内容：

（1）机房的管理，如温度、湿度、通风、开关时间等；

（2）数据的备份与恢复策略，如备份的时间、备份的内容、备份的介质、备份硬件的管理等；

（3）密码管理策略，如系统管理员的口令，存放的方式、保管的人员、更换的频率等；

（4）数据的安全管理策略，如开放端口的数量、开放的时间、服务器的访问权限、病毒的防护等；

（5）系统的持续与运行策略，如 UPS 的数量、备份服务器的管理等。

4. 系统正式运行和持续优化

各公司财务人员严格按照《标准业务操作规程》进行日常业务的处理。日常遇到的各种问题，实施顾问要在第一时间给予解决。

为了更好地使用管理软件，深层挖掘软件功能和便捷操作方式，提供应用水平和应用效率，提升软件价值，集团企业和实施顾问小组要对各公司进行调研，就财务人员使用软件过程中发现的问题和新的需求再一次当面交流，并将其按类进行整理。项目实施顾问要对问题的解决方法再一次进行详细的阐述，对一些操作技巧进行传授。

9.4.3 集团结算中心实施

集团企业结算中心实施工作开始启动后，要经过业务调研、需求界定、功能培训、原型测试、试运行、系统切换等几个阶段。正式甩掉旧结算中心系统，要进行试运行，保证运行结果正确，系统稳定。

9.4.4 异地子公司实施

总部成功实施以后，接下来是异地子公司的实施。双方项目组制订统一的实施方案和实施计划，通过集团企业总部财务部下发全国各子公司，由项目实施顾问小组对各分公司提供指导和支持。

9.4.5 系统升级和运行维护

任何系统都需要不断地优化和完善。一旦集团企业决定进行全面升级，首先对本地公司进行升级，对升级过程中出现的错误要及时进行修正。然后对集团企业异地分公司的软件进行升级，并作详细的计划安排。

9.4.6 利用商业智能软件实现科学决策支持

正确性和及时性是企业决策关键的两个属性。要保证正确，就必须有充分的决策依据。在传统方式下，收集、整理这些决策支持信息非常艰难，很多企业的决策更多的是依靠经验和估计，这样就很难保证决策的正确性，给企业带来难以预计的后果。那么，如何保证快速收集、分析这些数据，为高层决策提供科学的支持信息，就成为集团企业最关心的事情。

1. 确定项目小组

集团企业首先要专门成立 BRIO[①] 项目小组，专职负责 BRIO 产品的实施和推广工作。软件企业要派高级实施顾问专门指导集团企业 BRIO 项目小组，协助他们完成 BRIO 产品的实施和推广工作。

2. 对集团企业项目小组进行系统培训

由软件企业高级顾问按照规范的实施方法对集团企业项目小组进行系统培训。详细培训软件设计思想、基本操作流程、操作技巧和注意事项，还要通过集团企业实际案例介绍各种分析方法和分析工具的使用，介绍为企业高层提供所需数据的操作过程。

3. 系统安装和需求整理

培训完成后，进行系统安装和需求整理。由于前期需求调研比较详细，又进行了大量的准备工作，双方项目组要详细分析集团企业的管理需求，并编写需求规划书。总的来说，集团企业需要对全集团各个分子公司的资产情况、损益情况、国有资产产权、财务指标、实交税金、三项费用等进行分析统计，为领导决策提供依据；集团财务部还要求根据需要随时增加报表，这些信息要能够方便地进行数据更新。

4. 双方项目小组将这些数据分类

其中，期间费用和实缴税金在各个子公司的具体项目均有所不同，凡是存在的

[①] 一种商业分析软件，由 BRIO 公司研制。

项目就必须全部取出来进行分析，而数据之间的关系则相对比较单纯，只需要进行分类汇总并进行百分比统计，最后再用图形显示出来。而另外四类数据在实施过程中已经要求全部统一规范会计科目，获取数据规则是统一的，但数据处理则相当复杂。例如，要求出财务指标分析表上的净利润增长率，就必须先求出损益情况表上的净利润，并将当期和去年同期数据进行比较，然后求出增长百分比。而求净利润的方法有很多：可以从财务报表取数，也可以使用系统的自定义报表，还可以写 SQL（结构化查询分析语言）语句直接从数据库获取。经过双方项目小组仔细斟酌，以上几种方法被全部推翻，因为如果从财务报表获取，则要求子公司必须先制作好报表，集团才能取得数据，不够直接和及时；使用系统的自定义报表，则很难做到所有子公司同时方便地增加报表的指标；如果从 SQL 语句取数据，财务人员很难掌握。最后，双方项目小组了解到财务人员比较熟悉 Excel 这个大众化的工具，因此，只需要将系统中常用的从总账系统直接取数的报表函数的取数公式移植到 Excel 中，以上四张表的数据就可以通过公式轻松得到。考虑到所有数据都需要取"多公司数据"，需要建立一个公司列表，并将报表函数公式加一个"公司序号"参数，再编写一个宏命令，就可以实现从单公司到多公司的自动取数了。

数据有了，剩下的就是对数据的分析，这正好是 BRIO 的特长：通过旋转透视表，可以实现从年到月、从全集团到子公司的逐级钻取；通过图表还可以进行饼图、直方图的分析；在 EIS（决策支持系统，软件的一个子系统）中，还可以通过一些容易操作的下拉按钮实现数据筛选、图像放大、功能的灵活切换等。对于不太熟悉计算机操作的领导，也能很快地掌握。

5. 编写《集团企业领导查询用户手册》

为了让以后的系统维护管理工作有章可循，双方项目小组最后还应专门编写一本《集团企业领导查询用户手册》，对系统安装、日常数据更新、增加新报表和新指标、添加新公司等业务流程进行规范。

以上可见，集团企业财务管理信息化可使集团企业从传统的"核算型"转变为"管理控制型"。财务管理逐步向物流管理、生产管理方面深入。财务管理真正跨上了新台阶，进入了新阶段。

9.5 集团企业财务管理信息系统的风险管理

9.5.1 集团企业财务管理信息系统风险管理的重要性

随着企业信息化和财务管理信息化程度的提高，人们对信息系统的依赖性日渐加深，与信息系统的安全性、可靠性相关的信息和信息系统风险日益增长。不加控制的会计信息系统可能会产生的后果：会计信息很容易被毁损、失窃和失真而导致不正确的决策；信息系统也会产生非法访问、未经授权拷贝、黑客闯入和病毒侵入等违规使用，从而使信息系统受到严重的损害。这些不仅会影响对信息技术使用的质量、效果，同时会影响会计人员使用信息技术的信心和信息化的深入发展。由于风险的客观性、复杂性、不确定性和集团企业财务管理信息系统的复杂性，使集团企业财务管理信息系统存在许多风险，所以风险管理成为集团企业财务管理信息系统有效、高效、安全、可靠运行的重点工作之一。

9.5.2 集团企业财务管理信息系统风险管理原则

信息系统风险管理应遵循以下两原则。

1. 考虑信息系统的开发步骤原则

信息系统遵循软件工程的理念和方法学，把系统的开发分为系统分析、设计、运行等阶段，每一个阶段有对应阶段的目标和任务。在集团企业财务管理信息系统的分析、设计、实施、运行、维护与管理的全过程中都会面临着风险，导致预期目标和实际目标的差异，无法达到预期的目标。为了保证实现信息系统的风险管理目标，就需要对实施信息系统各阶段进行风险管理。所以在风险分析时要遵循考虑信息系统的开发步骤原则。

2. 遵循风险管理的程序原则

信息系统风险也是风险，我们必须遵循风险管理的程序原则。风险管理包括风险识别、风险评估、风险管理和风险评价等几个环节。风险识别就是在明确风险管理目标的前提下确认必定会带来不利影响的因素，从而及时判别企业有可能面临的风险，区分风险和机会。风险评估包括风险分析、风险估计和风险评价三个方面，风险分析是用定性或定量的方法对企业可能遇到的各种类型的风险损失的原因及损失的后果进行分析评定的过程；风险估计是风险的量化过程，它是依据风险分析的信息，利用概率统计方法把损失发生的可能性与可能产生的损失程度用数据表示的过程；风险评价是风险管理人员依据风险的来源及风险估计值，确定各风险重要性的过程。风险控制就是在明确组织风险容忍度的基础上对各种风险采取不同策略和措施，从而消除或降低风险损失，确保企业实现经营目标的过程。风险监督就是对已经掌控的风险控制情况进行监督监测，同时发现新的潜在风险的过程。也就是说，风险管理首先要估计风险的严重程度；评估风险发生的可能性（或频率）；然后考虑应如何管理风险，也即评估应采取什么样的行动。

9.5.3 集团企业财务管理信息系统风险分析

根据集团企业财务风险信息系统风险管理原则，按信息系统开发阶段逐一分析信息系统风险，如表9.2所示。

表9.2　　　　集团财务管理信息系统的风险分析一览

开发阶段	风险	风险程度	后果
系统分析	1. 人们对信息系统的认识存在误区	高	在系统实施前就注定该项目失败或达不到预期效果
	2. 不了解信息系统的发展规律	高	
	3. 盲目求大求全或者分散开发	中	
	4. 复合型人才的匮乏	高	影响系统的功能和性能
	……		
系统设计	1. 系统设计人员的素质低	中	达不到设计的功能、性能和结构
	……		
实施运行和维护	1. 最终用户不能积极参与项目实施	高	影响项目的实施进度和工作质量
	2. 没有取得领导层的全力支持	高	影响项目所需资源在集团范围内调配
	3. 业务流程重组和岗位变化不能推行	高	使项目延期或者失败
	4. 主要财务实施人员不到位	高	影响项目启动
	5. 项目实施人员素质低	低	不能完成项目工作计划所赋予的任务，影响后续工作进行
	6. 实施人员变更影响项目进度	高	影响项目按实施计划进行
	7. 当前系统不能提供数据转换所需的有关数据	高	影响系统功能的实现，使项目无法实现原定的目标
	8. 原始数据不规范、不健全、不完整、不准确	低	影响数据转换结果的准确性，给系统运行带来隐患
	9. 系统运行的性能指标不能满足要求	中	影响系统的切换运行，不能满足业务增长的需要
	10. 使用产品测试和开发环境意外破坏	中	需重复备份，影响项目进度
	11. 明显改变项目的实施范围	中	可能使项目延期
	……		

续表

开发阶段	风险	风险程度	后果
系统管理	1. 系统管理人员素质差	低	不能完成系统赋予的工作
	2. 管理制度不健全或得不到贯彻落实		使信息系统达不到预期效果
	3. 计算机交易授权管理上的问题	高	权限失控，造成损失
	4. 职责分离失效	高	舞弊：如重要信息泄露、资产损失、会计信息失真等
	……		

9.5.4 集团企业财务管理信息系统的风险管理对策

针对集团企业财务管理信息系统存在的风险，逐项制定管理策略，进行风险管理。集团企业针对信息系统的系统实施、运行和维护中的风险管理制定对策，逐项进行风险管理，如表9.3所示。

表9.3　集团财务管理信息系统的风险、风险对策一览

序号	风险	风险防范对策
1	最终用户不能积极参与项目实施	（1）增加对最终用户的培训
		（2）在整理和录入、校对数据时，增加临时工作人员
		（3）采取措施，奖勤罚懒
2	没有取得领导层的全力支持	（1）健全组织结构，成立由集团主管副总挂帅的领导小组
		（2）定期、不定期向领导小组汇报工作
		（3）兼顾信息共享和数据保密，保证上级机关及时得到所需数据
3	业务流程重组和岗位变化不能推行	（1）调整目标使之更符合企业实际情况
		（2）制订项目计划要有余地
		（3）选择从本系统获益最大的人担任项目领导
4	主要财务实施人员不到位	（1）尽早提出和确定实施计划，以便安排主要财务实施人员工作
		（2）安排系统实施计划时要留有余地

续表

序号	风险	风险防范对策
5	项目实施人员素质低	(1) 寻找合适人员进入项目小组 (2) 对小组成员进行培训，对初级人员进行指导 (3) 强调配合 (4) 奖优罚劣，更换不合格者
6	实施人员变更影响项目进度	(1) 说到的要做到，做到的要有记录 (2) 所有的需求、承诺和解决方案都要书面签字确认，不得随意变更
7	当前系统不能提供数据转换所需的有关数据	(1) 尽早确定数据转换方案和新老数据对照表 (2) 调整系统解决方案，寻找可替换的数据来源 (3) 找到无法提供数据的原因并设法解决
8	原始数据不规范、不健全、不完整、不准确	(1) 在数据转换前，先进行原有数据的审核 (2) 调整原有数据 (3) 调整数据转换方案
9	系统运行的性能指标不能满足要求	(1) 在进行业务量增长估计和系统性能设计时留有余地 (2) 进行计算机和网络系统的升级 (3) 对数据库和应用产品系统的优化调整 (4) 将运行耗时大的后台处理安排在晚间进行 (5) 简化某些业务流程
10	使用产品测试和开发环境意外破坏	(1) 制订系统备份方案 (2) 严格区分测试、开发和产品环境的使用，设置和分配不同的用户和口令 (3) 任何测试或开发都应先有设计文档，然后上机，否则在演示环境中进行
11	明显改变项目的实施范围	(1) 分阶段进行项目的实施，每一阶段都有切实可行的目标和要求 (2) 项目开始前双方同意有关范围目标和实施方法的一般原则 (3) 试点阶段开始后的范围变更可考虑放在推广期实现 (4) 正式提交变更前要认真考虑时间、成本和产出三者的制约关系 (5) 按照范围变更的优先级别作不同处理

按照制定的风险管理对策逐项实施，在实施过程中，要考虑本企业的实际情况和风险危害程度，有计划、有步骤地实施。

　　集团企业财务管理信息系统的风险管理是非常复杂的，除了上面提到的风险和管理对策外，还应该考虑集团企业的发展阶段和内部控制体系的影响。因为集团企业处于不同的发展阶段，内部控制体系的完善程度不同，财务管理信息系统风险管理的内容、重点和原则也有所区别。

第10章

企业财务风险管理框架案例研究

本章以 WK 集团股份有限公司（以下简称"WK 集团"）为例，对财务风险管理框架进行案例研究，以期验证企业财务风险管理框架的有效性和适用性。

10.1 WK 集团框架实施背景

10.1.1 WK 集团概况

WK 集团成立于 20 世纪 80 年代初期，是目前中国规模较大的房地产开发企业之一。WK 集团 1991 年在深圳证券交易所上市以来，主营业务收入年增长率为 28.3%，净利润年增长率为 34.1%，是上市后持续盈利增长年限最长的中国企业。

WK 集团 1988 年进入住宅行业，1993 年将大众住宅开发确定为公司核心业务，2006 年业务覆盖到以珠三角、长三角、环渤海三大城市经济圈为重点的 20 多个城市。迄今为止，WK 集团共为 9 万多户中国家庭提供了住宅。

10.1.2 WK 集团组织架构

自 1991 年开始，WK 集团主营业务增长迅速，企业规模进一步扩大，目前 WK 集团由集团总部、五大区域中心以及遍布全国的 400 多家房地产公司、物业公司组成。WK 集团组织架构如图 10.1 所示。

10.1.3 WK 企业财务管理存在的问题

企业的高速发展与扩张为 WK 集团扩大规模、增强实力奠定了基础，同时对

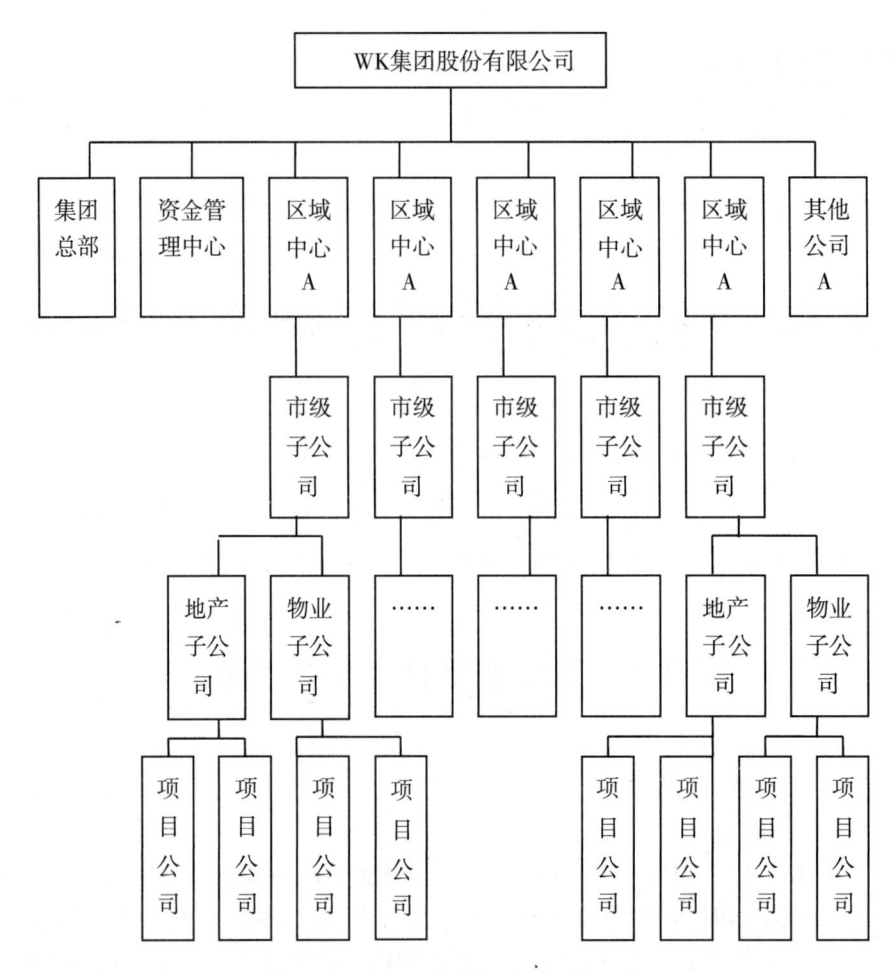

图 10.1　WK 集团组织架构示意

WK集团的经营水平和管理能力也提出了挑战。"做大做强"成为WK集团发展的总目标。如何在"做大"的同时，又能"做强"，实现集团的协同效应，这是摆在WK集团高层管理人员面前迫切而又必须面对的难题。WK集团的管理层一致认为，毛利率会随着行业的成熟而趋于理性回归，但是优秀企业的资本回报水平不会随之下降。前提是WK集团必须要克服集团发展过程中存在的财务管理方面的问题，包括资金管理、预算管理、会计核算监管、合并报表管理等。随着WK集团规模扩大、市场竞争程度加剧，财务风险的识别、度量、预防、规避和控制成为WK集团的首要任务。WK集团责任主体如何进行财务风险管理程序方法、如何健全保障体系、如何优化管理基础以便提高财务风险管理的效果和效率，成为摆在WK集团管理层面前首要的、迫切的任务。

10.2 WK集团框架实施过程

解决WK集团财务风险管理问题,要实施本书提出的企业财务风险管理框架,对WK集团财务风险进行控制。

10.2.1 确定WK集团财务风险的控制目标

WK集团财务风险管理的目标必须在WK集团的战略统驭下,并和企业财务管理的目标一致,同时考虑WK集团的使命和财务风险承受度制定。

WK集团制定战略选择,必须从环境分析开始。环境分析分为WK集团外部环境分析和内部环境分析。

1. 外部环境分析

外部环境分析分为社会环境分析和行业环境分析。

(1) 社会环境分析。

第一,政治、法律环境分析。房地产行业作为国家支柱性产业,涉及国计民生,国家近年来十分重视房地产业的发展,从土地供给、行政法规和金融政策等方面加强了对房地产业的管理力度,出台了一系列政策调整住房结构,稳定房价。

从长期来看,房价仍然是一个平稳上涨的态势。中央政府的历次调控不是打压,而是稳定房价,稳定也是稳中有升。房价的上涨也反映了供需的不平衡,住房需求还在不断上升。

第二,经济环境分析。中国国民经济持续稳定增长。国内生产总值由2000年的99 215亿元上升到2005年的182 321亿元,平均每年以9.5%的速度递增,比"九五"时期平均增速高出0.9个百分点。其中第一、第二、第三产业增加值分别达到22 718亿元、86 208亿元和73 395亿元,平均增长幅度分别为3.9%、10.7%和9.9%。

第三,社会文化环境分析。人们对生活质量有了更高的向往,对住房周围的环境要求越来越高,交通便利、治安环境、购物、学校等都成为人们在购房时要考虑的重要因素。同时要求实现住宅的社会化和社区化,既要有良好的社会服务体系,又要营造出社会文化氛围,创造富有特色的小区精神文明。随着人们物质生活水平的日益提高,居民住房消费结构正在发生变迁。

第四,技术环境分析。信息技术的快速发展使房地产业中出现了智能楼宇。日益成熟和普及的互联网技术在房地产业中也起到了越来越重要的作用。其他如建材技术的成熟、装饰装修材料的快速更新以及塑钢门窗方面的发展,促进了建筑科技水平不断提高。

(2) 行业竞争分析。

WK集团采用五种力量模型对集团的行业竞争结构进行分析。五种力量模型如图10.2所示。

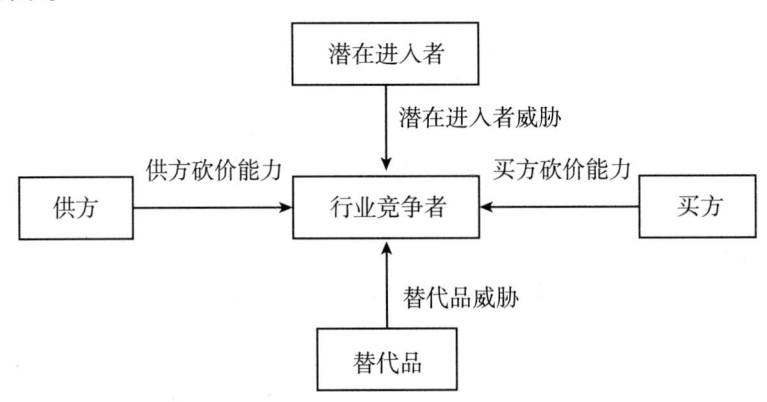

图10.2　波特的五种力量模型

资料来源：[美]迈克尔·波特：《竞争战略》（陈小悦译），华夏出版社1997年版，第17页。

第一，行业内竞争者。从WK集团目前的状况来看，开发项目所处区域各不相同，并且这种情况会存在较长一段时间。因此，竞争对手分布也比较分散。

第二，替代品。WK集团以前开发的产品属中档商品房及经济适用房，对商品房最大的替代品是经济适用房和廉租房。

第三，潜在进入者。根据历年的统计资料显示，1997~2003年中国开发公司数量逐年递增，2002~2003年全国开发公司增长率为13.8%。导致开发企业不断增加的原因，一方面是进入房地产行业比较容易，进入壁垒不高；另一个重要的方面是该行业高额的利润，巨大的利润空间使得部分企业将资本纷纷投入这一行业，以期望分得一杯羹。

第四，供方砍价能力。房地产供方砍价能力直接影响到产业的成本和利润。房地产作为一个特殊的行业，它的供方主要包括：土地供应者、建材供应商、建筑设计单位和建筑施工单位。供方砍价能力越来越强。

第五，买方砍价能力。随着住房制度改革的深化，住房货币化分配制度的确立，作为房地产市场中主要市场之一——个人住房消费逐渐成为市场主体。在研究购买者的心理、满足消费者的需求上，WK集团必须给予足够的重视，不能有丝毫松懈。

(3) 机会与威胁分析。

第一，机会分析。通过分析，WK集团的主要机会有：政府的支持、客户的购买能力增强、人们的购买需求增加、融资渠道增多以及建筑安装成本降低。第二，威胁分析。WK集团的主要威胁有：竞争对手增多、开发成本增加、建设用地紧张、开发周期延长以及房地产市场不够完善。

(4) 外部环境状况综合评价。

外部要素评价矩阵 (external factors evaluation, EFE) 可以帮助企业战略决策者更为综合、全面地认识所掌握的各种环境信息。WK 集团用外部要素评价矩阵来评价集团在抓住机会与回避威胁方面的能力。WK 集团外部要素评价结果如表 10.1 所示。

表 10.1　　　　WK 集团外部要素评价（EFE 矩阵）

关键外部要素	权重系数	评分	加权分数
机会			
中国经济处于快速增长期，房地产市场将继续增长	0.12	3.50	0.42
买方购买能力不断增强	0.10	3.10	0.31
有效需求增加	0.12	3.90	0.47
融资渠道增多，政策有利	0.13	3.20	0.42
建筑安装成本降低	0.08	3.40	0.27
威胁			
土地供给紧张	0.11	1.5	0.17
行业竞争激烈，对手增加	0.08	1.3	0.10
开发成本增加	0.10	1.9	0.19
市场仍待完善	0.08	1.6	0.13
开发周期延长	0.08	1.4	0.11
合计	1.00	—	2.59

注：各战略要素的权重取值范围从 0（表示不重要）到 1.0（表示重要），并使各要素权重之和等于 1。各要素的权重是在通过与 WK 集团工作人员以及业内人士的多方探讨后得出的。评分值 1、2、3、4 分别代表对于公司而言的主要威胁、一般威胁、一般机会、主要机会。评分值的设定由 10 位 WK 集团的中高层及业内人士分别给相应要素打分，然后取 10 个人的平均值。将每一要素的加权分数加总，得到公司的总加权分数。对于一个公司而言，其可能的最高与最低综合加权评价值分别为 4.00 与 1.00，其平均综合加权值为 2.50。综合权值为 4.00 表示公司处于一个非常有吸引力的行业当中，面临丰富的市场机会；综合权值为 1.00 表示公司处于一个前景不妙的行业当中，面临严重的外部威胁。

WK 集团外部环境要素评价矩阵的加权分数是 2.59，说明 WK 集团房地产业务处于一个有吸引力的市场当中。WK 集团应该充分利用外部环境所带来的有利机会，同时尽量回避其存在的威胁，使自身得到良好的发展。

2. 内部条件分析

(1) 资源与能力分析。

按照波特的价值链理论[1]，资源和能力是公司战略的基础，也是其利润的重要

---

[1] ［美］迈克尔·波特：《竞争优势》（陈小悦译），华夏出版社 2005 年版，第 37 页。

来源，不同公司资源与能力的独特组合形成公司不同的竞争力水平。资源是指公司在生产过程中的投入部分，如资本设备、员工技能、专利技术、融资以及有才干的管理人员。能力是指企业分配资源的效率，这些资源被有目的地整合在一起，以达到一种预想的最终状态。能力通过有形资源与无形资源的不断融合而产生，会在不断重复和实践中变得越来越强，并使竞争者难以理解和模仿。

第一，有形资源分析。

财务资源。截至2006年年末，WK公司总资产485.1亿元，净资产148.8亿元。2006年年末总市值为672.3亿元，排名深交所上市公司前列。

实物资源。WK集团实物资源由两部分组成：公司的办公场所、交通工具等固定资产；公司开发的用于出售的住宅和用于出租的商业用房。

第二，无形资源分析。

企业文化。以道德伦理重于商业利益理念奠基，是WK集团的最大特色。坚守价值底线、拒绝利益诱惑，坚持以专业能力从市场获取公平回报，是WK集团获得成功的基石。集团致力于通过规范、透明的企业文化和稳健、专注的发展模式，成为最受客户、投资者、员工欢迎，最受社会尊重的企业。

人力资源。WK集团现有员工中，大学本科及以上学历的占20%，大专占53%，中专及以下的占27%。这其中包括财务、工民建、水电、工商管理、市场营销等专业技术人员。公司员工中高级、中级、初级职称分别占总人数的8%、29%、35%。从年龄结构来看，公司员工在35岁以下的占绝大多数，总的说来，公司员工队伍总体状况可概括为结构趋于合理、素质逐步提高、年龄趋于年轻化。

第三，其他无形资源。

WK集团是国内第一家聘请第三方机构每年进行全方位客户满意度调查的住宅开发企业。根据盖洛普公司的调查结果，WK集团2006年客户满意度为87%，忠诚度为69%。截至2006年年底，平均每个老客户曾向6.41人推荐过WK集团楼盘。凭借公司治理和道德准则上的表现，公司连续四年入选"中国最受尊敬企业"，连续三年获得"中国最佳企业公民"称号。公司在发展过程中两次入选福布斯"全球最佳小企业"；多次获得《投资者关系》《亚洲货币》等国际权威媒体评出的最佳公司治理、最佳投资者关系等奖项。

(2) WK集团能力分析。

第一，经营管理能力分析。在管理体系建设上，WK集团多年来坚持开展全面质量管理活动，建立了一整套项目管理、质量管理、技术管理方面的工作程序，对项目管理中的问题能够迅速解决。自2001年起，公司开始构建并实施ISO9000质量管理体系，并于2003年通过了ISO9001（2000版）质量认证。

第二，营销能力分析。WK集团一直在培养自己的营销策划人员和销售人员，并逐步组成了一支专业销售队伍。从营销策划方面来看，策划能力不强，专业化程度不高，遇到大房地产项目时，往往借助专业的策划公司。目前消费者消费行为研究和客户关系管理离要求还有差距，营销能力还有待加强。

第三，财务能力分析。2003～2005年WK集团的公司财务资产质量的指标，如表10.2所示。

表10.2　　　　　　　　　　WK集团偿债能力指标

偿债能力指标	2003年12月31日	2004年12月31日	2005年12月31日
流动比率	1.2	1.9	1.8
速动比率	0.7	0.9	1.1
资产负债率（%）	51	67	65
流动资产占总资产比（%）	73.66	72.23	76.50

资料来源：WK集团财务部。

公司资产负债率2003～2005年保持在51%～67%之间，从行业的角度看基本处于一个合理的区间；从反映短期还债能力的指标看，短期偿债能力较强；从资产构成看，流动资产占绝大部分，体现了WK集团以流动资金为主的性质（如表10.3所示）。

表10.3　　　　　　　资产负债表主要指标纵向比较　　　　　　　单位：%

	2004年与2003年对比增长率	2005年与2004年对比增长率
流动资产	125	36
固定资产净值	-3.8	-2.6
资产总计	76.32	19.65
流动负债	116.2	-24.18
所有者权益	15.62	30.13

资料来源：WK集团财务部。

从表10.3可以看出，WK集团资产规模呈快速增长的趋势，近几年处于稳步发展状态，净资产逐步增长。公司的财务状况运行较好。

第四，研发能力分析。作为一个专业的房地产公司，WK集团对产品的性能、功能、发展趋势、消费者需求进行研究，以更好地满足顾客需求。研发部门的工作需进一步加强。

第五，信息技术能力分析。随着以计算机技术为代表的现代科学技术进步，生产力和自动化程度不断提高，经济活动日益信息化，使得经济活动效率的提高更多地依赖于信息系统。WK集团对信息技术的应用有待加强。

（3）优势与劣势分析。

第一，通过以上分析，我们发现WK集团的优势包括：

- 质量管理较好；
- 土地储备较多；
- 具有极强的品牌实力；
- 对外公共关系良好；
- 工程项目采用先进的 CL 体系。

第二，WK 集团劣势包括：
- 资本实力有限；
- 相关专业人才短缺；
- 企业文化有待完善；
- 售后服务问题增多；
- 对信息技术的应用有待加强。

(4) 内部条件综合评价。

运用内部要素评价（internal factors evaluation，IFE）矩阵，可以对公司主要优势与劣势进行全面综合的评价[①]。WK 集团内部条件要素评价如表 10.4 所示。

表 10.4　　WK 集团内部条件要素评价（IFE 矩阵）

关键内部条件要素	权重系数	评分	加权分数
优势			
质量管理	0.11	3.60	0.40
土地储备	0.14	3.90	0.55
一定的品牌	0.10	3.90	0.31
对外公共关系	0.08	3.50	0.28
项目采用 CL 体系	0.09	3.40	0.31
劣势			
资本实力	0.14	1.10	0.15
相关人才	0.10	1.90	0.19
内部管理体制	0.09	1.80	0.16
售后服务	0.08	1.4	0.11
信息化建设	0.07	1.5	0.11
合计	1.00	—	2.56

---

① 本书借助内部要素评价矩阵评价 WK 集团在利用优势与改善劣势方面的能力。优势、劣势因素的权重取值范围从 0（表示不重要）到 1.00（表示重要），且令各要素权重之和等于 1。各要素的权重是在与 WK 集团工作人员以及业内人士的多方探讨后得出的。评分值 1、2、3、4 分别代表对于公司而言的主要劣势、一般劣势、一般优势、主要优势。评分值设定由 10 位 WK 集团的中高层及业内人士分别给相应要素打分，然后取 10 个人平均值。将每一要素的加权分数加总，得到公司的总加权分数。对于任何一家公司，其可能的最高与最低综合加权评价值分别为 4.00 与 1.00，其平均综合加值为 2.50。总加权评价值为 4.00 表示公司具有很强的内部竞争优势；总加权价值为 1.00 表示公司面临很大的竞争劣势。

WK 集团的总加权分数为 2.56 分，略高于平均水平，但与竞争力强的国外房地产公司相比还有差距，这表明 WK 集团整体处于稍具优势地位，但仍需大力提高竞争力来应对日益激烈的市场竞争。

3. SWOT 矩阵分析

将前面环境分析中所得出的 WK 集团面临的机会（opportunities，简称 O）与威胁（threats，简称 T）以及公司内部分析中所得出的优势（strengths，简称 S）与劣势（weaknesses，简称 W）列于表 10.5 的 SWOT 矩阵结构中，通过相互之间的匹配，得出以下几种可供选择的竞争战略。

表 10.5　　SWOT 矩阵结构表

外部环境 ＼ 内部条件	优势（S） 1. 质量管理； 2. 土地储备； 3. 一定的品牌； 4. 对外公共关系； 5. 项目采用 CL 体系	劣势（W） 1. 资本实力； 2. 相关人才； 3. 内部管理体制； 4. 售后服务； 5. 信息化建设
机会（O） 1. 中国经济处于快速增长期，房地产市场将继续增长； 2. 买方购买能力不断增强； 3. 有效需求增加； 4. 融资渠道增多，政策有利； 5. 建筑安装成本降低	**SO 战略** 差异化战略 （发挥 S1、S2、S3、S4、S5，利用 O1、O2、O3、O4、O5）	**WO 战略** 集中一点战略 （利用 O1、O2、O3、O4、O5，克服 W1、W2、W3、W4、W5）
威胁（T） 1. 土地供给紧张； 2. 行业竞争激烈，对手增加； 3. 开发成本增加； 4. 市场仍待完善； 5. 开发周期延长	**ST 战略** 成本领先战略 （发挥 S1、S2、S3、S4、S5，回避 T1、T2、T3、T4、T5）	**WT 战略** 前向一体化战略 （克服 W1、W2、W3、W4、W5，回避 T1、T2、T3、T4、T5）

从 SWOT 矩阵分析中得出四个备选方案，分别是差异化战略、成本领先战略、集中一点战略和前向一体化战略。由于前向一体化战略仅是 WK 集团房地产

业务的辅助与补充战略，因此不会作为竞争战略的主战略。所以 WK 集团在差异化战略、成本领先战略、集中一点战略之间进行选择，最终 WK 集团选择了差异化战略。

WK 集团选择战略后，结合战略目标、公司使命和风险承受度，指定企业财务风险管理的整体目标是：

（1）财物安全。保证财物的安全、完整并确保有效使用成为 WK 集团财务风险管理的最基本的目标。

（2）信息真实。保证财务信息的真实是 WK 集团财务风险管理的另一个基本目标。财务信息的真实性包括：正确性、可靠性、相关性、完整性等方面。

（3）行为合规。保证 WK 集团各责任主体的行为合规，从而保证财务管理决策的贯彻执行和财务活动的协调、有序和高效，是 WK 集团财务风险管理的又一个基本目标。

以上三个目标能否最终实现是保证 WK 集团财务活动正常运转的前提条件。

（4）经营有效。WK 集团财物安全、信息真实、行为合规的最终目的是提高 WK 集团的经营效率，实现 WK 集团整体价值的最大化。这一目标能否最终实现是保证 WK 集团有效运转的前提条件。

10.2.2 框架管理层的实施

1. 责任主体

在本案例中，责任主体是财务风险管理的实施者和参与者。WK 集团的责任主体包括：股东大会、董事会、监事会、经理层、部门、岗位、子公司等。

2. 程序方法

程序方法是 WK 企业财务风险管理的基本程序和方法。企业财务风险管理的程序方法应该包括：风险识别、风险度量、风险控制和管理评价。

（1）风险识别。

风险识别就是识别源于 WK 集团内部或外部的影响企业财务战略实施或者目标的事故或事件。WK 集团要识别：WK 企业存在哪些财务风险、哪些财务风险应予以考虑、引起财务风险的原因是什么、财务风险引起的后果及严重程度。

第一，考察 WK 集团核心价值流。

经过分析，WK 集团核心价值流如图 10.3 所示。

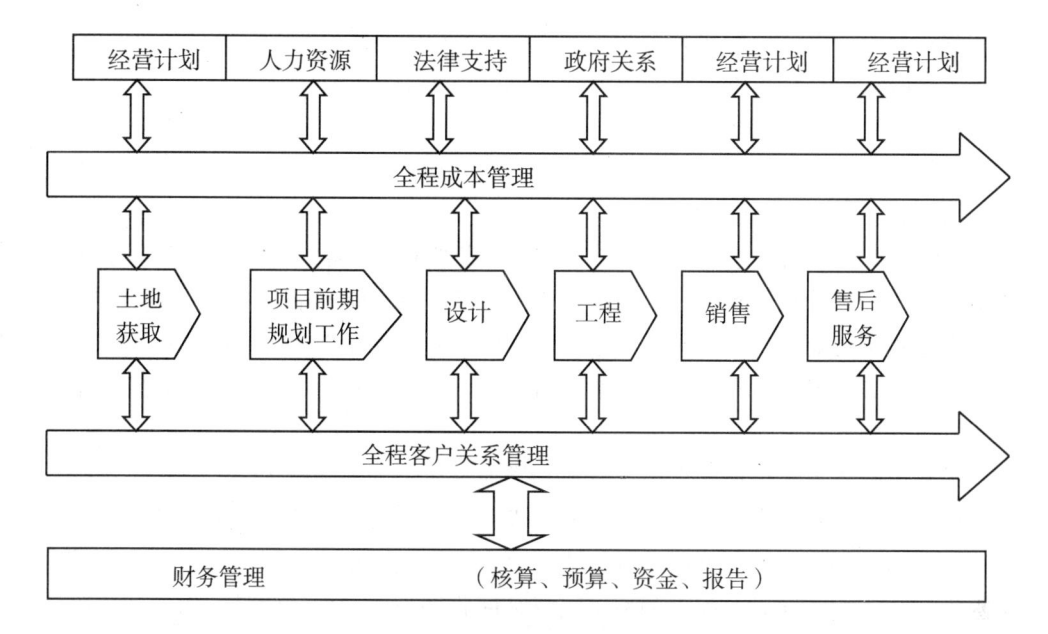

图 10.3　WK 集团核心价值流示意

从图 10.3 可以看出，WK 集团的核心价值流包括以下要素：
- 根据项目的整个业务流程，可将业务分为土地获取、项目前期规划工作、设计、工程、销售及售后服务六个部分。
- 与项目开发过程紧密联系又贯穿始终的核心业务是成本管理和客户关系管理。
- 对业务流程进行管理和支持职能包括：档案管理、人力资源、经营计划、项目管理、采购管理、行政办公、文档资料管理等。
- 财务管理贯穿项目生命周期，包括核算、预算、资金管理、报告等职能。

第二，识别 WK 集团财务风险时必须要考虑的内容。

既然 WK 集团是通过上述核心价值流支撑其战略的，那么识别 WK 集团财务风险时，必须要考虑围绕核心价值流的管理行为特征。

其一，WK 集团是资金密集型运作的企业，资金的筹集、计划、使用、监控和内部调配的水平决定了 WK 集团的发展速度。

其二，WK 集团具有项目型运作的特点。企业围绕着一个个项目进行运作管理，这包括土地获取、规划设计、施工、销售、物业管理等供产销一条龙的流程。

其三，WK 集团组织架构按集团—区域公司—城市—项目等多级进行设置，各级管理职能、权限均不相同。WK 集团采用公司制的管理体系，以区域公司为运作主体，区域公司有齐全的职能部门。针对某一个项目，公司各职能部门抽调人员组成项目部，采用矩阵式管理模式。集团总部的职能包括：集团整体战略规划；经营目标制定与监控;标准管理体系的建立、推广及执行情况监控;统一对外形象宣传;统一融资;对外投资;集团内部资金调配;土地采购决策等。

其四,WK 集团客户数量多,以个人为主,每个客户的成交额大,客户关系管理非常重要。

第三,WK 集团财务风险种类。

WK 集团财务风险也具有一般企业的产权管理风险、融资管理风险、投资管理风险、内部转移价格风险、收益分配风险等。但作为房地产企业,WK 集团是典型的资金密集型行业,具有资金投入量大、回收期长、变现能力差等特点,这些特点决定了 WK 集团财务风险和一般企业略有差别。通过分析,WK 集团财务风险主要有融资风险和投资风险。

融资风险主要包括按期偿债风险、利率波动风险和再融资风险。

首先,WK 集团存在按期偿债风险。WK 集团的开发资金由自有资金、预售款、银行借款和经营性欠款四部分组成,自有资本金比重相当低,开发资金大部分来源于银行信贷。同时,由于 WK 集团资金回收期长,预期利润具有很大的不确定性,一旦未能有效预测并控制财务风险,发生不能支付到期银行借款本息的概率就非常大。此外,受高收益驱使,盲目进行多渠道融资活动,如将资金空转、大额存单质押贷款,很可能导致集团没有能力偿还银行债务本息。因此,WK 集团存在极大的按期偿债风险。

其次,WK 集团存在利率波动风险。利率波动对负债经营的 WK 集团影响非常大。利率上升会使房地产企业资金成本增加,预期收益降低,同时,投资者的购买欲也随之降低,整个房地产市场将形成生产成本增加、市场需求降低的局面。例如,从 2004 年 10 月至 2007 年 12 月,央行已先后 8 次加息,这不仅增加了房地产企业的财务成本,而且使按揭贷款购房的投资者成本迅速上升,从而抑制了投资者的购房欲,这无疑会给 WK 集团带来极大的损失。

最后,WK 集团存在再融资风险。WK 集团如果资产负债率过高,企业对债权人的偿债保证将降低,这势必会增加企业从货币市场或者其他渠道上筹措资金的难度。

投资风险。对 WK 集团而言,投资就是将资金投入到房地产综合开发、经营、管理和服务等房地产业的基本经济活动中,以期将来获得不确定的收益。投资是进行房地产开发和经营的基础,它的结果是形成新的可用房地产或改造原有的房地产。而在这个投资活动过程中,财务风险在所难免。

WK 集团投资风险主要包括:利率风险、购买力风险、资金变现风险、政治风险和经济风险等。

利率风险,房地产市场的利率风险是利率的变化对房地产市场的影响和可能给投资者带来的损失。购买力风险,指市场中因消费者购买能力变化而导致房地产商品不能被市场消化,造成经济上的损失。资金变现风险,是将非货币的资产或有价证券兑换成货币,不同性质的资产或证券其变成货币的难易程度是不同的。一般来说,储蓄存款、支票等的变现性能最好;股票外汇、期货和债券投资等的变现性能次之;房地产投资的变现性能较差。政治风险,指一个国家所处的国际国内环境变动及相应的政策法律调整所带来的风险。经济风险,既受外部环境影响,又有投资系统内部的原因。一般而言,通货膨胀、利率、税率、地价及生产要素市场变动都属于投资系统的外部大环境,它们会导致所有投资项目的系统风险。

第四,WK集团财务风险成因。

经过分析,WK集团财务风险产生的原因主要有以下四个方面。

一是经营环节过于复杂。房地产开发包括土地使用权的获得、建筑施工、营销推广等一系列复杂过程,涉及大量的相关部门和环节,任何一个环节出现差错,都将导致项目工期延长、成本增加、预期收益大幅降低。

二是对预算管理职能重视不足。WK集团建立了预算管理制度,但是没有从征地成本、资金运作、投资回报率等方面作细致的财务分析,仅仅将预算停留在具体数字和表格层面上,预算管理职能未得到充分发挥。同时,"重编制、轻执行"的情况在区域中心、项目公司时有发生。WK集团编制了财务预算,将预算任务交给财务部门进行审批、控制。由于财务部门信息资料有限,只能根据预算额度决定是否批准支出,不能对集团所有支出的合理性与必要性做出正确的判断,影响了集团预算的执行效果,降低了管理效率。

三是资金管理低效。WK集团个别单位未制定严格的资金管理制度,对资金使用缺少计划、安排,资金充裕时随意开支,资金紧缺时容易因无法应付经营所需资金而陷入财务危机。有的单位项目上马前未对项目资金使用作整体计划,资金使用时只考虑对单一项目的影响,忽略了集团的整体利益。甚至有的单位认为资金越多越好,资金大量闲置,造成资源浪费、资金使用效率低下。

四是成本费用控制不严。个别单位只注重工程进度控制,忽视了成本费用控制,认为控制成本是财务部门的任务,未调动各职能部门成本费用控制的积极性。有些单位将成本费用控制停留在简单的记录、计算上,未上升到成本管理层次。虽然制定了成本控制目标,但未能准确把握影响成本的因素,成本费用控制执行结果与目标偏差较大。

(2) 风险度量。

风险度量就是用一定技术分析或辨认企业实现所定财务目标可能发生的财务风险。WK集团用定性和定量两类方法,对财务风险进行度量。

第一,定性分析方法。

WK集团采用问卷调查、专家咨询、管理层访谈等方法分析集团财务风险种类、发生的概率和影响程度。风险事件示例如表10.6所示。

表 10.6　　　　　　　　　　风险事件示例

风险因素	典型风险事件
技术风险	1. 决策、预测不科学，项目定位失误。 2. 设计：设计内容不全、缺陷设计、错误和遗漏；规范不恰当；未考虑地质条件；未考虑施工可能性等。 3. 施工：施工工艺的落后；不合理的施工技术和方案；施工安全措施不当；应用新技术、新方案的失败；未考虑现场情况等。 4. 其他：工艺设计未达到先进性指标，工艺流程不合理，未考虑操作安全性等
非技术风险	1. 自然与环境：洪水、地震、火灾、台风、雷电等不可抗拒自然力；不明的水文气象条件；复杂的工程地质条件；恶劣的气候；施工对环境的影响等。 2. 政治、法律：法律及规章的变化；战争和骚乱；罢工；经济制裁或禁运等。 3. 经济：通货膨胀；汇率的变动；市场的动荡；社会各种摊派和征费的变化等。 4. 组织：协调业主和上级主管部门的协调；业主和设计方、施工方以及监理方的协商；业主内部的组织协调等。 5. 合同：合同条款遗漏、表达有误；合同类型选择不当；承发包模式选择不当索赔管理不力；合同纠纷等。 6. 人员：业主人员、设计人员、监理人员、一般工人、技术员、管理人员的素质（能力、效率、责任心、品德）。 7. 材料：原材料、成品、半成品的供货不足或拖延；数量差错；质量规格有问题；特殊材料和新材料的使用有问题；损耗和浪费等。 8. 设备：施工设备供应不足；类型不配套；故障；安装失误；选型不当。 9. 资金：资金筹措方式不合理；资金不到位；资金短缺

第二，定量分析方法。

对融资风险，WK 集团运用财务杠杆进行计量。对财务杠杆进行计量的最常用指标是财务杠杆系数。所谓财务杠杆系数是普通股每股盈余的变动率相当于息税前盈余变动率的倍数。其计算公式为：

$$财务杠杆系数 = 普通股每股盈余变动率 / 息税前盈余变动率$$

或：

$$DFL = (\Delta EPS/EPS)/(\Delta EBIT/EBIT)$$

DFL——财务杠杆系数；ΔEPS——普通股每股盈余变动额；EPS——基期每股盈余或者基期普通股每股盈余；$\Delta EBIT$——息税前盈余变动额；EBIT——基期息税前盈余。

WK 集团预计 2007 年有三种融资方式：方式 B（全部靠自有资金经营）、方式 C（利用了利息率为 6% 的负债）、方式 D（利用利息率为 12% 的负债），具体数据如表 10.7 所示，预期经营数据如表 10.8 所示。

第10章 企业财务风险管理框架案例研究

表 10.7　WK 集团 B、C、D 三种融资方案的资金构成情况　　　　单位：万元

项目	方案 B	方案 C	方案 D
资金总额	2 000	2 000	2 000
普通股*	2 000	1 000	1 000
负债**	0	1 000	1 000
利息	0	60	120

注：*表示普通股面值均为 10 元/股，B 方案发行在外 200 万股，C 方案、D 方案发行在外 100 万股。**表示负债为债务融资，C 方案为 1 000 万元，资本成本 6%；D 方案为 1 000 万元，资本成本为 12%。

表 10.8　　　　B、C、D 三种方案的经营数据　　　　单位：元

方案	经济情况	概率	息税前盈余	利息	税前盈余	所得税*	税后盈余	每股盈余
B	较好	0.20	320	0	320	160	160	0.80
	中等	0.60	200	0	200	100	100	0.50
	较差	0.20	80	0	80	40	40	0.20
C	较好	0.20	320	60	260	130	130	1.30
	中等	0.60	200	60	140	70	70	0.70
	较差	0.20	80	60	20	10	10	0.10
D	较好	0.20	320	120	200	100	100	1.00
	中等	0.60	200	120	80	40	40	0.40
	较差	0.20	80	120	-40	-20	-20	-0.20

注：*假设所得税税率为 50%，在实际工作中，当 WK 集团亏损时则不纳税，还能得到亏损弥补，这里为了理论上推导方便，在 WK 集团亏损时也按 50% 的税率计算。

B 方案的期望每股盈余、每股盈余的标准离差和财务杠杆系数分别为：

$$\overline{EPS_B} = 0.80 \times 0.20 + 0.50 \times 0.60 + 0.20 \times 0.20 = 0.50 \text{（元/股）}$$

$$\delta_B = \sqrt{(0.8-0.5)^2 \times 0.2 + (0.5-0.5)^2 \times 0.6 + (0.2-0.5)^2 \times 0.2} = 0.19$$

$$DFL_B = \frac{200}{200-0} = 1.00$$

C 方案的期望每股盈余、每股盈余的标准离差和财务杠杆系数分别为：

$$\overline{EPS_C} = 1.30 \times 0.20 + 0.70 \times 0.60 + 0.10 \times 0.20 = 0.70 \text{（元/股）}$$

$$\delta_C = \sqrt{(1.3-0.7)^2 \times 0.2 + (0.7-0.7)^2 \times 0.6 + (0.1-0.7)^2 \times 0.2} = 0.38$$

$$DFL_C = \frac{200}{200-60} = 1.43$$

D 方案的期望每股盈余、每股盈余的标准离差和财务杠杆系数分别为：

$$\overline{EPS_D} = 1.00 \times 0.20 + 0.40 \times 0.60 + (-0.20) \times 0.20 = 0.40（元/股）$$

$$\delta_D = \sqrt{(1.0-0.4)^2 \times 0.2 + (0.4-0.4)^2 \times 0.6 + (-0.2-0.4)^2 \times 0.2} = 0.38$$

$$DFL_D = \frac{200}{200-120} = 2.5$$

从以上分析可知，B 方案全部靠自有资金经营，其期望每股盈余为 0.5 元/股，财务杠杆系数为 1，标准离差为 0.19。C 方案利用了利息率为 6% 的负债 1 000 万元，自有资金与负债资金的比率为 1∶1，负债比率为 50%。则 C 方案的期望每股盈余上升到 0.70 元/股，财务杠杆系数上升到 1.43，标准离差率上升到 0.38。WK 集团期望每股盈余上升，说明应用财务杠杆取得了比较好的效益，当然，也随之加大了财务风险。D 方案利用了利息率为 12% 的负债 1 000 万元，负债比率也为 50%，但 D 方案的期望每股盈余却下降到 0.4 元/股，财务杠杆系数已上升到 2.5，标准离差为 0.38，说明此时利用财务杠杆只能加大财务风险，而不能取得财务杠杆利益。所以，WK 集团采用 C 方案较好。

对投资风险，WK 集团采用计量投资组合风险的方法——VaR 法对不同区域房地产市场的投资风险进行衡量。

风险价值（VaR）是在正常的市场条件下和给定的置信度内，某一金融资产或证券组合在未来特定的一段时间内的最大可能损失。VaR 的衡量方法基本上可以划分为两类：第一类是局部评价法，包括德尔塔—正态评价法；第二类是完全评价法，包括历史模拟法和蒙特卡罗模拟法。WK 集团这两类方法都用，但比较复杂，在此不赘述。

（3）风险控制。

针对以上分析，WK 集团采取以下措施控制财务风险。

第一，融资风险控制措施。

WK 集团一般先用自有资金购买土地，然后用土地向银行抵押借款，进行房地产开发。虽然借入资金会给 WK 集团带来一定程度的财务杠杆效益，但这并不意味举债越多越好。WK 集团的资产负债率越高，财务杠杆作用越大，伴随财务杠杆作用的财务风险也越大。因此，WK 集团应充分挖掘自身潜力，用好留存资金，实施多元化融资策略，从以往过度依赖银行贷款向以银行贷款为主的多渠道融资转变。这样，既可以充分发挥负债的财务杠杆作用，又可以将财务风险控制在集团可以承受的范围内。WK 集团可通过合理安排产权资本与债务资本比例，寻求最佳资本结构，降低财务风险。

第二，投资风险控制措施。

一是项目风险管理。多种因素变化都会导致项目风险，为了降低房地产项目风险，WK集团应事先对项目进行全方位的定性与定量分析，合理预计投资效益；应对各种投资方案进行可行性研究与综合评估。在选择投资方案过程中，既要把握时机进行适度的财务风险管理，又要做好管理机构与董事会、内部审计部门、财务管理部门之间的责、权、利安排，以防止集团内部因财务关系不明晰造成的资金风险。

二是投资分散策略。投资分散是通过开发结构的分散达到减少财务风险的目的。投资分散包括投资区域分散、投资时间分散和共同投资等方式。投资区域分散是将房地产投资分散到不同区域，从而避免某一特定地区经济不景气对投资的影响，达到降低风险的目的。而房地产投资时间分散则是要确定一个合理的投资时间间隔，从而避免因市场变化带来的损失。共同投资也是常用的风险分散方式。共同投资要求合作者共同对房地产开发进行投资，利益共享、风险同担，充分调动投资各方的积极性，最大限度地发挥各自优势，尽可能避免财务风险。

三是投资组合策略。投资组合策略是投资者依据房地产投资的财务风险程度和年获利能力，按照一定的原则，搭配投资不同类型的房地产以降低投资风险的投资策略。例如，房地产开发商可以投入一部分资金在普通住宅，投资一部分在高档写字楼等。因为各种不同类型的房地产投资风险大小不一，收益高低不同。财务风险大的投资回报率相对较高，回报率低的投资相对地财务风险也低。如果资金分别投入不同的房地产开发项目，整体投资风险就会降低。其实质就是用个别房地产投资的高收益弥补低收益的房地产的损失，最终得到一个较为平均的收益。

四是WK集团财务风险管理应以信息技术为支撑。因为在财务风险管理流程从方案制订、执行到信息反馈整个环节，都需要财务信息，而可靠的财务信息有赖于WK集团完善的财务管理信息系统。财务风险不仅存在于财务部门，而且存在于WK集团内部价值链上与财务部门紧密相关的其他部门；不仅存在于WK集团内部，而且存在于供应链上与WK集团息息相关、相互依存的其他企业。财务风险管理所需信息不仅包括财务报告信息，而且包括质量、市场需求量、市场占有率等非财务信息。因此，有必要以信息技术为支撑，对财务信息与非财务信息、内部信息与外部信息进行有效整合，使集团内部各部门、供应链上各企业共享信息资源，加快信息流动，提高财务风险管理效率。

第三，营运风险管理措施。营运风险管理包括现金管理和应收账款管理。

现金管理。资金是WK集团的"血液"，保持充足的现金流，统筹安排资金，是WK集团获取利润的关键。WK集团开发资金耗资大，一个项目动辄上亿元资金投入，如果对资金不进行统筹安排，极有可能发生资金链断裂，影响项目施工进度，甚至导致项目失败。同时，房地产开发项目易受市场、社会、自然等多种不确定因素影响。这些不确定因素会导致商品房销售不畅，造成商品房大量积压，危及WK集团资金的正常运转，最终引发WK集团财务危机。因此，WK集团要注重现金管理，制订资金使用计划，保持现金收支平衡。财务人员还应充分考虑货币的时间价值，盘活WK集团闲散资金，保证WK集团经营资金需求。

应收账款管理。赊销虽然会实现一定的账面利润，但WK集团不仅没有真实的现金流入，而且会因利税开支加速现金流出。因此，WK集团应重视应收账款管理，制定合理的信用政策，尽快收回应收账款，降低WK集团坏账损失风险。同时，WK集团要努力降低商品房空置率，减少资金占用，加速资金周转，提高资金利用率。

第四，全面预算管理。WK集团应建立以现金预算为核心，以项目预算、财务预算、融资预算为重点的全面预算管理体系。

编制现金预算是财务管理工作的重要环节，准确的现金预算可以为企业提供财务预警信号，使经营者及早采取风险防范措施。为了使现金预算更加准确，WK集团明确资金使用计划，量化未来预期收益，准确预测未来现金流入量和流出量，建立滚动式的周期现金流量预算。

WK集团房地产业项目涉及的中间环节多，包括项目考察、可行性研究、购置土地、规划设计等，一个项目几乎涵盖了WK集团经营的主要流程。因此，应对工程项目进行预测分析，包括项目首期所需资金、项目在建时所需的流动资金等，并对每一项目做出可行性研究报告，然后将投资项目细分成小块，分别预算。

财务预算主要是对WK集团资金的取得与投放、收入与支出、经营成果及其分配等做出具体安排。WK集团财务部门应以项目预算和资本预算为基础，以利润为目标，以现金流量为核心编制财务预算；应要求各职能部门通力合作，共同监控预算执行情况，对所发现问题及时反馈，发挥预算监督的财务预警作用。

融资预算是WK集团关键环节之一。WK集团在项目投资前应充分考虑融资风险，根据自身现金流转情况和WK集团融资能力、各种融资渠道的资金成本等确定融资规模和资本结构，选择融资方式，制订债务偿还计划。

构建全面预算管理体系除了要把握好现金流量预算、项目预算、财务预算、融资预算外，WK集团还应设置专门的机构和人员对预算执行情况进行监督、考核，找出预算执行结果与预算之间存在的差异及差异产生的原因，并按考核结果对相关部门和个人进行奖惩，使每个部门和员工都能意识到预算的重要性，积极配合预算执行。

房地产开发项目涉及的成本费用项目多，包括土地征用及拆迁补偿费、前期工程费、建筑安装工程费、基础设施费、公共配套设施费、期间费用及税金等。WK集团应根据开发规模、建设周期分区、分期开发，并选择适合的成本归集方法，设置具体的会计核算科目。如在开发成本科目下设置土地费用、建筑安装费用、配套费用等相应的明细科目，不能笼统一概而论。

房地产开发各阶段的成本费用控制重点包括以下三方面。

一是立项阶段。首先，WK集团根据市场、社会、环境等各方面因素，做好项目成本费用—收益预算；应充分考虑投资过程中可能伴随的各种风险，从各方面对投资项目进行综合评价，做好项目可行性分析工作；对风险进行预测和评估，并制定相应的应对措施。其次，应把握好项目设计关。有关资料显示，房地产项目初步设计对工程造价的影响大约为65%，施工图设计对工程造价的影响为25%～35%。这表明设计环节是房产项目成本费用的控制关键和最重要的环节。WK集团应充分重视项目设计，成立专门的工程项目设计管理部门，制定详细的设计要求和设计目标，对设计方的设计和施工方案从合理性、安全性与经济性等方面进行全面评估与审核。这样，既可以避免设计图反复修改引起的不必要支出，又可以缩短设计时间，保证设计方案经济有效、切实可行。最后，要实行严格的招投标制度。招投标制度要贯穿于房地产开发的全过程，从土地拍卖、规划设计、施工承包、销售代理到物业管理，都要进行招投标。WK集团应对投标、议标、开标的每个环节、每个过程都严格把关，实现房产开发的低成本、高质量、高效益建设目标。

二是施工阶段。施工阶段可能发生设计图样更正、施工进度和施工条件变更等问题，WK集团应预先组织工程设计管理部门对施工图技术上的合理性、施工的可行性、工程造价的经济性进行审查验证，尽量减少签证和设计变更，避免不必要的经济损失。同时，WK集团应与承包商在合同中明确双方的权利与义务，谨慎处理每笔赔款，使WK集团损失降到最低。

三是竣工结算阶段。工程竣工结算是一个漫长、烦琐的过程，WK集团应加强工程竣工结算阶段的成本费用控制。其一，要核对竣工工程内容是否符合合同规定要求、是否已验收合格。只有按合同要求完成并已验收合格的工程才能列入竣工结算计划。其二，应依据竣工图、设计变更单和现场签证等进行成本核算。WK集团根据合同约定的结算方法、金额和优惠条款，合理套用各分项单价，逐条逐项计算、汇总、审核，防止将不合理开支纳入竣工结算范围，增加WK集团成本。其三，要组织建设、监理、设计、施工等有关部门和相关人员审核确认隐蔽工程及设计变更签证，共同商定施工中的特殊费用处理，认真落实索赔费用，按照合同约定和有关规定落实工程造价，将成本费用降到最低。

（4）管理评价。

管理评价就是控制效果评价，是用一定的方法评价WK集团财务风险管理的效果。WK集团可以通过持续评价、个别评价或者两者相结合的方式实现这个过程，确保财务风险管理系统能够持续有效地运转。

3. 保障体系

保障体系是保证企业财务风险管理程序方法得以落实的制度、机制和手段。建立健全有效的保障体系是实现企业财务风险管理目标的保证。WK集团财务风险管理系统保障体系包括：完善治理结构和权责分配、开展信息化、建立财务预警系统、健全内部控制制度和审计等。

（1）完善治理结构和权责分配。

第一，优化治理结构。

WK集团组织框架分为两部分。第一部分是公司的股东大会、董事会、监事会的三权分立，形成三者的相互制约。股东大会是公司的立法者；董事会是公司的行政者或者经营者；监事会是公司的司法者。第二部分是公司的董事会与总经理或其班子的决策权与执行权的分离，形成两者的相互制约。这种治理是通过监督权与经营权的分离、决策权与行政权的分离，而相应形成的相互制约来实现的。股东大会、董事会、监事会、总经理和财务经理形成制衡关系。这一治理结构既能保证企业的经营者不得违反所有者利益，同所有者保持一致，也能保证企业的决策科学、有效。这是WK集团财务风险管理很重要的保障体系之一。

第二，合理权责分配。

综合考虑WK集团管理模式、WK集团发展阶段、股权集中度、WK集团规模、子公司性质和母公司经营者风格等因素，WK集团应采用相融制的管理模式，即总部指导下的分散管理模式。合理配置母、子公司财务管理权限、责任和利益。

（2）开展财务管理信息化。

财务管理信息化是防范、控制财务风险非常重要的手段之一。

第一，WK集团财务管理信息系统存在问题。

WK集团的信息化建设存在以下问题。

一是在开展信息化以前，WK集团使用的各种软件绝大多数是业务操作软件，只能单独使用，满足WK集团某一部门或某一个业务环节的需要，提升该项工作的效率，如售楼软件、财务软件、物业收费软件等，无法对WK集团整个运作流程进行系统化的管理与控制，特别是无法对WK集团最高领导者提供经营决策支持方面的信息。

二是中央数据库中的海量数据没有得到有效利用，WK集团无法利用这些信息给决策者以有效的决策支持。WK集团的决策者们希望构建一个能随时提供WK集团关键经营数据、协助决策的系统。该系统要让决策者随时了解WK集团资金现状以及各项目的销售、建设成本、进度、客户投诉、物业管理方面的实时信息，并支持各业务部门的高效运作；该系统要能预测WK集团现金流、预测WK集团经营指标，并提供经营计划调整的模拟测算工具，降低现金储备、实现既定的经营指标；该系统要能帮助 WK 集团在项目立项时进行资金可行性测算，从而让 WK 集团降低资金运作风险；该系统还需要覆盖集团跨区域、多项目的应用。

三是 WK 集团财务信息化建设不够规范。由于没有进行集团整体信息化的规划，各系统独立选型、实施，形成了一系列的"信息孤岛"。即便是同一厂家的多个产品之间也没有整合，例如，总账、资金中心、成本三套系统之间的财务数据没有整合；售楼、客户会、物业管理之间的客户和房间数据没有整合；售楼、物业等业务模块与总账系统没有整合等。

第二，财务管理信息系统的控制设计和实施成当务之急。

WK 集团管理层一直想到美国纳斯达克上市，成为国内唯一一家同时在纽约、深圳上市的房地产企业。为满足境内、境外上市公司监管法规的要求，维护投资者的利益和公司诚信，特别是按照美国 SOX 法案 302 和 404 条款的要求，建立完善公司的财务风险管理制度。

美国 SOX 法案 302 和 404 条款的实质要求就是建立信息披露的控制程序，在对外披露信息文件的形成过程中就建立起一种责任制度，表现形式为由会计信息产生和报告单位自己发表的一个"声明书"，承诺提交的会计信息真实、完整。这一流程保证了下级提供的会计报表、每个报表项目所对应的会计记录以及会计记录所对应的相关经济活动都是真实可靠的、是经过层层核对的。到达总部之后，会经过一个包括 CFO 在内的信息披露审核委员会审核、讨论。只有建立了这一程序和责任体系才符合 SOX 法案 302、404 条款的要求。因此，WK 集团会计信息系统控制的设计和实施成为遵从 SOX 法案 302、404 条款的重中之重。

目前，WK 集团各项目、城市公司在编报财务报表时，一般是根据集团合并报表体系的要求，从相关会计核算系统中取出相应数据，再将这些数据手工录入 Excel 电子表格中，在 Excel 中编制财务报告，然后将财务报告以电子表格的形式上报至上级公司。一般需要经过地、市级（或项目公司）孙公司到区域公司，再到集团母公司两个过程，总部财务部再根据各子公司上报的电子表格进行合并报表。

报表合并涉及 3 600 多个会计科目，各地公司对科目理解和归集不尽相同，使合并报表过程变得极其复杂。系统改造前，WK 集团总部的报表合并业务分为月报、季报、半年报、年报四个层面，分公司、子公司按法人主体将总部统一定义的各种报表传至母公司，母公司在报表汇总的基础上进行不同层面的报表合并，再将合并结果按不同管理层面的需求重新整理，发布报表信息。会计信息传递和合并过程无论从效率上还是效果上都存在巨大风险。如何按照杨周南（2003）提出的 ISCA 模型的理论来建立财务管理信息系统的控制设计和实施，是 WK 集团完成财务风险管理目标的最重要限制因素，已成为财务风险管理完善的当务之急。

第三，财务管理信息系统控制设计的目标。

为保证财务信息的真实、及时、完整，WK集团提出财务管理信息系统控制设计目标。

总体目标：实现按月自动生成集团公司范围内各个层面信息披露及内部管理需要的合并财务报表，缩短合并的工作周期，降低合并人工干预的工作量；完整体现规范的合并规则、合并过程信息，记录各类合并抵销的工作底稿，保留清晰的内控点和审计追踪线索；建立全公司统一、规范、相对稳定的报表体系，实现报表基础数据的自动提取，保证信息源的及时、真实、准确，从而提高报表信息的质量；与预算结合，进行多角度、多层面的财务分析，提供管理决策支持。

具体目标：制定和明确合并规范，并通过项目系统的实施，使规范通过系统进一步固化；通过合并系统的实施，实现报表合并全过程数据的采集、跟踪，实现合并数据的完整性、规范性和准确性；提供外部系统的接口，将各级单位的报表通过接口导入合并报表系统，保证数据的准确性；在合并报表系统内建立合并的规则，跟踪各项报表的调整事项，并自动进行相关的抵消，包括少数股东权益的合并等，完成报表的汇总与合并。

第四，WK集团管理重点。

a. WK集团资金管理。主要包括：收付款管理、资金计划、资金结算、银企直联、票据管理、投资管理、融资管理、或有负债、资金监控（资金计划已经并入预算系统）。

b. 成本管理方面。建立房地产行业历史成本数据库，为新项目投资、项目结算、材料采购提供历史参考数据。提供合同管理功能，对合同的执行需要统一管理监督，解决施工中大量设计变更的问题。

c. 集成管理。实现资金管理系统与财务系统的集成管理，实现财务业务一体化的处理。主要包括：实现财务与资金管理、房地产成本与财务、资金售楼系统与资金财务、物业管理系统与财务、人力资源系统与财务的集成管理。

d. 业务管理。WK集团项目进度管理、项目测算管理、会计科目与成本科目对照关系的设置、目标成本管理、基于合同的付款计划管理、三月滚动资金计划、合同变更管理、全项目动态成本表，以及财务、资金、成本一体化管理。

第五，财务管理信息系统体系架构。

通过以上分析，WK集团构建了从上至下包括战略决策层、财务管理层、会计核算与报告层、业务核算层四个层次的财务管理体系架构，这四个层次是紧密衔接、上下一体的。经济业务完成之后，相关信息进入会计核算与报告体系；财务人员根据业务交易事项和公司的制度体系完成会计核算，并编制财务报告；公司根据财务报告信息进行统计、分析，形成财务管理体系；为集团战略决策和战略管理提供依据。该体系架构又由从左至右的系统建设目标、财务管理信息系统功能模块、系统制度保障、人员建设模块这四个模块作为有力支撑（如图10.4所示）。

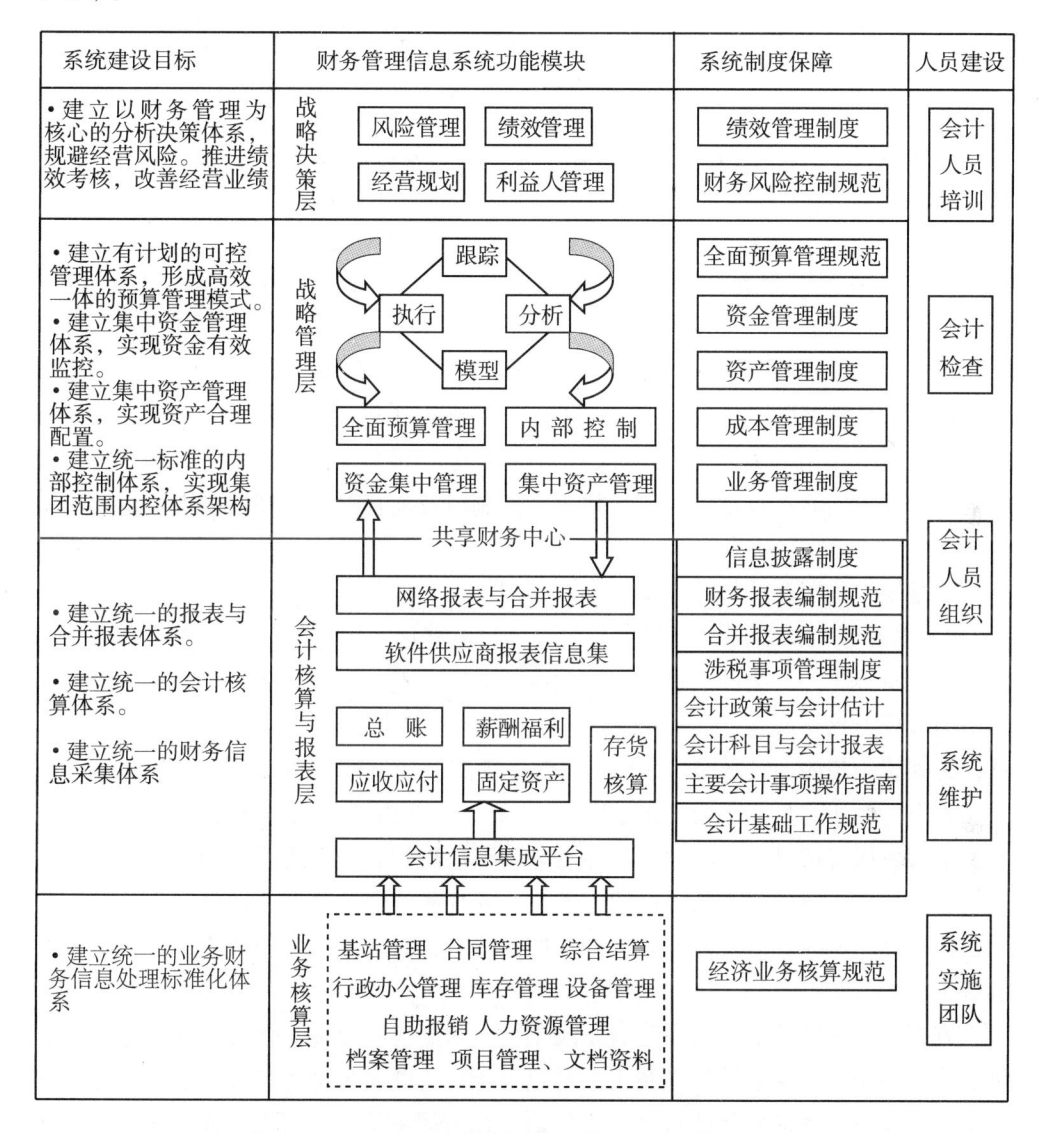

系统建设目标	财务管理信息系统功能模块	系统制度保障	人员建设
• 建立以财务管理为核心的分析决策体系，规避经营风险。推进绩效考核，改善经营业绩	战略决策层：风险管理、绩效管理、经营规划、利益人管理	绩效管理制度 财务风险控制规范	会计人员培训
• 建立有计划的可控管理体系，形成高效一体的预算管理模式。 • 建立集中资金管理体系，实现资金有效监控。 • 建立集中资产管理体系，实现资产合理配置。 • 建立统一标准的内部控制体系，实现集团范围内控体系架构	战略管理层：跟踪、执行、分析、模型 全面预算管理　内部控制 资金集中管理　集中资产管理 共享财务中心	全面预算管理规范 资金管理制度 资产管理制度 成本管理制度 业务管理制度	会计检查
• 建立统一的报表与合并报表体系。 • 建立统一的会计核算体系。 • 建立统一的财务信息采集体系	会计核算与报表层：网络报表与合并报表 软件供应商报表信息集 总账　薪酬福利　存货核算 应收应付　固定资产 会计信息集成平台	信息披露制度 财务报表编制规范 合并报表编制规范 涉税事项管理制度 会计政策与会计估计 会计科目与会计报表 主要会计事项操作指南 会计基础工作规范	会计人员组织 系统维护
• 建立统一的业务财务信息处理标准化体系	业务核算层：基站管理　合同管理　综合结算 行政办公管理　库存管理　设备管理 自助报销　人力资源管理 档案管理　项目管理、文档资料	经济业务核算规范	系统实施团队

图10.4　WK集团财务管理信息系统体系架构

第六，WK集团财务管理信息系统控制实施。

一是优化会计核算与财务报告流程。

统一、规范的会计核算体系是整个财务管理信息系统的基础，WK集团财务管理体系的构建就从统一集团会计核算系统着手。为确保财务信息的快捷、准确，WK集团从财务报告形成过程的特点出发，对会计核算与财务报告体系进行了流程优化。优化会计核算与财务报告流程分三个阶段（如图10.5所示）：

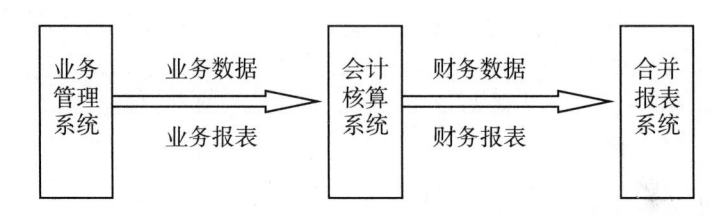

```
┌──────┐  业务数据  ┌──────┐  财务数据  ┌──────┐
│业务  │ ━━━━━━━▶ │会计  │ ━━━━━━━▶ │合并  │
│管理  │           │核算  │           │报表  │
│系统  │  业务报表 │系统  │  财务报表 │系统  │
└──────┘           └──────┘           └──────┘
```

图 10.5　优化会计核算与财务报告流程

- 经营活动产生财务报告基础信息（分、子公司业务层面）；
- 财务部门按照会计准则进行确认、计量、分类，形成会计基础信息（分、子公司财务层面）；
- 财务部门按照不同资本市场、政府监管机构、管理层要求，对分、子公司层面形成的会计基础信息进行加工，披露财务报告（集团母公司财务层面）。

通过流程优化，实现了集团母公司对下属分公司会计信息的垂直管理，为集团规范会计核算、简化管理层次、强化过程控制以及前移财务管理控制点奠定了坚实基础。

二是统一集团会计核算方案选择。

WK 集团面临的实际情况是各分公司会计电算化应用水平参差不齐，会计核算软件和版本不统一，会计信息不能得到有效共享。建立企业财务管理信息系统，使集团的管理与核算成为一个有机的整体，为管理和决策提供及时、准确的会计信息，必须统一集团会计核算。WK 集团统一集团会计核算之路有两种方案。

方案一：所有分、子公司的会计核算系统全部更新。该方案是彻头彻尾地更新，集团所属各成员单位将原有的会计软件彻底甩掉，统一更换为全新的、更为先进的、支持集团财务集中核算的管理软件。这样做实际实施起来比较容易，实施效果也比较好，但对于成员数量众多的集团而言，这种方案的实施成本不菲，资源的浪费也很大。

方案二：保留分、子公司现有系统不变，对其进行改造。该方案在实施时需要重点解决的是，确保会计核算系统的规范、统一，并实现会计核算系统与业务处理系统、合并报表系统之间的对接，确保信息在不同系统间的自动传递。该方案对技术和组织实施的要求较方案一要高出许多，具有较高的挑战性，但此种方案在沿袭财务人员原有操作习惯、节约成本投入、减少资源浪费方面具有显优势。

对于方案选择，WK 集团在对国内成功案例进行深入剖析后认为，使用统一的会计核算软件只是实现会计核算统一的表面形式，而问题的实质在于确保"三个统一"——经济业务处理的统一、账套的统一、报表体系的统一，并使集团统一的会计科目和会计报表体系落实到会计核算系统，即无论分公司采用什么核算软件，只要这些软件所承载的会计科目与报表体系相同，就可以实现会计核算的统一。同时，WK集团就技术操作的可行性向多家软件供应商进行了咨询，得到了软件供应商的肯定答复。最终，WK集团选择了方案二。

三是建立合并报表系统。

在信息系统控制实施过程中，WK集团需要建立合并报表系统，由于合并报表系统是集团建立全面预算、绩效考核和战略决策等系统的平台，因此，合并报表系统必须体现相当的先进性。在充分调研本集团管理需求的基础上，最终建立合并报表系统的功能结构如图10.6所示，具体应用流程如图10.7所示。

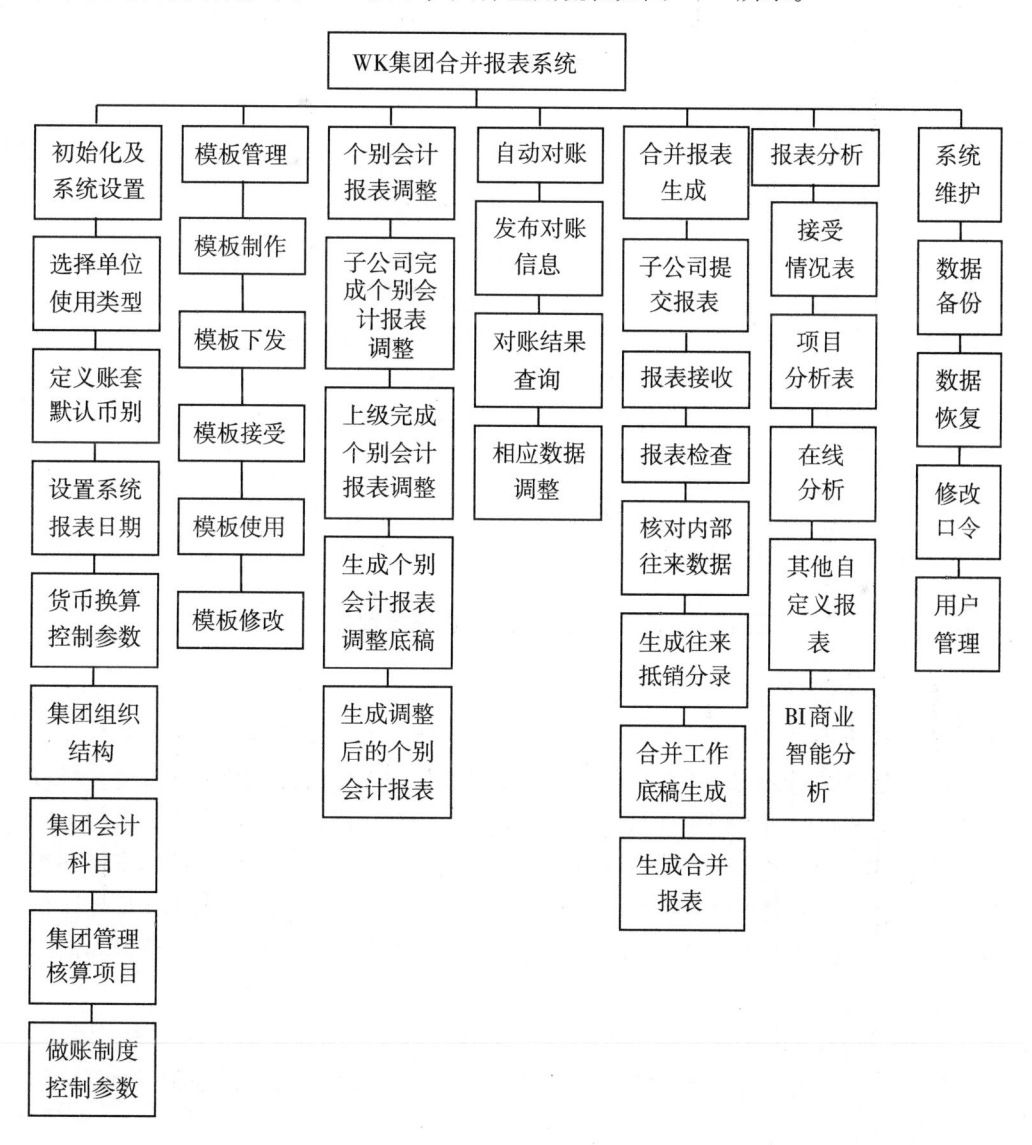

图10.6　企业合并报表系统的主要功能模块

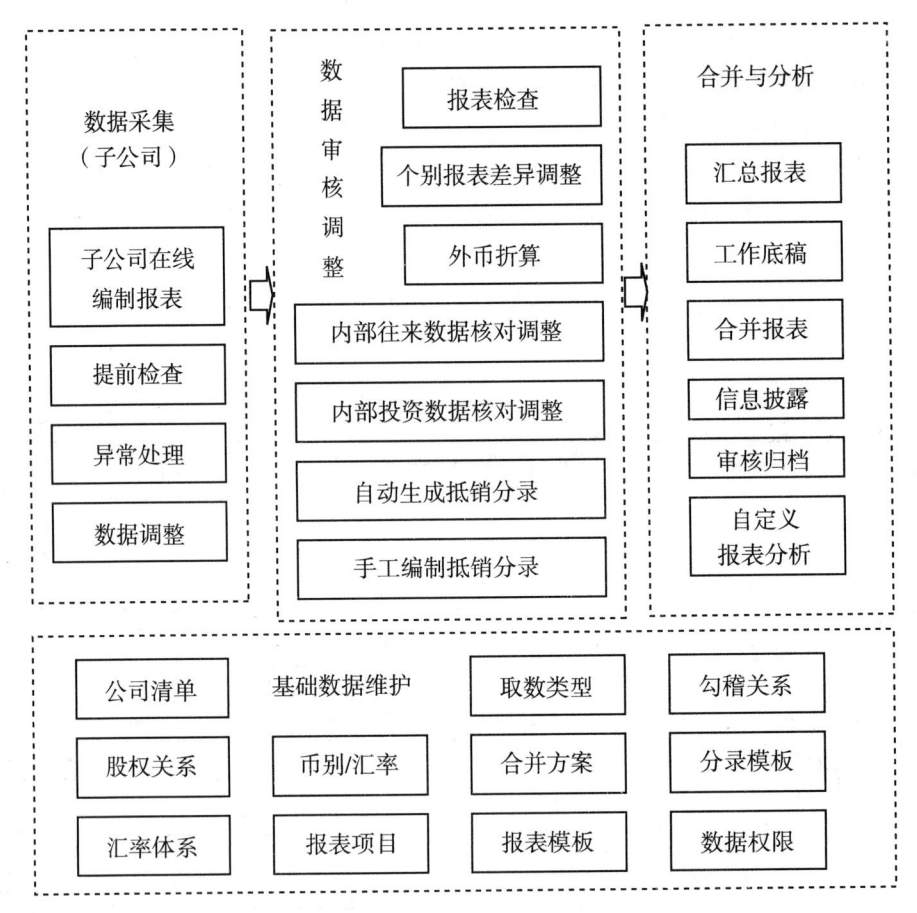

```
┌─────────────────┐  ┌──────────────────────────┐  ┌─────────────────┐
│   数据采集       │  │ 数   ┌──────────┐        │  │   合并与分析    │
│  （子公司）      │  │ 据   │ 报表检查 │        │  │                 │
│                 │  │ 审   └──────────┘        │  │  ┌──────────┐   │
│                 │  │ 核  ┌──────────────┐     │  │  │ 汇总报表 │   │
│ ┌─────────────┐ │  │ 调  │个别报表差异调整│    │  │  └──────────┘   │
│ │ 子公司在线  │ │  │ 整  └──────────────┘     │  │  ┌──────────┐   │
│ │ 编制报表    │ │⇒ │     ┌──────────┐        │⇒ │  │ 工作底稿 │   │
│ └─────────────┘ │  │     │ 外币折算 │         │  │  └──────────┘   │
│ ┌─────────────┐ │  │     └──────────┘        │  │  ┌──────────┐   │
│ │  提前检查   │ │  │  ┌────────────────┐     │  │  │ 合并报表 │   │
│ └─────────────┘ │  │  │内部往来数据核对调整│   │  │  └──────────┘   │
│ ┌─────────────┐ │  │  └────────────────┘     │  │  ┌──────────┐   │
│ │  异常处理   │ │  │  ┌────────────────┐     │  │  │ 信息披露 │   │
│ └─────────────┘ │  │  │内部投资数据核对调整│   │  │  └──────────┘   │
│ ┌─────────────┐ │  │  └────────────────┘     │  │  ┌──────────┐   │
│ │  数据调整   │ │  │  ┌────────────────┐     │  │  │ 审核归档 │   │
│ └─────────────┘ │  │  │自动生成抵销分录│       │  │  └──────────┘   │
│                 │  │  └────────────────┘     │  │  ┌──────────┐   │
│                 │  │  ┌────────────────┐     │  │  │ 自定义   │   │
│                 │  │  │手工编制抵销分录│       │  │  │ 报表分析 │   │
│                 │  │  └────────────────┘     │  │  └──────────┘   │
└─────────────────┘  └──────────────────────────┘  └─────────────────┘

┌───────────────────────────────────────────────────────────────────┐
│  ┌─────────┐   基础数据维护   ┌─────────┐    ┌─────────┐          │
│  │公司清单 │                 │取数类型 │    │勾稽关系 │           │
│  └─────────┘                 └─────────┘    └─────────┘           │
│  ┌─────────┐   ┌─────────┐   ┌─────────┐    ┌─────────┐          │
│  │股权关系 │   │币别/汇率│   │合并方案 │    │分录模板 │           │
│  └─────────┘   └─────────┘   └─────────┘    └─────────┘           │
│  ┌─────────┐   ┌─────────┐   ┌─────────┐    ┌─────────┐          │
│  │汇率体系 │   │报表项目 │   │报表模板 │    │数据权限 │           │
│  └─────────┘   └─────────┘   └─────────┘    └─────────┘          │
└───────────────────────────────────────────────────────────────────┘
```

图 10.7　WK 集团合并报表系统应用流程

四是会计核算软件版本的统一。

会计核算系统的统一、规范是统一集团会计核算的难点和重点所在，会计核算系统改造的对象主要是软件供应商不同版本的产品，需要将已经制定好的会计科目和财务报表体系固化到会计核算系统中。在充分认识集团财务风险管理需求的基础上，首先确定了原软件供应商相应的高版本作为改造目标，在软件厂商的支持和配合下，对这些目标系统进行改造，将设置的制度体系（主要是会计科目及会计报表体系）落实到目标系统中。WK 集团会计科目与成本科目对照关系的设置界面图如图 10.8 所示。

由于这一系统位于业务处理系统与合并报表系统之间承上启下的位置，因此，在对系统改造时也考虑了其与前后两个系统的对接，以确保信息数据在三个系统间畅通无阻的传递。

这些系统改造完成后，在集团网络平台发布这些经过改造的目标系统，各分、子公司根据本公司原有的产品对应地升级其会计核算软件。当然，这种系统再造工

图 10.8　WK 集团会计科目与成本科目对照关系的设置界面

作不是一次就能彻底完成的,通过在各分、子公司试运行过程中暴露出的各种问题,信息化领导小组再联合厂商解决问题。在试运行阶段,几乎每天都有问题发生,每天都需要发布系统补丁。经过反复调试,最终实现了会计核算软件版本的相对统一。

五是业务处理系统的统一。

由于各分公司以往对经济业务指标的解释不同,业务信息表单和内容格式也不统一,业务处理系统与会计核算系统之间无法进行信息的自动传递。为此,WK 集团对经济业务指标解释、业务处理规则、信息表单内容和格式、业务信息进入会计核算系统的审核公式都进行了详细规范,实现了业务处理的统一、业务信息传递的准确和高效。这样,确保了各分公司业务处理系统产出的原材料标准的一致性。

六是新旧系统数据的转换。

在前述三个系统改造、建设完成之后,如何将数据从旧系统成功地转移至新系统,成为摆在 WK 集团面前的又一道难题。在软件厂商的支持与配合下,WK 集团与各厂商创造性地开发出用于数据在相应产品的新、旧系统之间进行传递的转换工具,即针对不同软件产品分别开发出相应的转换工具,通过转换工具将旧系统中的有关数据转入一个过渡性的平台中,再通过转换工具从过渡性平台转入新系统。

第七,WK 集团财务管理信息系统技术架构。

- WK 集团目前的硬件及网络环境：IBM570 服务器 2 台（每台 8 个 CPU，32G 内存）。
- 网络基础环境：集团有 50M 光纤总出口，每个区域公司均 5M 专线，每个项目部 2M 专线或 ADSL；各区域公司与总部通过 VPN 连成一个大网。
- 软件平台及数据库：使用 AIX 系统，ORACLE 数据库。

第八，WK 集团财务管理信息系统评价。

WK 集团财务管理信息系统的功能主要包括以下四方面。

首先，建立有效的成本管理体系，对成本进行事前、事中和事后的管理控制。

其次，资金管理方面。实现对资金管理标准和业务流程的统一控制，避免收付款信息、资金计划多口重复录入，造成资源浪费；实现资金管理系统与财务系统的集成管理；实现财务业务一体化的处理，强化监控力度，建立事前、事中的严格资金监督体系。

再其次，建立必要的资金预算、资金分析、决策支持工具，有效地进行资金的分析、预测和辅助决策，以提供更灵活、强大的资金管理与分析平台。

最后，业务集成方面。实现财务与资金管理，房地产成本与财务、资金，售楼系统与资金、财务，物业管理系统与财务，人力资源系统与财务的集成管理。

WK 集团财务管理信息系统对财务风险管理的作用主要包括以下四方面。

首先，基于 SOX 法案 302、404 条款的财务管理信息系统控制的设计和实施，例如会计核算科目、体系的统一，并固化到财务管理信息系统的程序中，这本身就是程序方法的设计和实施。

其次，WK 集团财务管理信息系统实现业务、管理和信息流程等多流合一，为财务会计数据采集、数据加工与存储、报告信息提供一种集成环境，使财务会计流程及会计信息系统具有如下特点：事件驱动、实时采集、处理业务数据，减少数据冗余，提高了数据加工效率，财务会计信息的及时性、有用性和相关性也大大提高，这本身就是对 WK 集团财务管理信息风险的控制。

再其次，建立企业财务管理信息系统对财务风险管理有影响，现代信息技术的应用使企业面临的财务风险有了新的内容，财务风险管理在内容、形式方面都需要有不同程度的改变。

最后，企业财务管理信息系统在本书设计的风险识别、风险度量、风险控制和绩效评价等程序方法的绝大部分方面都对企业有所帮助，在相当多的财务风险管理领域有着直接的、重大的影响力。当然，管理者不能将"控制"全部寄希望于信息系统，也不能将"控制"的责任全部推给信息系统，信息化仅仅是我们进行财务风险管理的主要手段之一。

（3）建立财务预警系统。

WK 集团运用资产负债表、损益表和现金流量表等主要财务报表包含的有关信息,依据 Z 计分模型、临界指标预警模型建立了预警系统,并对舞弊的预警信号归纳。

第一,Z 计分模型。

一个有效的财务预警系统的构建是 WK 集团管理者长期经验的积累与感性认识的升华,是一个不断摸索的渐进过程。在此,我们以甲、乙两个区域中心为例,说明多变量判断模型的应用。

2006 年 12 月 31 日,区域中心甲和乙有关数据如表 10.9 所示。

表 10.9 区域中心甲和乙数据表(2006 年 12 月 31 日) 单位:万元

	区域中心甲	区域中心乙
营业收入	5 900	2 820
息税前利润	512	86
资产总额	3 430	5 928
营运资金	1 380	642
负债总额	2 390	3 910
留存收益	216	120
股票市价总额	3 040	1 018

根据表 10.9 数据可以得出:

$X_1 = (1\ 380 \div 3\ 430) \times 100 = 40.23$

$X_2 = (216 \div 3\ 430) \times 100 = 6.30$

$X_3 = (512 \div 3\ 430) \times 100 = 14.93$

$X_4 = (3\ 040 \div 2\ 390) \times 100 = 127.20$

$X_5 = 5\ 900 \div 3\ 430 = 1.72$

区域中心甲 Z 值:

$Z_甲 = 0.012 \times 40.23 + 0.014 \times 6.30 + 0.033 \times 14.93 + 0.006 \times 127.20 + 0.999 \times 1.72$
$= 3.545$

同理,可计算区域中心乙 Z 值:$Z_Z = 0.842$。

由计算结果可知,区域中心甲 Z 值大于临界值 2.675,表明其财务状况良好,没有破产危机;而区域中心乙 Z 值过低,小于临界值,表明该公司财务状况堪忧,已经出现破产的先兆,应引起关注。

第二,临界指标预警模型。

临界指标预警模型是通过对影响 WK 集团财务状况和经营成果的一些指标进行历史和现状的趋势分析评价,确定这些指标变化的正常界限,即确定临界值。表

10.10 列示的 10 项指标是 WK 集团用来判断财务状态是否处于危险情况的临界指标。

表 10.10　　WK 集团用来判断财务状态是否处于危险情况的临界指标

指标	公式	临界值
销售利润率	（利润总额/销售收入）×100%	大幅减少或接近负数
营业利润增长率	（当期营业利润/前期营业利润）×100%	大幅度降低
销售收入利息率	（支付的利息/销售收入）×100%	6% 以上
经营债务倍率	经营债务/月销售额	4 倍以上
金融负债倍率	金融负债/月销售额	4 倍以上
总资本收益率	（利润总额/平均总资本）×100%	大幅减少或接近负数
负债比率	（负债总额/自有资本）×100%	大幅升高
自有资本率	（自有资本/总资本）×100%	大幅降低
长期适应比率	固定资产/（自有资本+固定负债）×100%	降到 100% 以下
流动比率	（流动资产/流动负债）×100%	降到 150% 以下

这些指标中，总资本收益率、销售利润率和营业利润增长率是检查收益情况的指标。如果这些指标有大幅度降低，就是危险的信号；如果这些指标出现了负数，更应引起注意。接着可以分析销售收入利息率是否接近 6%。一个利息负担过重的企业想要提高经营收益是比较困难的。然后分析负债比率，经营恶化的企业一般都是偿债困难的，而且金融借款也有所增加，因此负债比率和销售收入利息率将上升。另外，如果自有资本比率为负，则表示资本亏损；如果负债增加，那么自有资本率也将下降。在上述情况下，长期适应比率和流动比率将趋于恶化。根据经营债务倍率和金融负债倍率是否超过 4 倍，也可以判断出企业财务状况恶化的程度。

第三，内部舞弊行为的预警信号。

在日常监管活动中，WK 集团有经验的管理人员或审计师会发现，一个公司发生的危机与公司内部的营私舞弊等异常行为有着一定程度的内在联系。内部舞弊行为通常会反映在会计报表等财会资料上，WK 集团对舞弊的预警信号归纳为以下四类。

管理层面的预警信号：高级管理人员有舞弊或违反法律、法规的不良记录；高级管理层或董事会频繁改组或频繁换人。

关系层面的预警信号：通过观察公司在处理与金融机构、关联公司、注册会计师、律师、投资者和监管机构的关系时是否存在异常情况，也可以对公司是否存在内部舞弊作出判断。

组织结构和行业层面。

财务结果和经营层面的预警信号。

(4) 健全内部控制制度。

健全内部控制制度体系对于企业财务风险管理是非常重要的。WK 集团群策群力，建立了包括以下内容的内部控制制度体系：

1) 强化内部控制意识，树立内控优先理念；
2) 完善激励约束机制；
3) 提高内部控制制度执行力；
4) 加强对关键岗位和人员的监督约束；
5) 提高内部审计的独立性和有效性；
6) 强化追究责任；
7) 不断完善内部控制制度和措施；
8) 健全财务管理信息管理系统；
9) 强化评估和反馈机制；
10) 加强信息交流和沟通。

WK 集团内部控制制度非常健全，例如健全财务管理信息管理系统，集团组织财务和相关业务骨干，对经济活动各项业务、会计核算以及财务报告编制的各个环节进行分析，设置了 4 个层面，17 项制度构成的制度体系。

- 业务核算层重要制度，经济业务核算规范。
- 会计核算与报告层，包括会计核算制度、信息披露制度、财务报告编制规范、合并报表编制规范、涉税事项管理制度、会计政策与会计估计、会计科目与会计报表、主要会计事项操作指南、会计基础工作规范。
- 财务管理层，包括全面预算管理规范、资金管理制度、资产管理制度、成本管理制度、业务管理制度等。
- 战略决策层，包括绩效管理制度、财务风险管理制度。

(5) 审计。

首先，WK 集团完善内部审计制度。明确内部审计是企业财务风险管理的第二道防线（预算控制、财务制度控制、财务流程控制等是企业母公司对子公司控制企业风险的第一道防线）。企业内部审计可以对预算控制、财务制度控制和财务流程控制方法的有效性进行评价，提出改进措施，反馈给控制者。WK 集团建立了集中模式，母公司设立审计机构，而子公司不再设立。子公司的审计工作集中于母公司。该模式有利于对子公司的监督，也有利于提高审计工作水平。

其次，完善外部审计制度。WK 集团将对事务所的委托权集中到母公司的审计机构，将 WK 集团的所有审计业务集中起来，统一选择信誉良好的会计师事务所进行审计，审计内容由母公司确定。除了对会计报表进行审计外，还可以按照母公司的要求审计母公司对子公司的控制或子公司的某些方面。

10.2.3 优化框架管理基础

管理基础主要指 WK 集团的内部环境，包括 WK 集团核心价值观、财务风险管理哲学、WK 集团的组织结构、责任的分配和授权、员工能力、人力资源政策、错弊和报告、WK 企业文化等都是重要的管理基础。

WK 集团从以下几个方面入手优化管理基础。

（1）确立核心价值观。以道德伦理重于商业利益的理念奠基，坚守价值底线、拒绝利益诱惑，坚持以专业能力从市场获取公平回报，是 WK 集团获得成功的基石。WK 集团公司致力于专注的发展模式，成为最受客户、投资者、员工欢迎，最受社会尊重的企业。

（2）树立合理的财务风险管理哲学。

（3）优化扁平式组织结构。

（4）通过岗位说明书、绩效考核日记明确所有人员权责。

（5）建立合适就是最好、注重培训、企业就是员工发展平台的人力资源政策。

（6）WK 集团通过三项措施优化错弊和报告管理基础：

第一，审计部和监督管理部门建立联合反错弊工作机制；

第二，建立错弊报告制度；

第三，建立反错弊数据库，进行错弊风险分析。

10.3 WK 集团框架实施效果评价

10.3.1 WK 集团框架实施效果

自 2006 年 3 月始，实施框架至今，WK 集团没有发生严重财务风险。总体上完成财物安全、信息真实、行为合规、经营有效的财务风险管理目标。本案例验证了本书建立的企业财务风险管理框架在房地产企业财务风险管理的有效性和适用性。

10.3.2 财务管理信息系统控制应用效果

（1）WK 集团于 2007 年 3 月 2~26 日期间，通过新的信息系统和手工系统并行的方式完成 2006 年 12 月 WK 集团的年报披露工作。WK 集团于 2007 年 4 月底，通过第二次的系统并行完成了 2007 年第一季度季报的披露。

（2）WK 集团财务管理信息系统的应用模块：

费用报销	银企互联	预算管理	出纳管理	资金监控
固定资产	融资管理	资金计划	资金结算	总账管理
合并报表	投资管理	票据管理	报表管理	成本管理
进度管理	招投标管理	合同管理	BOS 平台	管理驾驶舱

(3) 应用效果。

第一，成本数据与财务之间相互调用、协调高效，各项目成本数据集中，能够即时了解项目动态成本和利润状况，项目定位和领导决策更加准确。集团经济效益明显增强。

第二，实现数据共享，加快了信息传递速度。通过实时的远程数据传递、及时合并集团账务以及总部对信息的跟踪，可以直接追溯到分支机构的最原始的业务凭证，实现远程的查询和监管。

第三，加大了管理层的管理幅度，管理层能及时了解集团经营情况，及时做出正确的决策，提高公司管理水平。

第四，WK 集团资金中心在开始使用结算中心系统时，仅对深圳本地的公司进行统一结算，发展到目前，已经对全国几十家子公司进行统一结算，业务量虽然增加了近 10 倍，但资金管理中心始终保持了最初的员工数量。

第五，总体成本降低。显性成本的降低主要体现在，通过账号管理、集中付款，由异地付款变为同城付款，节约了银行交易财务费用。隐性成本的降低主要体现在人力资源的需求量变化不大等。

第六，WK 集团使用了成本管理系统后，使得项目的单位成本误差（实际结算成本与目标成本的差异）由原来的约 100 元/平方米降低至目前的约 30 元/平方米。

第七，真正实现了财务、资金、成本的一体化集成管理。

10.3.3 财务管理信息系统控制应用价值

(1) 提供集成有效的决策信息，实时监控 WK 集团目标执行情况；
(2) 能够持续地进行流程改进和优化，增强 WK 集团核心竞争能力；
(3) 提供及时、准确的财务、经营状况报告，便于有效决策；
(4) 全面预算的事前、事中执行控制，事后绩效分析；
(5) 集中调剂集团资金和监控资金风险，挖掘集团自有资金效益；
(6) 快速调整组织、调整预算审批流程及业务控制流程，适应创新管理；
(7) 灵活配置，满足标准和个性业务的综合应用；
(8) 高效构建新业务系统，适应业务扩展的需要；
(9) 完善的数据结构及合理的使用布局；
(10) 跨平台、多数据库的集成应用，保障数据集成、信息共享。

第11章

结论与展望

11.1 研究贡献及结论

本书通过对企业财务风险管理进行研究，在以下方面对现有研究做出了贡献，并形成了本书的结论。

(1) 本书以系统论为理论基础，以系统的概念、原理和方法为指导，界定企业财务风险的内涵和边界，系统研究企业财务风险管理。

(2) 本书通过对现有文献的梳理、归纳和提炼，对风险、财务风险、财务风险管理等概念进行了界定和辨析。本书分析了财务管理、系统论、控制论、企业预警、工程科学和集成理论在企业财务风险管理研究中的指导作用。

(3) 本书提出企业财务风险系统。本书从企业财务风险概念和含义出发，确认企业财务风险系统；从管理层次、财务管理活动、实际效果和目标偏离度三个维度界定了企业财务风险系统。使企业所有的财务风险容纳在一个"立方体"系统内。

(4) 笔者建立了企业财务风险分析路线图，通过分析路线图，分析企业财务风险系统，阐述企业财务风险的种类，描述企业财务风险的特征，诠释企业财务风险的成因。

(5) 基于系统理论的思想，运用马克思实践方法论，借鉴COSO《企业风险管理——整体框架》的成果构建了"三层五要素"的企业财务风险管理的框架。"三层"包括目标层、管理层和基础层；"五要素"包括管理目标、责任主体、程序方法、保障体系和管理基础。

(6) 从外部财务管理环境和内部财务管理环境两个方面分析了企业财务风险管理的环境，以及经济环境变化造成的影响、对企业财务风险管理的要求；从企业财务风险管理的含义出发，研究企业财务管理的目标，借鉴《企业风险管理——

第 11 章 结论与展望

整体框架》的四大目标,加入资产安全目标,概括了企业财务风险管理的整体目标。

(7) 系统分析了企业财务风险管理框架的管理层。对股东大会、董事会、监事会、总经理、部门、岗位等责任主体的权限、责任进行了剖析,阐述了风险识别、风险度量、风险控制和管理评价的程序方法,并对保障体系的完善进行了探讨。

(8) 从环境分析开始,界定了企业财务风险管理框架的管理基础,分析了管理基础的含义、重要性和包含内容;并对构成企业管理基础的内容:正直、诚信原则和道德观、财务风险管理哲学、企业的组织结构、责任的分配和授权、员工能力、董事会和审计委员会、人力资源政策、错弊和报告、企业文化等进行了研究,企业管理层应该加强有关方面的管理,建立一个和谐、适宜的管理基础。

(9) 本书以 WK 集团为例,对书中所述的财务风险管理框架进行案例研究,以期验证企业财务风险管理框架的有效性和适用性。首先,从 WK 集团的规模、主营业务、组织架构和财务风险管理等方面存在的问题阐述 WK 集团框架实施背景,确定实施步骤。其次,实施框架,从环境分析开始,制定 WK 集团财务风险管理整体目标。根据控制目标确定 WK 集团责任主体控制财务风险的程序方法和保障体系,优化 WK 集团财务风险管理基础。最后,从框架实施的结果、应用效果和应用价值三个方面,对 WK 集团实施框架进行评价,得出企业财务风险管理框架有效性和适用性的结论。

11.2 有待进一步研究的问题

针对本书的研究,我认为还应从以下方面进行深入研究。

1. 企业财务风险管理框架实证研究

本书根据企业财务风险的特征、内容和控制特征,站在系统的角度,建立企业财务风险管理框架。通过 WK 集团财务管理信息系统控制设计和实施案例,验证了框架的有效性和适用性。研究问题的提出、研究内容和案例主要源自笔者对企业系统的调研,在真实案例的基础上,可进一步开展实证研究。

2. 加强信息化环境下企业财务风险管理研究

目前,企业面临着或者将要面临着一个全面集成化的信息系统管理平台。信息系统从部门级提升到企业级后,企业面临如何利用信息系统增加财务风险管理的方法和手段,以切实提高企业财务风险管理的效果和效率,是非常有价值的研究课题。

3. 企业财务风险管理的评价模式研究

企业财务风险管理是非常重要的,如何评价控制系统对企业改进控制系统至关重要,企业财务风险管理的评价模式问题有待进一步研究。

主要参考文献

一、英文文献

[01] [ISO/IEC TR 17799：2000] *Information security Management-Code of Practice for Information Security Management.*

[02] COSO Definition of Internal Control, www. COSO. org.

[03] Mary Johnston Turner, Jon Oltsik, John McKnight, 2008, "ISO, ITIL and COBIT triple play fosters optimal security management execution", SC Magazine US. htm.

[04] ITGI. 2007. COBIT4. 1.

[05] Committee of Sponsoring Organizations of the Treadway Commission (COSO). Internation Control-Integrated Framework, 1992.

[06] Criteria of Control (COCO) Board of The Canadiarn Institute of Chartered Accountants, Guidance for Directors-Dealing with Risk in the Boardroom, COSO, Toronto, 1999.

[07] Doyle, J, W. Ge, and S. McVay, 2007, "Accruals Quality and Internal Control Over Finacial Reporting", *The Accounting Review*, 82 (5): 1141 – 1170.

[08] The committee of sponsoring organization of the Treadway commission (COSO), 2004.

[09] Enterprise risk management-integrated framework, executive summary.

[10] The Committee on the F-inancial Aspects of Corporate Govemance and Gee and Co, LTd, 1992, The Financial Aspects of Corporate Governance (Cadbury Report).

[11] Susan Schmidl Bies, 2004, Current Issues in Corporate Governance-Effective Risk Management, Vital Speeches of the Day, 4: 26.

[12] Rajan, R. G. and L. Zingales, 2000, *The Governance of the New Enterprise*, in Xavier Vives, ed.: *Corporate Governance, Theoretical and Empirical Perspectives*, Cambridge University Press, Cambridge.

[13] Rajan, R., and L. Zingales, 2001, "The Firm as a Dedicated Hierarchy: A Theory of the Origin and Growth of Firms", *Quarterly Journal of Economics*, 116 (3): 805 – 851.

［14］Shivdasani, A., 1993, "Board Composition, Ownership Structure and Hostile Takeover", *Journal of Accounting and Economic*, 16: 167 – 198.

［15］Jensen, M. C. and K. J. Murphy, 1990, "Performance Pay and Top-Management Incentives", *Journal of Political Economy*, 98: 225 – 264.

［16］Securities Act of 1933, http: // www. sec. gov/about/laws/sa33. pdf.

［17］Securities Exchange Act of 1934, http: // www. sec. gov/about/laws, /sea34. pdf.

［18］Public Utility Holding Company Act of 1935, http: //www. see. gov/about/laws. shtml #secpuact 1935.

［19］Sarbanes-Oxley Act of 2002, http: // www. sec. gov/about/laws/soa2002. pdf.

［20］［ISO/IEC TR 17799: 2000］Information security Management-Code of Practice for Information Security Management.

［21］COSO Definition of Internal Control, www. COSO. org.

［22］Mary Johnston Turner, Jon Oltsik, John McKnight, 2008, "ISO, ITIL and COBIT triple play fosters optimal security management execution", *SC Magazine US. Htm*.

［23］ITGI. 2007. COBIT4. 1.

［24］Baysinger B. D. and Butler H. N., 1985, "Corporate governance and the board of directors: performance effects of changes in board composition", *Journal of Law, Economics and Organizations*, 1: 101 – 124.

［25］Brickley J., J. Coles and G. Ja-e11, 1997, "Leadership structure: separating the CEO and chairman of board", *Journal of Corporate Finance*, 3: 189 – 220.

［26］Bhagat S. and B. Black, 1999, The uncertain relationship between board composition and firm performance, *Business Layer*, 54: 921 – 963.

［27］Bowman Edward H, 1980, "A risk return paradox for strategic management", *Sloan Management Review*, 21 (3): 17 – 31.

［28］Claessens S. and S. Djankov, 1998, Politicians and firms in seven central and eastern European countries, working paper.

［29］Claessens S. and S. Djankov, 1999, "Ownership concentration and corporate performance in the Czech Republic", *Journal of Comparative Economics*, 27: 498 – 513.

［30］Core J. E., W. Guay and D. F. Larcker, 2003, "Executive equity compensation and incentives: a survey", *Economic Policy Review*, 9: 27 – 50.

［31］Coughlan A. and R. Schmidt, 1985, Managerial compensation, "management turnover and firm performance: an empirical investigation", *Journal of Accounting and Economics*, 7: 43 – 66.

[32] Crespi R., C. Gispert and L. Renneboog, 2002, Cash-based executive compensation in Spain and the U. K, working paper.

[33] Denis D. and A. Satin, 1999, "Ownership and board structure in publicly traded corporations", *Journal of Financial Economics*, 52: 187 –223.

[34] Garsombke H. P., 1979, "The relationship between corporate disclosure and firm risk", *Journal of Business Accounting and Finance*, 6 (1): 53 –70.

[35] Gfibson M. S., 2003, "Is corporate governance ineffective in emerging markets"? *Journal of financial and Quantitative Analysis*, 38: 231 –250.

[36] Goyal Vidhan K. and Park Chul W., 2002, "Board leadership structure and CEO turnover", *Journal of Corporate Finance*, 8: 49 –66.

[37] Gorton G. and F. A. Schmid, 2000, "Universal banking and the performance of German firms", *Journal of Financial Economics*, 58: 28 –80.

[38] Hossain M., A. Prevost and R. Rao, 2001, "Corporate governance in New Zealand: the effect of the 1993 companies act on the relation between board composition and firm performance", *Pacific Basin Finance Journal*, 9: 119 –145.

[39] Hermalin B. E. and M. S. Weisbach, 2003, "Boards of directors as an endogenously determined institution: a survey of the economic literature", *Economic Policy Review*, 9 (1): 7 –26.

[40] Joh S. W., 2003, "Corporate governance and firm profitability: evidence from Korea before the economic crisis", *Journal of financial Economics*, 68: 287 –322.

[41] Kaplan S. and B. Minton, 1994, "Appointments of outsiders to Japanese board: determinants and implications for manAgers", *Journal of Financial Economics*, 36: 225 –257.

[42] Mak Y. T. and K. Yuanto, 2002, Size really matters: further evidence on the negative relationship between board Size and firm value, working paper.

[43] Murphy K. J., 1985, "Corporate performance and managerial remuneration: an empirical analysis", *Journal of Accounting and Economics*, 7: 11 –42.

[44] Srinivasan, S., 2005, "Consequences of financial reporting failure for outside directors: evidence from accounting restatements and audit committee members", *Journal of Accounting Research*, 43: 291 –315.

[45] Ogneva, M., K. R. Subramanyan, and K. Raghunandan, 2007, "Internal Control Weakness and Cost of Equity: Evidence from SOX Section 404 Disclosure ", *The Accounting Review*, 82 (5): 1255 –1297.

[46] Sun Q. and W. H. S. Tong, 2003, "China share issue privatization: the extent of its success", *Journal of financial Economics*, 70: 183 –222.

[47] Tian G. L. H., 2001, State shareholding and the value of Chinese firms, working paper.

[48] Weisbach. M., 1988, "Outside directors and CEO turnover", *Journal of Financial Economics*, 20: 431-460.

[49] Xu X., Y. Wang, 1999, "Ownership structure and corporate governance in Chinese stock companies", *China Economic Review*, 10 (1): 75-98.

[50] Yermack D., 1995, "Do corporation award CEO stock options effectively?" *Journal of Financial Economics*, 39: 237-269.

[51] Duane Windsor, 2010, "The Ethics of Risk Management By a Board of Directors", In: *Corporate Boards*: *Managements of Risks*, *Sources of Risks*, Edited by Robert W. Kolb and Donald Schwartz, Wiley-BlackWell Corp., 275-290.

[52] COSO, Enterprise Risk Management-Integrated Framework, 2004 (www.coso.org).

[53] Larry White, "Management Accountants and Enterprise Risk Management", *Strategic Finance*, Montvale, 2004, Vol. 186, Iss. 5: 16-7.

[54] Matyjewicz, G., and R. D. Arcangelo, *Beyond Sarbanes-Oxley*, The Internal Auditor, Altamonte Springs, 2004, Vol. 161, Iss. 5: 167-71.

[55] COSO, Internal control-integrated framework, 1992. (www.coso.org).

[56] LaPorta, R., F. Lopez-de-Silanes, A. Shleifer, and R. W. Vishny, "Legal Determinants of External Finance", *Journal of Finance*, 52 (1997), 1131-1150.

[57] LaPorta, R., F. Lopez-de-Silanes, A. Shleifer, and R. W. Vishny, "Law and Finance", *Journal of Political Economy*, 106 (1998), 1113-1155.

[58] LaPorta, R., F. Lopez-de-Silanes, A. Shleifer, and R. W. Vishny, "Investor Protection and Corporate Governance", *Journal of Financial Economics*, 58 (2000), 3-27.

[59] Rajan, R. and Zingales, L., The Firm as a Dedicated Hierarchy: A Theory of the Origin and Growth of Firms NBER Working Papers No. 7546, 2000.

[60] Jensen, M. C., and Merkling, W., "Theory of firm: managerial behaviour, agency cost and ownership structure", *Journal of Financial Economics*, 1976, 3: 305-360.

二、参考书目

[61] [奥] L. 贝塔朗菲:《一般系统论》(秋同等译),北京社会科学出版社1987年版。

[62] [美] J. 弗雷德·威斯通、[韩] S. 郑光、[美] 苏珊·E. 侯格:《兼并、重组与公司控制》(唐旭等译),经济科学出版社1999年版。

[63] 杨周南：《会计信息系统》，东北财经大学出版社 2002 年版。

[64] 杨周南、赵纳晖等：《会计信息系统》，东北财经大学出版社 2001 年版。

[65] 杨周南：《计算机信息处理环境对会计理论与实务的影响及对策研究》，中国财政经济出版社 2002 年版。

[66] 朱海林、方乐等：《IT 服务：管理、控制与流程》，机械工业出版社 2006 年版。

[67] ［美］安妮·M.马尔凯蒂：《萨班斯法案执行指导》（张翼、林小驰译），经济科学出版社 2007 年版。

[68] ［美］Treadway 委员会发起组织委员会（COSO）：《内部控制——整合框架》（方红星主译），东北财经大学出版社 2008 年版。

[69] 美国管理会计师协会（IMA）：《财务报告内部控制与风险管理》（张先治、袁克利主译），东北财经大学出版社 2008 年版。

[70] 紫竹：《企业素质与文化基因》，中国财政经济出版社 2007 年版。

[71] 朱成全：《企业文化概论》，东北财经大学出版社 2005 年版。

[72] 郎咸平：《公司治理》（易宪容译），社会科学文献出版社 2004 年版。

[73] 李维安：《公司治理理论与实务前沿》，中国财政经济出版社 2003 年版。

[74] 张继德：《集团企业财务风险管理》，经济科学出版社 2008 年版。

[75] 张继德：《企业内部控制基本规范实施与操作》，经济科学出版社 2009 年版。

[76] 张继德：《企业内部控制配套指引实施与操作》，经济科学出版社 2011 年版。

[77] 财政部会计司：《企业内部控制配套指引解读》，经济科学出版社 2010 年版。

[78] 张继德：《企业内部控制体系构建、实施与评价》，经济科学出版社 2013 年版。

三、期刊文献

[79] 白重恩等：《中国上市公司治理结构的实证研究》，载于《经济研究》2005 年第 2 期。

[80] 财政部、证监会、审计署、银监会和保监会：《我国境内外同时上市公司 2011 年执行企业内控规范体系情况分析报告》，http：//www.mof.gov.cn，2012 年 9 月 26 日。

[81] 曹伟忠：《中小企业财务风险的分析与防范》，载于《现代经济》（现代物业下半月刊）2009 年第 2 期。

[82] 常立华、佘廉、吴国斌：《面向企业内部的财务预警管理系统研究》，载于《软科学》2006 年第 1 期。

[83] 陈耿、周军：《企业债务融资结构研究》，载于《财经研究》2004年第2期。

[84] 陈关亭、李蓓：《华夏证券公司的免疫缺陷综合症：内部控制严重失效》，载于《财务与会计·理财版》2009年第3期。

[85] 陈宏明：《财务管理系统国际化研究》，载于《会计研究》2002年第3期。

[86] 陈晓、王琨：《关联交易、公司治理与国有股改革——一来自我国资本市场的实证证据》，载于《经济研究》2005年第4期。

[87] 陈晓、王琨：《关联交易、公司治理与国有股改革》，载于《经济研究》2005年第4期。

[88] 陈志斌：《信息化生态环境下企业内部控制框架研究》，载于《会计研究》2007年第1期。

[89] 陈志斌、韩飞畴：《基于价值创造的现金流管理》，载于《会计研究》2002年第12期。

[90] 程新生：《公司治理、内部控制、组织结构互动关系研究》，载于《会计研究》2004年第4期。

[91] 池国华、关建朋、乔跃峰：《企业内部控制评价系统的构建》，载于《财经问题研究》2011年第5期。

[92] 杜晶：《企业本质理论及其演进逻辑研究》，载于《经济学家》2006年第1期。

[93] 杜兰英、余道先：《中小企业财务风险预警系统研究》，载于《商业研究》2005年第17期。

[94] 杜美杰：《ERP系统中的内部控制思想》，收录于中国会计学会、中国会计学会教育分会：《中国会计学会2006年学术年会论文集》（上册），2006年。

[95] 杜美杰：《重溯内部控制变迁——一种规则视角》，载于《会计之友》2006年第10期。

[96] 杜莹、刘立国：《股权结构与公司治理效率：中国上市公司的实证分析》，载于《管理世界》2002年第11期。

[97] 高雷、宋顺林：《高管报酬激励与企业绩效》，载于《财经科学》2007年第4期。

[98] 谷文林：《企业财务风险预警研究综述》，载于《现代管理科学》2008年第8期。

[99] 顾晓安：《公司财务预警系统的构建》，载于《财经论丛》（浙江财经学院学报）2000年第4期。

[100] 胡华夏、罗险峰：《现代企业生存风险预警指标体系的理论探讨》，载

于《科学学与科学技术管理》2000年第6期。

[101] 胡勤勤、沈艺峰：《独立外部董事能否提高上市公司的经营业绩》，载于《世界经济》2002年第7期。

[102] 胡兴国、王晶：《信息化背景下内部控制体系建设研究》，载于《财会研究》2009年第3期。

[103] 黄德汉：《关于我国中小企业财务风险及其控制的探讨》，载于《会计之友》（上旬刊）2008年第12期。

[104] 黄德忠：《企业财务风险预警研究综述》，载于《财会通讯》（学术版）2005年第9期。

[105] 黄世忠：《强化公司治理、完善控制环境》，载于《财会通讯》2001年第1期。

[106] 黄新銮、梁步腾、姚杰：《中美内部控制法律框架的比较与借鉴》，载于《会计研究》2008年第9期。

[107] 黄岩、李元旭：《上市公司财务失败预测实证研究》，载于《系统工程理论方法应用》2001年第1期。

[108] 姜付秀、刘志彪、陆正飞：《多元化经营、企业价值与收益波动研究》，载于《财经问题研究》2006年第11期。

[109] 金彧昉、李若山、徐明磊：《COSO报告下的内部控制新发展》，载于《会计研究》2005年第2期。

[110] 康涌泉：《我国民营企业的发展现状与对策探讨》，载于《经济师》2005年第4期。

[111] 李海舰、田跃新、李文杰：《互联网思维与传统企业再造》，载于《中国工业经济》2014年第10期。

[112] 李捷、杨周南：《如何建立现代会计信息系统》，载于《会计研究》2004年第4期。

[113] 李连华、聂海涛：《我国内部控制研究的思想主线及其演变：1985～2005》，载于《会计研究》2007年第3期。

[114] 李明辉：《内部公司治理与内部控制》，载于《中国注册会计师》2003年第11期。

[115] 李伟阳：《基于企业本质的企业社会责任边界研究》，载于《中国工业经济》2010年第9期。

[116] 李享：《美国内部控制实证研究：回顾与启示》，载于《审计研究》2009年第1期。

[117] 李增泉、余谦、王晓坤：《掏空、支持与并购重组》，载于《经济研究》2005年第1期。

[118] 李志斌：《内部控制的规则属性及其执行机制研究》，载于《会计研究》2009 年第 2 期。

[119] 林毅夫、李周：《现代企业制度的内涵与国有企业改革方向》，载于《经济研究》1997 年第 3 期。

[120] 刘建明、焦作会计学会课题研究组、徐楚迪：《财务风险管理与企业内控关系问题的研究》，载于《中国总会计师》2008 年第 2 期。

[121] 刘明辉、张宜霞：《内部控制的经济学思考》，载于《会计研究》2002 年第 8 期。

[122] 刘玉廷：《论我国会计信息化发展战略》，载于《会计研究》2009 年第 6 期。

[123] 刘玉廷：《推广应用 XBRL 推进会计信息化建设》，载于《会计研究》2010 年第 11 期。

[124] 刘玉廷：《中国会计改革开放三十年回顾与展望》，载于《会计研究》2008 年第 12 期。

[125] 刘志远、刘洁：《信息技术条件下的企业内部控制》，载于《会计研究》2001 年第 12 期。

[126] 楼园、韩福荣、徐艳梅：《企业形态结构进化和行为进化之探析》，载于《经济与管理研究》2005 年第 5 期。

[127] 毛新述、杨有红：《内部控制与风险管理》，载于《会计研究》2009 年第 5 期。

[128] 孟祥霞：《关于财务风险管理理论研究的思考》，载于《财会研究》2007 年第 1 期。

[129] 孟秀转：《内部控制无法回避 IT 控制的挑战》，载于《新理财》2007 年第 2 期。

[130] 缪艳娟：《企业内控规范实施机制的新制度经济学分析》，载于《会计研究》2010 年第 11 期。

[131] 南京大学会计与财务研究院课题组：《论中国企业内部控制评价制度的现实模式——基于 112 个企业案例的研究》，载于《会计研究》2010 年第 6 期。

[132] 聂辉华：《企业的本质：一个前沿综述》，载于《产业经济评论》2003 年第 2 期。

[133] 潘琰、郑仙萍：《论内部控制理论之构建：关于内部控制基本假设的探讨》，载于《会计研究》2008 年第 3 期。

[134] 齐莉：《金融危机下中小企业财务风险的防范与控制》，载于《会计之友》（下旬刊）2009 年第 7 期。

[135] 佘廉：《预警管理——企业防范风险的新方法》，载于《中国商办工

业》2000 年第 9 期。

[136] 申香华：《信息技术与会计价值超越》，载于《会计研究》2005 年第 6 期。

[137] 孙长坪：《论企业形态与企业分类》，载于《学术研究》2008 年第 12 期。

[138] 孙杰、黄冠华：《契约制度与中国资本市场发展》，载于《中国金融》2006 年第 15 期。

[139] 孙永祥：《所有权、融资结构与公司治理机制》，载于《经济研究》2001 年第 1 期。

[140] 孙永祥、章融：《董事会规模、公司治理与绩效》，载于《企业经济》2000 年第 10 期。

[141] 孙铮、姜秀华、任强：《治理结构与公司业绩的相关性研究》，载于《财经研究》2001 年第 4 期。

[142] 汤谷良、夏怡斐：《母公司文化控制力：中外合资企业文化陈述的差异与融合》，载于《管理世界》2009 年增刊。

[143] 王海兵、伍中信、李文君、田冠军：《企业内部控制的人本解读与框架重构》，载于《会计研究》2011 年第 7 期。

[144] 王海林：《IT 环境下企业内部控制模式探讨》，载于《会计研究》2008 年第 11 期。

[145] 王海妹、张相洲：《基于开放、自然管理控制观的内部控制问题研究》，载于《会计研究》2009 年第 8 期。

[146] 王化成、佟岩：《关于开展我国财务管理理论研究的若干建议》，载于《会计研究》2006 年第 8 期。

[147] 王军：《实施企业内部控制规范体系促进资本市场可持续发展》，载于《中国会计报》2010 年第 7 期。

[148] 王诗才：《设立健全的独立董事制度是上市公司当务之急》，载于《经济管理》2001 年第 17 期。

[149] 王跃堂、赵子夜、魏晓雁：《董事会的独立性是否影响公司绩效》，载于《经济研究》2006 年第 5 期。

[150] 王振东、张辉：《会计信息化条件下加强企业内部控制的探讨——控制环境的思考》，载于《内蒙古科技与经济》2006 年第 23 期。

[151] 王竹玲：《中小企业财务风险防范》，载于《财会通讯》（理财版）2008 年第 7 期。

[152] 魏刚：《高级管理层激励与上市公司经营绩效》，载于《经济研究》2003 年第 3 期。

[153] 吴秋生、杨瑞平:《内部控制评价整合研究》,载于《会计研究》2011年第9期。

[154] 吴淑琨、刘忠明、范建强:《执行董事与公司绩效的实证研究》,载于《中国工业经济》2001年第9期。

[155] 吴树畅、郭云:《九发股份财务危机的成因与化解》,载于《财务与会计》2009年第3期。

[156] 吴水澎、陈汉文、邵贤弟:《企业内部控制理论的发展与启示》,载于《会计研究》2000年第4期。

[157] 向德伟:《财务风险管理的基本理论与方法》,载于《财政研究》1995年第5期。

[158] 谢志华:《关于公司治理的若干问题》,载于《会计研究》2008年第12期。

[159] 徐雷:《由中美内部控制规范引发的思考》,载于《辽宁教育行政学院学报》2005年第3期。

[160] 徐晓东、陈小悦:《第一大股东对公司治理、企业业绩的影响分析》,载于《经济研究》2003年第2期。

[161] 徐晓东、陈小悦:《第一大股东对公司治理、企业业绩的影响分析》,载于《经济研究》2003年第2期。

[162] 徐信忠、黄张凯、刘寅、薛彤:《大宗股权定价的实证检验》,载于《经济研究》2006年第1期。

[163] 阎达五、杨有红:《内部控制框架的构建》,载于《会计研究》2001年第2期。

[164] 阎达五、杨有红:《内部控制框架的构建》,载于《会计研究》2001年第2期。

[165] 阎达五、张瑞君:《会计控制新论——会计实时控制研究》,载于《会计研究》2003年第4期。

[166] 杨雄胜:《内部控制范畴定义探索》,载于《会计研究》2011年第8期。

[167] 杨雄胜:《内部控制理论研究新视野》,载于《会计研究》2005年第7期。

[168] 杨有红、胡燕:《试论公司治理与内部控制的对接》,载于《会计研究》2004年第10期。

[169] 杨周南:《论会计管理信息化的ISCA模型》,载于《会计研究》2003年第10期。

[170] 杨周南:《信息系统的发展》,载于《财会信报》2005年第7期。

[171] 杨周南、刘梅玲:《会计信息化标准体系构建研究》,载于《会计研

究》2011 年第 6 期。

[172] 姚雁雁：《我国中小企业财务风险的成因及其防范》，载于《财会研究》2010 年第 13 期。

[173] 姚友胜：《基于网络环境的企业内部控制研究》，河海大学，2004。

[174] 于东智：《董事会、公司治理与绩效——对中国上市公司的经验分析》，载于《中国社会科学》2003 年第 3 期。

[175] 于东智、池国华：《董事会规模、稳定性与公司绩效：理论与经验分析》，载于《经济研究》2004 年第 4 期。

[176] 于富生、张敏、姜付秀、任梦杰：《公司治理影响公司财务风险吗》，载于《会计研究》2008 年第 10 期。

[177] 于新花：《企业财务风险管理与控制策略》，载于《会计之友》（中旬刊）2009 年第 2 期。

[178] 余海永：《金融危机对我国金融业的影响和应对措施》，载于《财会研究》2009 年第 3 期。

[179] 余瑾：《基于 COBIT 和 SOX 合规的 IT 控制研究》，天津财经大学硕士论文，2006 年。

[180] 张安明：《从美国财务危机看 cos0 报告》，载于《会计研究》2002 年第 8 期。

[181] 张继德：EI 检索，Analysis of Beneficial Maximization of Financial Software Based on Software Economics. Automatic Control and Artificial Intelligence。

[182] 张继德：EI 检索，Developmental Pattern and Strategy Study of Chinese E-government。

[183] 张继德：EI 检索，Developmental Pattern and Strategy Study of Chinese E-government. Proceeding of the International Conference on E-Business and E-Government，ICEE 2010。

[184] 张继德：EI 检索，Safety Situation and Coping Strategy Study of Accounting Information System，E-Business and E-Government ICEE 2012。

[185] 张继德：EI 检索，Security Management Pattern and Strategy Study of E-commerce。

[186] 张继德：《*ST 合臣（600490）两次发布增发预案的经过、思考和启示》，载于《会计之友》2012 年第 6 期。

[187] 张继德：《2011 年上市公司热点问题解析》，载于《财务与会计》2012 年第 4 期。

[188] 张继德：《ST 股"僵而不死"的原因、问题和对策》，载于《会计之友》2012 年第 8 期。

[189] 张继德：《TSMC 实施作业成本法的经验和启示》，载于《会计之友》2014 年第 8 期。

[190] 张继德：《从 ST 金叶盈利不分红看我国上市公司分红制度的问题和对策》，载于《会计之友》2013 年第 7 期。

[191] 张继德：《从 ST 天一（000908）看我国上市公司涉矿并购的动机》，载于《会计之友》2014 年第 7 期。

[192] 张继德：《从现代投资（000900）小股东的三项诉求看小股东利益保护》，载于《会计之友》2012 年第 7 期。

[193] 张继德：《从阅读模式演进看财务报告发展趋势》，载于《会计之友》2014 年第 30 期。

[194] 张继德：《从云内动力（000903）的补充公告看内幕交易的防范》，载于《会计之友》2012 年第 3 期。

[195] 张继德：《大连港集团实施信息化的做法和启示》，载于《财务与会计（理财版）》2010 年第 12 期。

[196] 张继德：《大连港集团信息化的过程和启示》，载于《财务与会计》2010 年第 12 期。

[197] 张继德：《公允价值运用存在问题及应对策略》，载于《财会学习》2008 年第 5 期。

[198] 张继德：《公允价值运用存在问题以及应对策略》，载于《财会学习》2009 年第 6 期。

[199] 张继德：《国有产权转让会给云内动力（000903）带来生机吗?》，载于《会计之友》2012 年第 5 期。

[200] 张继德：《会计信息系统安全性现状及应对策略探讨》，载于《中国管理信息化》2010 年第 6 期。

[201] 张继德：《基于电子商务的供应链管理应用研究》，载于《会计之友》2014 年第 36 期。

[202] 张继德：《集团企业财务风险管理框架探讨》，载于《会计研究》2012 年第 12 期。

[203] 张继德：《集团企业财务管理信息系统总体规划》，载于《财务与会计》2008 年第 3 期。

[204] 张继德：《交叉互立式会计信息查询创新研究》，载于《会计之友》2014 年第 34 期。

[205] 张继德：《金融危机环境下企业财务管理对策》，载于《中国管理信息化》2009 年第 14 期。

[206] 张继德：《金融危机下的企业财务管理对策》，载于《财务与会计》

（理财版）2009年第6期。

[207] 张继德：《金融危机下我国企业跨国并购的风险及防范》，载于《财务与会计》2009年第6期。

[208] 张继德：《雷曼兄弟公司破产、原因和启示》，载于《中国会计电算化》2009年第3期。

[209] 张继德：《雷曼兄弟银行破产的经过、原因和启示》，载于《中国管理信息化》2009年第6期。

[210] 张继德：《两化深度融合条件下企业分阶段构建内部控制体系研究》，载于《会计研究》2013年第6期。

[211] 张继德：《平衡计分卡在我国应用的现状、问题和对策》，载于《会计之友》2014年第27期。

[212] 张继德：《企业内部控制规范体系实施的初始条件与应对策略》，载于《北京工商大学学报（社会科学版）》2012年第4期。

[213] 张继德：《企业内部控制有效性影响因素实证研究》，载于《管理世界》2013年第8期。

[214] 张继德：《企业战略成本管理在我国应用的现状、问题和对策》，载于《会计之友》2014年第26期。

[215] 张继德：《上市公司放高利贷的原因、危害和对策——从钱江生化委托银行贷款所想到的》，载于《会计之友》2012年第4期。

[216] 张继德：《上市公司应认真履行决策程序——从中银绒业变更资金使用方案"先斩后奏"想到的》，载于《会计之友》2013年第3期。

[217] 张继德：《我国管理会计理论发展中存在的问题和对策》，载于《会计之友》2014年第8期。

[218] 张继德：《我国管理会计信息化发展存在的问题与对策》，载于《会计之友》2014年第7期。

[219] 张继德：《我国会计信息化发展存在问题和对策》，载于《会计师》2007年第4期。

[220] 张继德：《我国目标成本管理存在的问题、原因和对策》，载于《会计之友》2014年第31期。

[221] 张继德：《我国全面预算管理的问题、原因和对策》，载于《会计之友》2014年第33期。

[222] 张继德：《信息化环境下企业内部控制体系研究》，收录于《2009年中国会计学会内部控制专业委员会年会论文集》。

[223] 张继德：《一汽轿车亏损原因分析及应对策略》，载于《会计之友》2013年第1期。

［224］张继德：《在金融危机环境下会计信息共享保证措施探讨——从数据库技术视角》，载于《中国管理信息化》2009 年第 5 期。

［225］张继德：《证券投资基金持股与大股东利益侵占行为的研究》，载于《北京工商大学学报（社会科学版）》2013 年第 5 期。

［226］张继德：《证券投资基金持股与管理者过度投资行为的相关性研究》，载于《上海立信会计学院学报》2012 年第 5 期。

［227］张继德：《中国 3D 打印技术的发展现状、问题和对策——从中航重机（600765）连续涨停所想到的》，载于《会计之友》2013 年第 4 期。

［228］张继德：《中小企业融资难的原因及对策探讨——基于汉唐集团资金链危机》，载于《会计之友》2009 年第 6 期。

［229］张继德：《终止上市制度变化、问题及对策研究》，载于《北京工商大学学报》（社会科学版）2014 年第 4 期。

［230］张继德：《重庆啤酒股价大跌是"黑天鹅"事件吗》，载于《会计之友》2013 年第 2 期。

［231］张继德、廖薇、张荣武：《普通投资者关注对股市交易的量价影响——基于百度指数的实证研究》，载于《会计研究》2014 年第 8 期。

［232］张继德、刘盼盼：《在金融危机环境下会计信息共享保证措施探讨》，载于《中国管理信息化》2009 年第 10 期。

［233］张继德、聂继虹：《从汉唐集团非法集资案例看中小企业融资难的现状及对策研究》，载于《会计之友》2009 年第 6 期。

［234］张继德、聂继虹：《金融危机背景下我国企业跨国并购风险及其防范研究——以平安并购富通失败为例》，载于《财务与会计》（综合版）2009 年第 6 期。

［235］张继德、郑丽娜：《集团企业财务风险管理框架探讨》，载于《会计研究》2012 年第 12 期。

［236］张俊瑞、赵进文、张建：《高级管理层激励与上市公司经营绩效相关性的实证分析》，载于《会计研究》2003 年第 9 期。

［237］张俊芝、张清海：《企业财务风险体系预警研究》。Engineering Technology Press, Southern Illinois University Carbondale, National University of Singapore. Advances in Artificial Intelligence（Volume 5）——Proceedings of 2011 International Conference on Management Science and Engineering（MSE 2011）. Engineering Technology Press, Southern Illinois University Carbondale, National University of Singapore, 2011: 5.

［238］张玲：《财务危机预警分析判别模型及其应用》，载于《预测》2000 年第 6 期。

［239］张敏慧：《新形势下对企业集团财务风险管理的若干思考》，载于《会

计之友》（下旬刊）2009 年第 5 期。

[240] 张卫平：《中小企业财务风险管理研究》，载于《财会通讯》2012 年第 5 期。

[241] 张先治、张晓东：《基于投资者需求的上市公司内部控制实证分析》，载于《会计研究》2004 年第 12 期。

[242] 张砚、杨雄胜：《内部控制理论研究的回顾与展望》，载于《审计研究》2007 年第 1 期。

[243] 张颖、郑洪涛：《我国企业内部控制有效性及其影响因素的调查与分析》，载于《审计研究》2010 年第 1 期。

[244] 章铁生：《信息技术条件下的内部控制规范：国际实践与启示》，载于《会计研究》2007 年第 7 期。

[245] 赵德武、曾力、谭莉川：《独立董事监督力与盈余稳健性》，载于《会计研究》2008 年第 9 期。

[246] 郑海英：《上市公司内部控制环境研究》，载于《会计研究》2004 年第 12 期。

[247] 郑石桥、徐国强、邓柯、王建军：《内部控制结构类型、影响因素及效果研究》，载于《审计研究》2009 年第 1 期。

[248] 支晓强、童盼：《独立董事变更；盈余管理；控制权转移；独立董事用脚投票假说；独立董事意见购买假说》，载于《管理世界》2005 年第 11 期。

[249] 周嘉南、黄登仕：《上市公司高级管理层报酬业绩敏感度与风险之间关系的实证检验》，载于《会计研究》2006 年第 4 期。

[250] 周兆生：《内部控制与风险管理》，载于《审计与经济研究》2004 年第 4 期。

[251] 朱荣恩、贺欣：《内部控制框架的新发展———企业风险管理框架》，载于《审计研究》2003 年第 6 期。

[252] 庄明来：《当前会计信息化面临的几个问题》，载于《会计师》2006 年第 3 期。

[253] 左庆乐、首静：《企业集团的财务风险及其测评考核》，载于《财会研究》2004 年第 4 期。

[254] 佐和平、龚志文：《内部资本市场：治理结构、机制与有效性》，载于《会计研究》2011 年第 3 期。

后 记

本书的出版得到了经济科学出版社领导、专家的帮助，特别是郭兆旭社长、齐伟娜老师的支持和赵蕾编辑认真细致的修改。感谢我的研究生王唯远、胡月、张紫藤等在资料搜集、数据分析等方面所做的工作。我国著名的会计学家、北京工商大学副校长、博士生导师谢志华教授一直非常关心本丛书的选题、组织和写作，并亲自为本丛书作序并撰写书评。我国著名经济学家、全国政协委员、原财政部财政科学研究所所长、博士生导师贾康教授，2008 年中国财务战略管理专家、神华集团有限公司财务部总经理翟日成和金蝶国际软件集团董事局主席徐少春先生为本丛书撰写书评，在此表示衷心、诚挚的谢意！感谢中国有色金属建设股份公司副总经理兼董事会秘书杜斌先生、战略规划部经理林成义先生、李进博士，中国石化集团股份有限公司财务部王德华主任、风控处方春生处长，以及神华集团股份有限公司内控审计部总经理李国忠博士对本书的帮助和提供的案例支持。

实用、全面、准确是本书写作的初衷、出发点和我始终努力追求的，但由于本人水平所限，不足之处敬请各位批评指正。您所有的意见、建议和鼓舞都将成为我的荣幸和新起点。

张继德

2015 年 6 月 18 日于北京工商大学

图书在版编目（CIP）数据

企业财务风险管理／张继德著．—北京：经济科学出版社，2015.9
ISBN 978-7-5141-6047-5

Ⅰ.①企… Ⅱ.①张… Ⅲ.①企业管理-财务管理-风险管理 Ⅳ.①F275

中国版本图书馆 CIP 数据核字（2015）第 209474 号

责任编辑：赵　蕾
责任校对：刘欣欣
责任印制：李　鹏

企业财务风险管理

张继德／著

经济科学出版社出版、发行　新华书店经销
社址：北京市海淀区阜成路甲 28 号　邮编：100142
总编部电话：010-88191217　发行部电话：010-88191540
网址：www.esp.com.cn
电子邮件：esp@esp.com.cn
天猫网店：经济科学出版社旗舰店
网址：http://jjkxcbs.tmall.com
北京季蜂印刷有限公司印装
787×1092　16 开　17 印张　340000 字
2015 年 9 月第 1 版　2015 年 9 月第 1 次印刷
ISBN 978-7-5141-6047-5　定价：38.00 元
(图书出现印装问题，本社负责调换. 电话：010-88191502)
（版权所有　翻印必究　举报电话：010-88191586
电子邮箱：dbts@esp.com.cn）